CRPE

CENTER FOR RESEARCH OF PRIVATE ECONOMY, ZHEJIANG UNIVERSITY

浙江大学民营经济研究中心

KEY RESEARCH INSTITUTE IN UNIVERSITY

浙江省科技厅2008科技计划项目(编号:G20081066)

国　家　"十　一　五"　重　点　规　划　图　书
教育部人文社会科学重点研究基地·浙江大学民营经济研究中心
国家"985工程"二期资助项目

CRPE 中国民营经济发展研究丛书（二）

中国民营企业国际化影响因素及模式选择

肖 文 陈益君 等著

A Study on the Influencing Factors and Pattern Choice of the Internationalization of Chinese Private-owned Firms

ZHEJIANG UNIVERSITY PRESS
浙江大学出版社

总　序

　　一个国家或者地区的经济发展,实质上就是一个资源优化配置的动态过程。按照西蒙·库兹涅茨教授的说法,现代经济增长意义上的经济发展作为一个资源优化配置的动态过程,表现在两个重要的方面:一是资源从初级产业向制造业和服务业部门的流动及优化配置,即工业化;二是资源从农村地区向具有空间区位优势的城镇集聚及优化配置,即城市化。因此,工业化和城市化构成了一个国家或区域经济发展的最重要内容。同时,现代经济增长的历史表明,经济制度对于经济发展是至关重要的前提条件,正如道格拉斯·诺斯教授所言,制度是经济增长的关键。经济制度的变迁同样表现在两个重要方面:一是资源配置主体的变化——民营企业成为资源配置的主体,即民营化;二是资源配置方式的变化——市场成为资源配置的主要方式,即市场化。可以认为,中国 30 年的经济制度变迁和经济发展,实际上也就是民营化和市场化推动工业化和城市化的过程,民营经济已经成为中国经济发展最重要的推动力量。

　　从中国改革开放和经济发展的历史来看,中国经济已经初步完成了工业化的初期任务,或者说,从工业化的初期走到了工业化的中期;同时,中国经济已经在很大程度上对计划经济体制进行了改革,初步确立了市场经济体制。从中国改革开放和经济发展的方向来看,中国经济的发展将要从工业化的中期跨向工业化的后期,完成建成全面小康社会和基本实现现代化的任务;同时,中国经济将进一步完善市场经济体制,从初级市场经济走向现代市场经济。概括地说,中国经济目前正面临着改革和发展的双重阶段转换的艰巨任务,即从工业化中期跨向工业化后期的发展阶段转换和从初级市场经济走向现代市场经济的改革阶段转换。这种改革和发展的双重阶段转换,构成了中国民营经济发展的重大现实背景。

中国民营经济的发展为中国的经济学家、法学家、政治学家、管理学家和社会学家的理论研究提供了丰富的实践素材。总结中国民营经济发展的实践历程,研究中国民营经济发展中的现实问题,分析中国民营经济发展的趋势走向,应该是中国社会科学各个研究领域的理论工作者义不容辞的历史使命。浙江大学民营经济研究中心作为国家"985"(二期)的哲学社会科学重点研究基地,其所承担的"中国民营经济研究"这一社会科学跨学科研究项目及其研究成果正是这种努力的一个组成部分。

我们正努力从多个视角和多个方面对中国的民营经济发展展开比较深入的研究。但是,作为一种跨学科的多方位和综合性的研究尝试,这仍然还是一项初步的研究成果。我们殷切期望国内外学术界同行、各级政府部门官员和民营企业家朋友们的批评指正,帮助我们改进研究工作,能够在将来创出更多更好的新的研究成果。

史晋川
2008 年 2 月于美国芝加哥

前　言

经济全球化正改变着世界经济乃至各国和各地区经济的运行机制与发展模式，其内涵十分丰富，在微观层面上主要表现为企业的国际化趋势。人们已普遍认识到国家竞争力、产业竞争力将最终体现在企业竞争力上，而国际化既是企业获得竞争力的重要途径，也是提升国家或产业竞争力的基础。因此，企业国际化一直是学术界的研究热点，已形成了各种理论。

在现有企业国际化理论中，学者们认为有很多因素能够解释企业国际化。如安德森（Andersson，2004）所总结，要素条件、需求条件、技术进步、产业结构、国内竞争、公司战略、市场不完整或交易费用、组织学习能力、企业网络、市场潜力、区位优势、管理决策、企业创立者或企业家的国际化经验等诸多方面，都被认为是相关的影响因素。这些理论大多出自对欧洲、北美和澳大利亚或新西兰等发达地区和国家企业的研究。然而，国内对企业国际化的研究绝大多数还停留在定性讨论阶段，缺乏深入、缜密的理论推导，同时也缺乏应用计量经济学工具进行模型构建和数据分析，从而得出较为精确的定量分析结果。我国民营经济发展历程短、起步晚，民营企业的国际化也正处于起步阶段。迄今为止，国内外学术界专门针对中国民营企业国际化影响因素的研究更是凤毛麟角。

改革开放以来，中国经济的飞速发展对世界经济的影响力日益增长。在国家"走出去"战略指引下，越来越多的中国企业走向国际市场，从而使得中国企业的国际化引起了广泛关注。作为在国内经济中地位明显上升的中国民营企业，在进入国际市场中发挥的作用与日俱增。民营经济已成为国民经济的重要力量，民营企业在进出口贸易中的地位日益重要，民营企业在对外直接投资中的比重也不断提高。众多民营企业正面对中国进一步融入全球化经济的客观形势，积极投身到经济全球化的潮流中去。由于产权清晰、机制灵活等特性,参与国际竞争一直是中国民营企业特别是浙江、广东及江苏等沿海地区民营企业的重要特征之一。

本书在理论研究的基础上,从六个全新的视角对中国民营企业国际化的实践进行案例研究和计量分析。研究发现,现有的企业国际化理论无法很好地解释中国本土民营企业的国际化进程,中国民营企业家处于一个转型和不断成长的国家中,受制于低水平的教育、贫乏的经验和不完备的制度安排,其拥有的技术、管理和语言知识极其有限。本书将有限企业家精神的观点融入现有企业国际化理论的分析框架中,得出了以下结论:①中国民营企业家在评估国内国外市场的一体化程度和同质性时是有限理性的;②中国民营企业家对国际商机的认识亦有限,因此倾向于先在国内市场经营和积累资源;③由于商业网络和海外市场运作的经验知识缺乏,中国民营企业家并非坐等"天赐横财",而是主动出击,通过各种渠道积极获取信息;④国际化经验对于一个企业的国际化绩效尤为重要,一些民营企业在外向国际化开始之前,均以实施内向国际化来学习技术和管理知识;⑤鉴于其有限的技术知识,中国民营企业家综合运用差异化优势和成本优势,若采用的战略越倾向于技术创新,则企业国际化绩效越好;⑥企业国际化的时间并不足以影响企业绩效,国际化的时间积累效果不显著。

本书创新之处主要有三:一是研究视角独特。本书从外部商业环境与国际化时机、企业家对国际商机的认识、国际化初期的资源要求、心理距离与国际化步骤、国际化企业的竞争战略、国际化时间与企业绩效六个方面来研究企业国际化,得出影响民营企业国际化的几大因素。二是研究方法新颖。本书引入国际规范的实证研究方法,从现有理论成果中提炼出假设命题,并设定变量,通过调研访谈、问卷调查、模型构建、数据分析进行研究,从而使本书的研究更加符合学术规范。三是研究结论具有重大理论创新意义与现实指导价值。该结论对企业国际化影响因素的理论作出了修正,将有限企业家精神的观点纳入企业国际化影响因素的分析框架中,使现有理论成果更加完善,政策体系更加具有针对性。

肖　文

2008 年 6 月于杭州

目　录

Contents

第一章 导 论

自从改革开放以来,中国的民营经济获得了长足发展,民营企业在中国大地上,特别是在东南沿海地区如雨后春笋般涌现。民营企业的成长伴随着中国经济的对外开放和融入世界,民营企业国际化发展已经成为学界和政界共同关心的话题。本书研究和讨论的核心是民营企业国际化。因此,对"民营企业"及"企业国际化"的内涵及其外延进行界定是分析和研究中国民营企业国际化的基础。

第一节 企业国际化界定

尽管国际化这一词耳熟能详,然而要深入探讨企业国际化理论与实践,我们首先需要清楚地界定企业国际化这一概念本身。目前理论界对于"企业国际化"的界定尚无统一观点。因此,"企业国际化"作为一个能为大家普遍接受的定义依然显得难以捉摸(Young,1987;Welch & Luostarinen,1988;Whitelock & Munday,1993)。

在现有文献中有几种解释:第一种观点认为,国际化是一种在外国市场的投资模式,可以用理性的内部化、所有权和区位优势的经济学分析来解释(Williamson,1975;Dunning,1988)。第二种观点认为,国际化是一个持续的演进过程(Melin,1992),公司随着知识与市场投入的增加,能够提高国际参与度(Johanson & Vahlne,1977)。第三种观点是以过程为基础的,认为国际化未必总是"沿着一条顺利的、一成不变的道路发展",可能还包括国际扩张的"内向"与"外向"两种模式(Welch & Luostarinen,1988 & 1993)。而且,约翰逊和威涉恩(Johanson & Vahlne,1977)指出,国际参与度主要表现为进入的市场以及市场进入采用的机制,但韦尔奇和罗斯坦内(Welch & Luostarinen,1988)认为,国际参与度也会在公司的市场出售物、组织能力、人事与结构中得到反映。第四种观点由包铭心(Beamish,1990)提出,他将国际化定义为:"国际化是一个过程,在这个过程中,公司日益意识到国际交易对其未来的直接和间接影响,并与其他国家进行交易。"这种观点比较全面,因为它将前面三种观点整合成一种对国际化概念的总体解释。首先,包铭心的定义把组织内部的学习与投资模式结合了起来,因此,该定义认识到国际化既有行为成分,又有经济成分。其次,该定义以过程为基础(process-based),这就意味着国际化是动态的、不断演进的。再次,该定义并不局限于"外向"的投资模式,同时也包括了"内向"的国际化行为,如进口、反向贸易等。最后,该定义隐含着一个观点,即在国际化过程中建立的关系可能会影响公司的成长与向其他国家的扩张。

由此可见,对于企业的国际化并不存在一个统一的定义,多数学者通常用国际化来描述一家企业或集团的外向型国际经营活动(Luostarinen,1970 & 1979;Johanson & Wiedersheim P.,1975;Johanson & Vahlne,1977;Piercy,1981;Turnbull,1985),另一些学者,如韦尔奇和罗斯坦内(1988),把国际化界定为"不断涉及国际经营的过程",也有部分学者认为,企业国际化同时包括内向型国际化和外向型国际化。

借鉴已有的国际化文献,并根据本书选题的初衷和研究的主要目的,在此把企业国际化界定为:企业从事国际经营活动、不断增加国际经营涉入程度的过程。根据这一界定,企业国际化有内向和外向两种方式,内向是国际化的初级阶段,外向是国际化的高级阶段。主要方式有:商品进口、技术合作、中外合资、商品出口、许可贸易、特许专营、管理合同、分包、项目运作、对外直接投资等。同时,该界定承认企业的国际化是一个过程,并认为企业的国际经营涉入程度,即企业的国际化程度,可以比较容易地衡量,比如,用海外销售额占总销售额的比例来衡量国际化程度,也可以用企业国际经营的方式作为国际化程度的指标,把海外直接投资作为国际化的高级阶段。在本书后续章节的研究中,我们在考察民营企业的国际化程度时,会运用到国际销售额占企业总销售额的比例和国际经营方式等维度。

此外,由于企业国际化的方式多种多样,限于篇幅,我们在文中不再赘述。鉴于商品出口是大多数民营企业国际化的主要方式,而对外直接投资是企业国际化的高级阶段,两者在很大程度上能够代表中小企业的国际经营方式,本书在论述民营企业国际化的趋势和实践时,将重点阐述民营企业的商品出口和对外直接投资。

对企业国际化进行研究的一个非常重要的方面,是如何衡量和比较不同企业的国际化水平。当然,比较简单的方法就是从"国际化"这一概念出发,采用企业的出口额占总销售额的比重、进口技术占企业总使用技术的比例、海外资产或海外销售占企业总资产或总销售额的比重等等进行计算。这些方法本身简单易行,而且资料的获取也并不困难,但由于国际化的内涵十分丰富,不仅有外向国际化而且还有内向国际化,在具体形式上亦丰富多样,特别是中国民营企业的国际化还有其自身的特殊性,因此,设计一套科学合理的企业国际化指标体系非常必要。

衡量企业国际化水平问题一直是很多学者及机构研究的对象,尽管至今尚未有一个被人们广泛接受的方法与指标体系,但了解这些方面对于设计新的方法具有十分重要的意义。目前,具有代表性的衡量方法有联合国贸易与发展会议(UNCTAD)的跨国化指数(the Transnationality Index-TNI)、苏利文(Daniel Sullivan,1994)的国际化规模水平(Degree of Internationalization Scale-DIO)及 Letto-Gillies 在 1998 年提出的跨国幅度指数(the Transnationality Spread Index-TSI)。中国学者鲁桐在综合前人研究成果,并结合自身对中国在英国投资企业进行广泛调查研究的基础上,提出了国际化蛛网模型。

联合国贸发会议的跨国指数比较简洁,它是企业海外销售额、雇员人数及资产分别占企业总销售额、总雇员人数及总资产比重的算术平均数。其计算公式为:

TNI＝(FSTS＋FETE＋FATA)/3

其中:

FSTS(Foreign Share in Total Sales)是指海外销售额占总销售额比重;

FETE(Foreign Employment in Total Employment)是指海外雇员人数占总雇员人数比重;

FATA (Foreign Assets in Total Assets)是指海外资产占总资产比重。

该指标所涉及的数据的采集比较容易,因此简单易行。但其缺陷也非常明显:第一,不适用于仅从事内向国际化经营或内、外向国际化经营兼而有之的企业国际化水平的衡量。第二,未充分考虑企业国际化的原因。实践中,企业国际化目是复杂多样的,有的是以开拓海外市场为目的,有的是为了解决国内资源瓶颈问题,有的则是为了转移利润,而跨国化指数将海外销售额占总销售额的指标作为其中的一个因子,这对那些以寻求资源为目的的国际化企业而言,由于海外销售不是其主要目的,从而会在很大程度上低估其国际化水平。第三,跨国化指数将本地/国内经营活动与海外经营活动区分开来了,但却未将企业海外活动的范围包括进去,这样,一个跨国化指数很高的企业,也许只在一两个国家从事经营活动;而一个企业尽管在十几个甚至几十个国家从事经营活动,但其跨国化指数可能很低。

苏利文的综合法是一种典型的定量分析模型,它由美国学者苏利文于1994 年提出。苏利文采用了由五种经济指标综合形成的指标——国际化规模水平来衡量企业的国际化程度,其计算公式为:

国际化规模水平(DOI)=FSTS+FATA +OSTS+TMIE+PDIO

其中:

FSTS(Foreign Sales to Total Sales,简称 FSTS)表示企业外国销售占总销售的比重;

FATA (Foreign Assets to Total Assets,简称 FATA)表示外国资产占总资产的比重;

OSTS(Number of Overseas Subsidiaries to Total Number of Subsidiaries,简称 OSTS)表示海外子公司占全部子公司的比例;

TMIE(Amount of Top Managers' International Experience to Years of Overall Work Experience,简称 TMIE)表示高级管理人员的国际经验占其全部工作经验的比例;

PDIO(An Estimate of the Psychic Dispersion of International Operations,简称 PDIO)表示国际经营的心理离散程度。

苏利文的评价标准是企业的 DOI 越高,企业的国际化程度越高。不仅如此,苏利文还使用该模型对 74 家美国制造业公司的国际化水平进行了衡量。

上述方法的优点在于数据易得,且兼顾了企业国际化的不同角度,具体包括国际化结构因素、经营业绩及参与国际竞争的意识等多个方面。但其缺点亦非常明显,主要表现在三个方面:

首先,对各个因素等量齐观。苏利文分析时将五个指标在企业国际化中的地位及相互之间的关系未加区分,三者等量齐观,无主次之分。

其次,忽略了不同目的的企业国际化,比如对一些企业而言,其国际化的目的可能是借助于国外廉价的劳动力优势降低成本,并通过进口以获得比国内其他企业更大的竞争优势,此时,其外国销售额占总销售额的比例可能很低,但外国资产占企业总资产的比例或海外子公司占全部子公司的比重可能不会低;相反,一个以回避贸易壁垒为目的的企业,在国外投资的目的就是为了在当地市场销售或出口到第三国(或地区),此时,其外国销售额占总销售额的比例就会很大,但其他因素则与上述并无明显区别。

再次,由于各指标之间存在互补关系,结果用该模型对不同企业的国际化水平进行检验时,可能得出相同的结论。

Letto-Gillies 的跨国幅度指数是在对苏利文的国际化规模水平进行批评的基础上提出的。跨国幅度指数的计算方法为:

跨国幅度指数=在其设有分支机构的海外国家的数量/(有对外直接投资内在股份的国家的数量-1)

在西方学者提出的模型的基础上,中国社会科学院学者鲁桐提出了国际化蛛网模型,该模型采用的也是一种定量分析方法。鲁桐认为,企业国际化主要由六个因素来反映,它们分别是:跨国经营方式、财务管理、市场营销战略、组织结构、人事管理及跨国化指数,同时每一个侧面均由若干个子因素决定。

本书采用联合国贸发会议的跨国化指数,作为衡量中国民营企业国际化程度的指标。

第二节　民营企业的界定

对民营企业进行界定,首先须明确何为"民营"。在中国"民营"这一概念的出现最早可追溯到 20 世纪 30 年代。1931 年,王春圃在其著作《经济救国论》中首次提出了"民营"这一概念。[①] 他将由国民党政府官营的企业称为"官营",而把由民间投资经营的企业称为"民营"。1942 年毛泽东在《抗日时期的经济问题与财政问题》中提出:"只有实事求是地发展公营和私营经济,才能保障财政的供给。""如果不发展人民经济和公营经济,我们就只能束手待毙。"这里的"私营经济"、"人民经济",毫无疑问就是"公营经济"以外的经济成分,即"民营经济"。但由于"左"的思想的干扰,一直到"文革"前,私营经济在中国几乎绝迹。

现代意义上的"民营"概念起源于 1980 年。1980 年 10 月,中国科学院陈

---

① 晓亮.论民营经济的几个认识问题(上).南方经济,2001(1):12.

春先等人,在科技体制改革和世界新技术革命浪潮的推动下,率先在中关村创办了全国第一家民办科技企业,谓之"民办",开创了民办科技企业的先河。由于民办科技企业适应了潮流的发展,很受市场欢迎,并随着中共中央、国务院关于科技体制改革决定的发布,得到了迅速发展。1987 年 12 月,中共中央、国务院组织有关部门进行了深入调研,并向中央领导作了汇报,得到了首肯,于是 1988 年 5 月批准在北京中关村建立全国第一个高新技术产业开发区。良好的政策与地域环境,给民办科技企业发展壮大提供了巨大的机遇,企业规模、产品也逐步与国际接轨,并形成了四通、联想及北大方正等一批民办高新技术企业,成为中国对外开放的亮点与窗口。在这些取得成功的高新技术企业中,既有国家办的,也有集体及私人办的。1993 年 7 月,国家科委在河南郑州召开的全国民营科技型企业工作会议上,国家科委、国家体改委颁发了《关于大力发展民营科技型企业若干问题的决定》的文件,决定统一提法,正式将"民办"科技企业更名为"民营"科技企业。1999 年 8 月在中共中央、国务院召开的"技术创新大会"的决定中指出,要大力发展民营科技企业,在政府文件中正式使用"民营"这一概念。[1]

但即便如此,在中国现有的官方文件中却从未对"民营"进行过准确的界定。《汉语大词典》将"民营"解释为"民间经营",即非政府经营。笔者认为,这一界定比较客观地描述了民营企业的特征,并由此可以得出民营与国营是一对对立统一的概念,均是企业经营的实现形式,即属于经营机制的范畴,而非所有制意义上的概念,民营与生产资料是否私有并无必然的、直接的联系。换句话说,民营企业不一定是私营企业。民营的实质在于不改变原有产权关系的前提下,由产权使用人独立自主地经营企业,即产权使用人拥有企业的决策权、资产处置权、劳动用工与劳动报酬分配权,但产权所有人不是政府或其代表,而是普通的"民"。

对"民营"这一概念从未有过明确定义,导致人们对"民营企业"的理解千奇百怪,可以说有多少个关于民营企业的研究成果,就有多少个关于民营企业的定义。笔者 2007 年 5 月查阅了中国期刊网[2]中的"中国优秀硕博士论文",其中关于"民营企业"的论文有 50 多篇,几乎没有两个完全相同的关于民营企业的定义。在其他的研究成果中,情况亦大致如此,不少研究成果甚至采取了比较模糊的定义。综观这些关于民营企业的研究成果,在对民营企

---

① 王治国. 谈民营企业的由来与发展. 中国中小企业,2002(2):5.

② 网址:http://www.cnki.net.

业进行定义时,有的从经营者角度,有的从所有制角度,概括而言,目前对民营企业这一概念的理解主要可分为以下四种:

第一种是宽泛派。以中国社会科学院经济研究所研究员晓亮为代表的学者一致认为:民营不是所有制概念,而是以经营主体不同而划分的概念。具体地说,民营是相对于国有国营、官办官营而言的。因此,不是国有国营,就是民营;不是官办,就是民办。民营不等于非公有,民营也不等同于私营,民营比私营要宽泛。在中国现实状况下,民营大体上相当于非国有国营。民营在现实中包括七个部分:①个体、私营为一个部分,②乡镇企业为一个部分,③民营科技企业为一个部分,④股份合作制企业为一个部分,这四个部分有交叉,又独立存在。此外,还包括⑤股份制企业里面国家未控股的企业,⑥"三资"企业里面国家未控股的企业,⑦国有民营、公有私营(所有制不变,但经营主体发生变化)。

第二种是次宽派。由于外资经济本身的特殊性,有人将外资经济排除出民营企业,从而认为民营企业包括六种,即不包括宽泛派中的外资经济。

第三种是中派。以北京天则经济研究所理事长茅于轼研究员为代表,在其与张玉仁合作完成的亚洲开发银行课题报告——《中国民营经济的发展与前景(2001)》中,他们明确提出:"本报告所称的民营经济包括个体户和私营经济两大部门。"也就是说,根据他们的观点,民营企业包括个体工商户和私营企业两类。

第四种是窄派。基本上将民营企业等同于私营企业。

结合上述对"民营"的分析及中国民营企业发展的客观实际,本书在研究过程中所指的民营企业与次宽派基本一致,并主要从产权角度进行分析,即民营企业包括全部私营企业、部分集体企业、部分股份制企业及极少数国有企业(指被私人企业或个人承包、租赁的国有企业)。由于资料搜集的困难及统计上的原因,本书在进行分析时,无法涉及这一概念包括的所有民营企业。

从中国民营企业的形成过程来看,目前中国民营企业不外乎有以下几种形式:从个体户起家,逐渐积累发展起来,或直接由家庭成员投资兴办的家族式企业;朋友、同事参股合资开办的合伙式企业;此外,还有通过组建、承包、买断乡镇或国有企业转型过程的"红帽子"企业等。这些企业都有一个共同的特点,那就是企业的所有权归一个或一些投资者所有。

经济全球化的到来正改变着世界经济乃至各国、各地区经济的运行机制与发展模式。事实上,经济全球化已成为执政者、决策者、学者以及企业家们共同关注的话题,并成为其执政、决策、研究及运营过程中思考和分析问题、制定政策、研究对策的重要理论依据。经济全球化的内涵十分丰富,在微观层面则主要表现为企业的国际化趋势。

人们已普遍认识到国家竞争力、产业竞争力最终体现在企业竞争力上,而国际化则一方面是企业获得竞争力的重要途径,另一方面是提升国家或产业竞争力的基础。对于地位逐步得到认可与肯定、实力亦在迅猛增强的广大中国民营企业而言,面对加入世界贸易组织(World Trade Organization,简称WTO)后中国进一步融入经济全球化的客观形势,没有理由不投身到经济全球化的潮流中去。因此,对中国民营企业国际化的必要性与可能性、民营企业国际化的途径、保障措施及风险防范等问题进行研究,无论对准备实施国际化的民营企业推进并实施国际化战略,还是对已实施国际化的民营企业走向新的、更大的成功均具有十分重要的意义。更重要的是,它对指导中国跨国公司的建设亦有着十分重要的指导意义。

中国民营企业的发展与中国改革开放的实践密切联系,由于存在着产权清晰、机制灵活、主要集中于劳动密集型产业且易于与时俱进等特性,参与国际市场竞争一直是中国民营企业特别是浙江、广东及江苏等沿海地区民营企业经营的重要特征之一。但在1998年以前,尽管众多企业广泛通过对外贸易方式参与国际市场竞争,走国际化发展之路,但受国家政策歧视、限制及自身能力的约束,民营企业虽然与国际市场有了联系,但较多地采取间接或隐蔽的方式,因而其联系密集度十分低,更谈不上国际化经营。

上述状况一直持续到1998年底,1999年1月4日,当时的中华人民共和国对外贸易经济合作部(简称外经贸部,2003年3月与原国家经贸委合并设立商务部)批准20家私营企业外贸经营权,这标志着中国民营企业有了独立参与国际市场竞争的资格,尽管与中国数量庞大的民营企业相比,20家只是一小部分,且仅仅获得了外贸经营权,只能以最简单的出口/进口模式实施国际化,形式十分简单,但毕竟是中国民营企业发展过程中的一个历史性的突破。

1999年年底“走出去”发展战略的提出,则进一步标志着中国企业进军国际市场的决心不会改变。2001年12月10日,经过艰苦努力,中国终于加入了世界上最大的经济贸易组织——世界贸易组织,成为其正式成员之一,这标志着中国企业国际化经营的空间从根本上得到了扩大。

第三节　民营企业成长的必由之路

民营企业走向国际化发展是经济全球化的必然要求,也是民营企业发展到一定阶段的必然选择。经济全球化促进了商品、资金、技术、人才、服务等在全球范围内进行前所未有的自由配置,加速了商品和生产要素在世界范围内自由流动,使世界各国经济联系日益紧密,促进了各国企业之间的合作。同时,也加剧了竞争。在经济全球化深入渗透的今天,几乎很少有企业(包括我国广大民营企业)能离开国际市场而生存,其发展更是离不开国际市场。一般而言,当一个企业的经营活动开始与国际经济发生联系之时,实际上也就是一个企业国际化的开始,尽管它不一定能成为真正意义上的跨国公司,或这一过程十分漫长,但企业走向国际化的事实不可否认。随着中国改革开放的不断深入和加入了WTO,在价值链条某些环节上拥有相对优势的民营企业已经日益涉入全球经济一体化进程,开展跨国投资、生产、销售、服务等国际经济活动。在全球经济一体化的大背景下,中国民营企业只有实现国际化才能发展,这一论断主要基于以下两个原因:

第一,民营企业只有加强与国际市场的融合与接轨,融入经济全球化的进程,才能充分利用比较优势和竞争优势。利用两个市场和两种资源,吸收国外的先进技术和管理经验,培养和引进入才,及时掌握外部信息,才能更好地寻找获利市场,使企业规避和防范风险,为企业提供更广阔的发展空间,才能做强、做大。

第二,民营企业只有融入贸易自由化、经济全球化大潮,逐步走出国门,加入全球产业价值链条,实施国际化经营战略,才能从过去那种“机会导向”和“成本导向”转向“战略导向”和“价值导向”上来,才能不断增强自身比较优势和竞争优势。只有越来越多的民营企业“走出去”,到国外投资和经营,才能促进中国经济结构优化,转变经济增长方式,加速经济发展和对外开放水平。

民营企业经过改革开放30年的飞速发展,一批企业不仅具有“走出去”的必要性,而且已经具备“走出去”的可能条件。随着中国结束WTO过渡期,中国经济将进一步融入世界经济大潮,这些都为民营企业能充分利用国内外两个市场、两种资源,参与国际竞争,参与国际分工创造了条件。民营企业既面对巨大的挑战,同时又面临许多机遇。在新的形势下,为实现经济社会的健康快速发展,民营企业必须加快国际化步伐,积极参与国际竞争,在国际化中提升国际竞争力。民营企业之所以能够加快国际化战略的实施,可以从四个现有的基本条件来进行判断:

首先,民营企业已经具有从事国际化经营的基本条件。虽然整体实力弱于国有大中型企业,但民营企业拥有的优势却是十分明显的。其一,民营企业反应敏捷,经营灵活。既能随时根据市场的变化作出决策,出奇制胜,又能为大企业带来协作一体化的好处。民营企业与地方经济比较贴近,且大多生产劳动密集型产品,易于利用本地资源。其二,民营企业能适应"需求多样化"趋势。民营企业善于寻找市场空隙,开发新产品,对顾客多样化的需求能及时满足,因此在某些产业和某些产品的经营上十分灵活。在美国大钢铁厂纷纷瓦解,难以为继之际,"微型钢厂"却因满足了顾客的各种需要而蓬勃发展的事实就充分说明了这一点。其三,民营企业技术创新基础良好。虽然我国民营企业没有雄厚的财力投入研究与开发工作,但对事关自己生存与发展的技术,其创新热情同样很高,并已成为我国技术创新领域的主导力量。不仅如此,不少民营企业在技术上的个性亦十分明显,并善于在大企业技术垄断的夹缝中立足。

其次,加入 WTO 给民营企业的国际化经营创造了更多的机会。加入WTO,一方面标志着我国对外开放开始由过去以"引进来"为主,转向"走出去"与"引进来"并重的新阶段;另一方面,加入 WTO 亦带来了"国内市场国际化、国际竞争国内化"的新的竞争格局。不论是否自觉,是否愿意,民营企业已无退路,不可能偏安一隅,自得其乐,而须积极开展国际化经营,积极参与国际竞争。

再次,经济全球化推动着民营企业经营国际化。当前,科技发展日新月异,国际分工不断深化,经济全球化步伐逐步加快,传统的以自然资源、产品为基础的分工格局已被打破,一个世界性的社会化大生产网络正在形成。全球化要求企业成为国际化的企业,这一趋势不可逆转,任何国家、任何性质的企业都无法回避。正如 WTO 首任总干事鲁杰罗所说:"阻止全球化无异于想阻止地球自转。"因此,我国民营企业必须正视经济全球化的挑战,坚决地"走出去"。

最后,知识经济和网络经营为民营企业国际化经营提供了广阔的空间。知识经济、信息经济社会的趋势之一是"无关规模",即不再只是大企业利用足够规模来提供产品或服务,民营企业借助信息技术同样亦可以提供。信息时代里,谁拥有了知识、信息和人才的优势,谁就能拥有市场。在这方面,民营企业与大企业之间的差距并不像资金和技术之间的差距那么大。微软公司几十年前开始创业时，只有两个人、几千美元，但因为他们拥有了知识、信息和人才，如今已发展成世界著名的大企业。信息、技术和网络经营的迅猛发展，使民营企业参与全球化竞争的空间得到了迅速扩大。

第四节 本书的研究方法与内容

本书的主要任务，是研究中国民营企业的国际化模式及其影响因素。研究的思路主要是从现有的企业国际化的理论回顾与综述出发，在对我国民营企业国际化发展现状及政策演变过程进行分析，并对各国民营企业国际化进行比较的研究基础上，通过实证分析，重点研究了民营企业国际化的发展模式及其所受的影响因素，并结合个案进行比较分析，从而对影响我国民营企业国际化的主要因素作出理论解释。在本书的最后，我们提出民营企业国际化发展的相关建议。

本书采取比较案例研究和经济计量研究相结合的方法。实证分析的数据来源于对浙江 39 家民营企业所发放的调查问卷，并在统计数据基础上，对民营企业国际化模式及其所受的影响因素进行计量分析。除此之外，在计量分析之前，重点对其中的 16 家民营企业进行了实地调研，通过细致的比较分析，以获得更进一步的结论。调研主要是通过深度访谈和利用档案资料的补充来收集数据。档案资料从企业报道、出版物和企业网站上获得。访谈时间每次在 1.5～2 小时之间，访谈过程被完整记录下来。为了确保访谈数据的精确性，我们不仅把受访者提供的信息和观点与档案资料进行核对，而且用不同的方式问一些重要的问题，观察受访者的回答是否一致。我们在大多数访谈中调查了多个人，以增强研究的创造潜力。所有的访谈活动都在 2006年 6 月至 8 月间进行。

为了使样本尽可能具有代表性，我们根据行业产业、地理位置、经营年数及国际化程度选了"两极型"企业，在每种类别中都找了案例，实现案例多样性，使研究成果在不同类别间可以通用。在本书的第六章、第七章，我们对 39家浙江省民营企业所进行的个案分析，是对前面比较分析和回归分析的一个有力补充。

本研究采用分析归纳法，即不断地把比较有代表性的企业国际化现有理论的主要命题与多样的、典型的案例作比较，来测试、延伸或提炼现有理论。

我们的访谈提纲基于现有理论事先设计好，分为六个部分命题。按照这一访谈提纲进行访谈时，考虑到可能的理论修正，我们不断尝试开放式问题，这是由于现有理论从发达国家的企业经历发展而来，可能受到来自发展中国家的企业国际化经历的挑战。

参考文献

［1］ Anderson，V. & Skinner，D. Organizational learning in practice：how do small businesses learn to operate internationally? *Human Resource Development International*，1999，2(3)：235-259.

［2］ Andersson，S. Internationalization in different industrial contexts. *Journal of Business Venturing*，2004，19(6)：851-875.

［3］ Arenius，P. M. Creation of Firm-Level Social Capital，Its Exploitation，and the Process of Early Internationalization. Doctorial Dissertation，Helsinki University of Technology，2002.

［4］ Autio，E. Symplectic and Generative Impacts of New，Technology-Based Firms in Innovation Networks：An International Comparative Study. Doctorial Dissertation，Helsinki University of Technology，1995.

［5］ Buckley，P. J. Is the international business research agenda running out of steam? *Journal of International Business Studies*，2002，33(2)：365-374.

［6］ Chetty，S. & Wilson，H. Collaborating with competitors to acquire resources. *International Business Review*，2003，12(1)：61-81.

［7］ Dhanaraj，C. & Beamish，P. W. A Resource-Based Approach to the Study of Export Performance. *Journal of Small Business Management*，2003，41(3)：242-261.

［8］ Du，Y. Haier's survival strategy to compete with world giants. *Chinese Economic and Business Studies*，2003，1(2)：259-266.

［9］ Eisenhardt，K. M. Building theories from case study research. *Academy of Management Review*，1989，14(4)：532-550.

［10］ Forsgren，M. The concept of learning in the uppsala internationalization process model：a critical review. *International Business Review*，2002，11：257-277.

［11］ Glaser，B. & Strauss，A. *The Discovery of Grounded Theory*.

Chicago: Aldine, 1967.

[12] Johanson, J. & Vahlne, J. E. The internationalization process of the firm: a model of knowledge development and increasing foreign market commitments. *Journal of International Business Studies*, 1977, 8(1): 23-32.

[13] Johanson, J. & Vahlne, J. E. The mechanism of internationalization. *International Marketing Review*, 1990, 7(4): 11-24.

[14] Kogut, B. & Zander, U. Knowledge of the firm and the evolutionary theory of the multinational corporation. *Journal of International Business Studies*, 1993, 24(4): 625-645.

[15] Maitland, E. , Rose, E. L. & Nicholas, S. How firms grow: clustering as a dynamic model of internationalization. *Journal of International Business Studies*, 2005, 36(4):435-451.

[16] McDougall, P. , Shane, S. & Oviatt, B. Explaining the formation of international new ventures: the limits of theories from international-business research. *Journal of Business Venturing*, 1994, 9 (6): 469-487.

[17] Ministry of Commerce and State Statistical Bureau China's Outward Direct Investment Statistical Report 2004. Beijing: Ministry of Commerce and State Statistical Bureau, 2004.

[18] Oviatt, B. M. & McDougall, P. Challenges for internationalization process theory: the case of international new ventures. *Management International Review*, 1997, 37: 85-99.

[19] Peng, M. Firm growth in transitional economies, three longitudinal cases from China, 1989-1996. *Organisation Science*, 1997, 18(3): 385-413.

[20] Shi, J. (ed.)*Report on the Development of China's Private Economy*. Beijing: Economic Science Press, 2006.

[21] Stevenson, H. H. & Jarillo, J. C. A Paradigm of Entrepreneurship Management. *Strategic Management Journal*, 1990, 11(1): 17-27.

[22] Westhead, P. & Wright, M. The internationalization of new and small firms: a resource-based view. *Journal of Business Venturing*, 2001, 16(4): 333-358.

［23］Zahra，S. A. & Dess，G. Defining entrepreneurship as a scholarly field. *Academy of Management Review*，2001，26(1)：8-10.

［24］Zeng，M. & Williamson，P. J. The Hidden Dragons. *Harvard Business Review*，2003，10：92-99.

［25］赵伟,古广东.民营企业国际化:理论分析与典型案例研究.北京:经济科学出版社,2006.

［26］赵优珍.中小企业国际化——企业家精神视角的分析与启示.国际商务——对外经济贸易大学学报,2004(6):63.

［27］谢健.企业经营国际化区域经济国际化中的温州模式.财贸经济,2005(12):86—89.

第二章 企业国际化的理论研究

第一节 企业国际化影响因素及模式选择的研究前沿

　　企业国际化理论是对企业跨国经营行为的理解和概括,针对企业如何从封闭环境走向开放市场,各国学者都提出了各自不同的理论。在这些理论中,有很多因素被看成能够解释企业国际化模式的选择。如安德森(2004)总结的那样,要素条件、需求条件、技术进步、产业结构、国内竞争、企业战略、市场不完整或交易费用、组织学习能力、企业网络、市场潜力、区位优势、管理决策、企业创立者或企业家的国际化经验等诸多方面,都被认为是相关的影响因素。这些理论从企业成长方面,回答了下面几个问题:是什么促使企业走向国际? 一个国内企业是怎样成长为国际企业或跨国公司的? 为什么一些企业能成功实现国际化成长战略,而另一些企业却不能达到其预期目标? 在实证研究中,各种影响国际化发展的因素已经被应用到案例研究和以调查为基础的研究中,这些因素包括组织学习能力(Anderson & Skinner,1999)、社会或商务关系网(Chetty & Holm,2000;Andersson,2002;Chetty & Wilson,2003;Coviello,2006)、社会资源(Yli-Renko et al. 2002)、企业家精神(Anderson,2000)、国际市场导向(Knight & Cavusgil,2004)、资源基础(Westhead &

Wright,2001;Dhanaraj & Beamish,2003)、集聚（Maitland et al. 2005）以及本土化能力（Mariotti & Piscitello,2001）等。安德森（2004）指出,上述任何一个因素是否起重要作用,取决于企业的国际化程度和该产业的成熟程度。

一、国外学者对企业国际化的理论与实证研究

经济学家亚当·斯密（Adam Smith,1776）,大卫·李嘉图（David Ricardo,1817）和赫克歇尔和俄林（Hechscher & Ohlin,1891）在早期提出了国际化的要素条件。他们从国际贸易的角度分析了一国技术水平与要素禀赋的差异对企业国际化的重要影响。

第二次世界大战后,随着跨国公司的发展,对企业国际化经营的研究更侧重于对外直接投资。如伯伦斯坦·林德（Burenstam Linder,1961）指出了对外直接投资的需求条件;弗农（Vernon,1966）认为技术进步是对外直接投资的决定因素;海默（Hymer,1960）和金德尔伯格（Kindleberger,1969）提出市场不完善是对外直接投资的重要原因;邓宁（Dunning,1988）论证了对外直接投资的所有权优势、内部化优势和区位优势。这些学者的研究,形成了垄断优势理论、产品生命周期理论、内部化理论、国际生产折衷理论等关于跨国公司对外直接投资的理论。总体上说,这些对外直接投资理论主要分析以下三个问题:企业参与国际竞争、实现国际化成长的条件是什么？ 促使企业国际投资的动因是什么？ 影响企业投资区位选择的因素是什么？ 很多实证研究检验了上述理论的分析框架,而且验证了其正确性。但这些研究大多基于外商直接投资,关于企业国际化过程的研究比较少。

20世纪70年代中期以来,以约翰逊和威涉恩为代表的乌普萨斯（Uppsala）学派认为,每一个国际化步骤都不能被视为相互独立的阶段,因而分析对象应该是国际化的全过程。该学派使用企业行为理论的研究方法,发展了独立阶段的理论来说明企业国际化的连续过程,提出企业国际化阶段论,开创了企业国际化理论研究的先河。企业国际化阶段论实质是企业行为理论和企业成长理论。他们认为,企业国际化的过程是企业渐进地获得、认识和利用国际市场和经营知识的过程,强调"干中学"的重要性。福斯格瑞（Forsgren,2002）进一步指出,企业的国际化成长依赖于各种学习机会,包括模仿性学习、与其他企业的合作、引入专业人才等。该学派的不少学者还从学习能力的角度分析20世纪90年代后半期跨国兼并与收购频

频失败的原因。哈勒布连和芬克斯坦（Haleblian & Finkelstein,1999）用行为学理论,分析了收购者的收购经验与收购后企业经营业绩的关系,认为两者之间呈现"U"型关系,收购者的收购经验越丰富,被收购企业的经营业绩越有可能改善,特别是同行业收购。维利和斯威格（Very & Schweiger,2001）进一步把兼并与收购过程中的学习分为"收购目标的学习"和"收购经验积累学习",由于在跨国兼并收购的不同阶段,收购者面临着不同的问题,这些问题加大了跨国兼并与收购的风险,对企业的学习能力提出了更高的要求。乌普萨斯学派的国际化理论尽管受到批评（Turnball,1987;Andersen,1993）,但学术界仍然认为它是这个领域最有影响力的理论。而且相当多的实证研究验证了这一模型在不同国家的正确性（Bilkey & Tesar,1977;Cavusgil,1980;Karafakioiglu,1986）。

约翰逊和威涉恩之后,企业国际化成为独立的研究领域,相关的理论与实证研究层出不穷。特别是在过去的十年间,企业国际化已经成为大量国际商务文献关注的焦点。与之相关的理论主要有企业家战略选择理论、国际化的资源基础说、国际新冒险企业理论等等。

鲁特（Root,1982）、里德（Reid,1983）和特恩布鲁（Turnball,1987）认为国际化是企业家主动的战略选择。Bell（1995）把企业家在国际化过程中的行为分为目标市场细分、客户追随和行业倾向。麦克道格尔等（McDougall et al.,1994）,奥维塔和麦克道格尔（Oviatt & McDougall,1994）,奈特和卡弗斯基尔（Knight & Cavusgul,1996）,麦迪逊和舍维（Madsen & Servais,1997）以及安德森（Andersson,2000）等研究了企业国际化的夹缝生存策略,他们指出企业国际化与企业创建者的先期经历、企业家个人的关系网密切相关。具有反应迅速、机制灵活、适应性强等优势的小企业,在企业家的带领下充分发挥加工技术、信息技术、全球关系网的作用,迅速走向国际。然而,这些文献基本上是以新兴产业和高新技术部门为研究对象的,并未涉及其他行业,他们的理论只能解释企业国际化的很小一部分。很多实证研究已经在积极的国际化发展与企业家对国际化的态度、动机、定位、经验和网络之间建立了联系（Andersson,2000,2002;Andersson & Wictor,2003;Moen,2002;Oviatt & McDougall,1994,1997;Preece et al.,1998;Westhead et al.,2001）。

达那拉和包铭心（Dhanaray & Beamish,2003）、沃尔夫和佩特（Wolff & Pett,2004）以及耶奥（Yeoh,2004）提出企业规模、计划、技术密集程度是企业国际化的决定因素和资源基础。卡萨等（Kotha et al.,2001）认为,企业信誉和关系网对企业国际化非常重要。威斯特姆德和怀特（2001）则提出了人力和资金是企业国际化重要资源的观点。

奥维塔和麦克道格尔等创立的国际新冒险企业理论是研究企业国际化问题的重要进展。该理论整合交易费用、法人治理结构、企业家精神和资源基础说，来解释国际新冒险企业不断涌现的现象。该理论认为，技术、社会和经济的变化推动企业在创建后不久就进入国际市场，企业并不一定要按照国际化的渐进模式。国际新冒险企业理论被学术界认为是对传统企业国际化阶段论的挑战，这种挑战其实是对企业国际化阶段论的重要补充，因为它明确或含蓄地指出了一些约翰逊和威涉恩的研究所忽略的方面。

二、国外学者对中国企业国际化的相关研究

罗岁鹏和蒋红兵（Low Sui Pheng & Jiang Hongbin，2003）运用下列指标评估了 35 个中国国际承包商的业绩：国际收入在总收入中的比重、国际商务销售、海外经营结构、参与专业领域程度和国际化总体指数。分析确定了 10 个中国国际承包商是真正的全球企业。该研究也指出传统的跨国公司理论可能无法充分解释中国国际建筑企业的发展。

柴尔德·约翰，石红宁和克里斯汀·王（Child John，Sek Hong Ng & Christine Wong，2002）基于中国香港的商务研究实证材料分析了心理距离（Psychic Distance）的概念。五个案例中有三个香港企业将他们第一次海外投资定位在东南亚，而东南亚的国家和中国香港地区之间的心理距离相对较近。当生意扩展到英国时，很多特殊因素可以用来解释为什么心理距离被缩短或跨越了。

曾和埃里克（Tsang & Eric W. K.，2001）从知识和学习的视角，研究在新加坡的华裔家族企业在中国的对外直接投资（Foreign Direct Investment，以下简称 FDI），考察了这些华裔家族企业的国际化进程。该研究支持了文献中论述的关于华裔家族企业的特征，并显示了这些特征影响 FDI 的步骤。

曾明和皮特·威廉姆逊（Ming Zeng & Peter J. Williamson，2003）指出，很难跟踪中国给全球市场所带来的挑战，因为他们正采用一些不可预言的国际化模式，包括国有企业、专营出口者、竞争网络、技术暴发户在内的四种中国企业正在同时席卷全球市场。国有企业利用他们在国内市场的领导者优势建立全球市场，比如海尔集团、华为科技、联想集团、四川长

虹等。专营出口者正在凭借规模经济努力进入海外市场,比如比亚迪电池、中国国际海运集装箱(集团)股份有限公司。竞争网络已经通过集聚众多关系密切的小型专业公司进入世界市场,比如广东澄海深圳玩具、浙江嵊州领带、广东深圳圣诞装饰品,以及浙江温州打火机和温州鞋等。技术暴发户利用国有研究机构的创新技术进入生物工艺等新兴部门,比如北京源德生物医学工程有限公司、大唐微电子、北京英纳超导技术有限公司、上海数康生物科技有限公司、北京清华阳光太阳能设备有限责任公司等。

三、国内学者对本国企业国际化的相关研究

国内学者对企业国际化的研究主要集中在分析框架的构建、国际化模式与动因分析、案例研究、专题研究、绩效分析、对策分析等方面。

在分析框架的构建方面,鲁桐、李朝阳(2003)基于 112 家企业的调查提出企业国际化追赶模式——"时间＋国际化程度"二维模型;谢泗薪、薛求知(2004)提出国际化内外双向路径;韩民春(2004)提出内外向联系模型;陈菲琼等(2004)提出新企业国际化追赶模式,即"时间＋国际化程度＋企业竞争力"三维模型;吴欣(2005)分析了内外向国际化路径选择;吴彬、黄韬针(1997)提出二阶段论,认为企业为了达到收益最大化的目的,先要提高自身综合水平,然后适时攫取利润;冼国明、杨锐(1998)以学习型 FDI 为例提出技术积累和竞争策略论;马亚明、张岩贵(2003)提出技术扩散模型,即通过 FDI 寻找竞争优势;杨建清(2004)提出产业发展目标说,即通过对外 FDI 带动国内产业结构的改造提升;通过逆梯度投资以获取技术和产业升级,构建产业发展新策略。

在国际化模式与动因分析方面,刘研(1992)从国际和国内两方面进行了动因分析;谢健(2005)提出温州民营企业"引进来""走出去"模式,即"营销网络—纵向一体化—合资—国际供应链";林俐(2003)分析了温州民营企业"走出去"模式,即"合作出口—境外专业市场—国际连锁专卖店—国外研发中心—与国际巨头合作—海外生产基地";王夏阳、陈宏辉(2002)分析了资源型和网络型国际化;马蓉(2003)提出"贴牌生产(OEM)、跨国采购"的新模式;赵常林(2003)研究了南京民营企业国际化;林俐(2004)提出了带出去模式,即"订单—竞争—关键链—出口投资相互带动";王夏阳、田传浩(2005)提出网络型国际化;傅京燕(2005)分析了企业集群对国际化的作用;赵伟(2006)、任晓(2006)以文献综述的形式讨论了企业国际化的一般进程和影响因素;王增涛(2005)、张伟(2006)分别以 TCL 和珠江三角洲

为例分析了制造业企业国际化的影响因素;刘庆宝(2003)、李海琼(2005)则分析了民营企业国际化的不利因素;吴三清(2005)运用实证研究方法,选取有代表性的珠三角中小企业作为测试对象,结合企业国际化经营的相关文献,构建了中小企业国际化经营的影响因素的重要性评价的初始量表,用因素分析方法,找出了影响中小企业国际化经营的因素结构,笔者认为,这是迄今为止国内唯一基于实证数据运用计量手段对企业国际化所作的研究。

在案例研究方面,郑可斌(2003)研究了万向集团;姜勇(2003)、南存辉(2004)、张雪松(2005)研究了正泰集团。这些案例研究较为详细地介绍了企业的背景和国际化发展原因,得到了一些有益的结论。

在专题研究方面,李春顶(2005)研究了网络营销;李灵雅(2005)研究了知识管理;郑予捷(2005)研究了品牌国际化。这些研究着重于国际化的某些具体层面和细节。

在绩效分析方面,夏清华(2003)分析了国际化战略与绩效之间的关系;彭中文、李勇辉(2004)研究了国际化效益。

在对策分析方面,任会中(2002)分析了国际化的必要性、基本情况、面临的挑战和战略取向,提出面临挑战主要有认识误区、融资困难、信息闭塞、创新有限、国际化程度较低、经验不足、知识素质欠佳;徐明棋(2003)分析了挑战与对策;赵优珍(2003)、赵萍(2004)、肖余春(2005)、朱雨良(2005)等研究了现状、问题与对策。

四、研究缺口

国内外学者的辛勤研究为本书提供了丰富的文献资料,具有较高的参考价值。国外学术界在理论方面对企业国际化的影响因素作出了重大贡献,并从实证角度进行了验证;国内的研究绝大多数还停留在定性讨论阶段,缺乏深入、缜密的理论推导,较少应用计量经济学工具进行模型构建和数据分析,并在此基础上作出比较精确的定量分析。研究缺口主要体现在以下两个方面。

第一,没有使用中国的数据对现有理论进行系统的比较和检验。

国际化阶段论(Process Theory of Internationalisation,以下简称 PTI)和国际新冒险企业理论(International New Venture Theory,以下简称 INV)是两个最具代表性的理论。经梳理我们发现,绝大多数企业国际化的影响因素都被 PTI 和 INV 理论所囊括。学者们在回顾或发展 PTI 和 INV

理论时,都评估或比较了这些影响因素的作用(Andersen,1993;Forsgren, 2002;Chetty & Campbell-Hunt,2004;Autio,2005;Zahra,2005;Zahra et al. 2005;Coviello,2006)。但是这些评估和比较都没有中国的数据支持。 我们可以根据以下思路,用中国的数据对这两个最具代表性的企业国际化 理论进行评估和比较(见表 2-1)。

表 2-1 企业国际化理论评估与比较的思路

理论维度	国际化阶段论	国际新冒险企业理论
根本理论	行为理论,企业成长理论	企业家精神、企业的资源基础说、公司治理理论
标准化意义	中等	中等
研究范围	国际化过程	国际化初期阶段
国际化战略态度	被动反应	主动,寻求机遇型
机遇性质	市场需求	供给推动
企业目标	生存、长期盈利	价值创造、成长
资源获得与控制	主要靠内部发展	有选择地拥有,通过关系网获得更多资源
海外市场信息的获得	信息渠道受限制,市场信息的积累通过市场扩张获得	市场信息可以通过各种渠道很容易获得
海外市场资产的可替代性	海外市场投资倾向于比较独特的资产,不容易再分配	根据资源投入海外市场的行为不同而不同
海外市场扩张的速度	扩张较慢	知识资源可以很快和目标市场的固定资产结合
价值创造的逻辑	创造价值的资产集中在国内	价值创造基于跨境资源的整合
路径依赖的性质	每进入一个市场就创造一个独特的成长路径依赖	国际化初期就为国际化长期成长渗透了路径依赖
环境动态程度	稳定的	在高科技部门很不稳定
个人知识与企业知识之间的关系	企业经验代替个人经验	个人经验和企业家眼光推动国际扩张的决定
决策主体	企业决策体系	企业家
开始国际化的资源禀赋	企业逐渐意识到他的经验知识已经被国内经验定型	企业经验知识和海外市场经验互相作用创造
选择所进入的市场的标准	易管理的,使现有活动范围与新进市场之间差距最小	通过选择可以提供最大发展潜力的市场

中
国
民
营
企
业
国
际
化
影
响
因
素 **及** 模
式
选
择

机遇的性质	持久的	短暂的
竞争的性质	与海外市场的当地企业竞争	与全球企业竞争
各国市场的整合	各国市场比较独特,有高壁垒	各国市场间有明显的国际性整合
管理者前期管理经验的重要性	不重要,因为企业集体经验取代了个人经验	对早期和快速国际化来说至关重要
国际化步伐大小	小	通常较大
快速市场变化的影响	放慢国际化进程,因为企业知识的快速退化	加速国际化进程,因为需要迅速行动以抓住机遇
市场进入模式的选择	从低控制模式到高控制模式的逐渐进行	没有预先确定的顺序,但是企业倾向于采用诸如联盟的治理机制
资源规模的重要性	大量的资源很重要	资源的品质比最初的资源规模更重要
创造价值的资源的国际分布	创造价值的资源集中在国内	创造价值的资源分布在各个国家
成长的意义	企业成长促使企业走向国际	国际化是企业成长所必需
生存的意义	较晚国际化的企业比较早国际化的企业更容易存活	在国际间高度整合的市场中,国际化提供了生存的一个机会

资料来源:Autio, E. Creative tension: the significance of Ben Oviatt's and Patricia McDougall's article "toward a theory of international new ventures". *Journal of International Business Studies*,2005(36):9-19.

第二,没有结合中国企业国际化的发展提炼出代表性的理论框架。

中国企业的国际化还处在发展初期,可能并不成熟,中国政府在企业国际化过程中也发挥了重要作用,这就使得中国企业国际化的模式比较复杂,呈现出多种特征。在这样的背景下,我们是否可以综合西方理论来揭示中国模式?我们是否可以发展出新的理论来解释中国模式?

综上所述,目前已经有大量的发达国家企业国际化的研究文献,提出了各种不同的理论,并进行了大量的实证检验。国外对中国企业的国际化研究甚少,但国内已有大量的研究文献发表,可以作为参照。然而,国内的现有研究大多数缺乏系统性和深入性,存在着进一步研究的必要,且中国民营企业的独特经历给理论发展和实证检验提供了绝佳的机会。国外研究成果中的这些影响国际化的因素是否同样适用于中国民营企业?国外相对成熟的理论是否能够解释中国企业,特别是中国民营企业的国际化过程? 如何结合中国民营企业的特点,提出一个有别于传统理论的框架? 这些都成为本书所要研究并试图回答的重点问题。

第二节 企业国际化影响因素及模式选择的主要理论

企业国际化是近 30 年来跨国公司研究领域的重点课题之一,它是关于企业国际化经营发展过程的理解和概括,主要回答两个基本问题:第一,企业国际化是怎样一个发展过程,是渐进的还是跳跃的? 是演化的(evolution)还是突变的(revolution)? 第二,什么因素决定企业的国际化模式选择? 从历史看,绝大部分企业都是从国内市场起家的,但是一个国内企业怎样成为国际企业或跨国公司? 为什么一些企业成功实现了国际成长战略,而另一些企业却不能达到其预想目标? 企业的国际化程度与经营绩效和竞争力是线性关系,还是非线性关系? 企业国际化理论试图回答这些问题。

一、基于国际贸易的企业国际化理论

一般来说,企业的国际化经营活动从国际贸易起步,在历史上,企业国际化经营活动也以国际贸易这种形式最早出现。早期经济学家亚当·斯密(1776)、大卫·李嘉图(1817)、赫克歇尔和俄林(1891)提出了国际化的要素条件。他们从国际贸易的角度分析了一国技术水平与要素禀赋的差异对企业国际化的重要影响。

亚当·斯密在《国富论》中提出了以地域分工为基础的绝对优势学说。大卫·李嘉图的比较优势学说认为,产品的比较优势来自于不同产品之间劳动生产率的相对差别,一国相对劳动生产率较高的产品具有比较优势,相对劳动生产率较低的产品则具有比较劣势,每个国家都集中生产并出口其具有比较优势的产品,进口其具有比较劣势的产品,将使双方都获得比较利益。赫克歇尔和俄林在前两者的基础上提出了要素禀赋学说。该理论从生产要素的角度(土地、劳动、资本)对比较成本说作了进一步的阐述,用国家之间在土地、劳动、资本之间的比例差异来解释要素成本的差异。

随着国际贸易实践的发展,古典贸易理论的有效性不断受到现实的挑战。首先,该理论假设生产要素在国家之间不能自由流动,而当今国际化经

营的重要特征之一,就是生产要素的国际流动,因此,该假设前提很难成立。其次,该理论假设贸易各方能够获得有关国际贸易的完全信息,而这也不符合现实中信息不完全的情况。第三,古典贸易理论不认为技术、生产窍门、管理、技能知识和市场经验是十分重要的生产要素,并且可以成为比较优势。

二、基于外商直接投资的企业国际化理论

第二次世界大战后,随着跨国公司的发展,对企业国际化经营的研究更侧重于对外直接投资。如伯伦斯坦·林德(1961)指出了对外直接投资的需求条件;弗农(1966)认为技术进步是对外直接投资的决定因素;海默(1960)和金德尔伯格(1969)提出市场不完善是对外直接投资的重要原因;邓宁(1988)论证了对外直接投资的所有权优势、内部化优势和区位优势。这些学者的研究,形成了垄断优势理论、产品生命周期理论、交易费用与内部化理论、国际生产折衷理论等关于跨国公司对外直接投资的理论。

由邓宁和金德尔伯格提出的垄断优势理论认为市场是不完全的,这种市场的不完全性使企业具有了一定的垄断优势,如产品差异、规模经济、市场障碍等,正是这种市场的不完全性导致跨国企业拥有垄断优势,从而获得比当地企业更有利的竞争优势,获得比当地企业更多的利润。利用市场的不完全竞争正是跨国公司进行对外直接投资的根本动因。因此,邓宁总结出企业对外直接投资的两个条件:一是企业必须拥有垄断优势,以抵消与当地企业竞争时的不利因素。二是不完全市场的存在,使企业拥有和保持这种优势。以宁的导师金德尔伯格列出市场不完全的四种类型:①产品市场不完全,包括产品差异、商标或价格联盟等;②要素市场不完全,包括专有技术、管理经验优势和进入资本市场的差异等;③在企业规模经济和外部经济上的不完全竞争,具有规模经济的企业可以降低成本,提高竞争力;④政府政策造成的市场扭曲,如关税、利率和汇率等政策可能造成市场不完全。邓宁和金德尔伯格的研究突破了研究国际资本流动时一直沿用的传统的理论假定,即市场是完全竞争的,指明了不完全竞争市场是企业FDI的基础条件,而企业拥有的垄断优势是其FDI的决定因素,但是垄断优势理论无法解释不具有垄断优势的发展中国家企业FDI的现象。

弗农(1966)提出了产品生命周期理论,该理论将产品的生命周期界定为创新、成熟和标准化三个阶段。在创新阶段,工业发达国家率先进行新产品的开发与生产,国内市场顺利开拓,并开始向后发工业国家出口,逐渐扩大国际市场份额;在成熟阶段,随着技术在全球范围内的普及,原进口国

亦能生产同类产品,这时亦存在大量的跨国投资和技术输出;在标准化阶段,国外生产成本大大降低,产品出现逆流现象,发达国逐渐放弃该产品而转向开发更新的产品,从而开始新一轮产品生命周期的循环。产品生命周期理论说明,跨国公司从事跨国直接投资活动是遵循产品生命周期的一个必然步骤。该理论将企业的垄断优势、市场营销的产品生命周期和区位因素结合起来,从动态的角度考察了跨国公司的海外投资行为,对二战后西方发达国家对外直接投资的快速发展给予了有效的解释。

　　1976 年,英国学者巴克利和卡森(Buckley & Casson)将科斯的交易费用理论引入跨国公司研究,系统地提出了内部化理论。该理论认为,公司在进行经营活动时会面临各种市场障碍,为了克服外部市场障碍或弥补市场机制的内在缺陷,保障自己的经济利益,公司就有权将交易改在公司所属各个子公司之间进行,从而形成一个内部化市场,当内部化过程超越了一个国家的界限的时候,跨国公司便产生了。巴克利和卡森认为外部市场失效、中间产品交易困难、外部市场交易成本过高等原因会导致市场内部化形成。公司将市场内部化过程跨越了国界,就形成了跨国公司。从这个意义上说,跨国公司在国际间实行市场内部化的过程就是发展对外直接投资的过程,正是市场内部化的动机促成了跨国公司对外直接投资的发展。该理论的重要贡献在于把市场交易内部化原理引入到了对外直接投资领域,首次从企业组织发展的角度揭示了对外直接投资的动因。内部化理论着重强调了知识产权的保护对企业竞争的重要意义,从而使得理论分析更加接近跨国公司进行对外直接投资的经济现实,在一定程度上解释了二战后各种形式的外商直接投资。但是内部化理论仅仅从跨国公司的主观方面探寻其从事对外直接投资的动因和基础,对国际经济环境的变化考虑不够,这就使内部化理论具有很大的片面性和局限性。

　　英国跨国公司问题专家邓宁提出的"国际生产折衷理论"认为,一个企业如具备所有权优势、内部化优势和区位优势,就可以进行对外直接投资。所有权优势指一国企业拥有或能够得到的,别国企业没有或难以得到的生产要素禀赋及产品的生产工艺、发明创造能力和专利、商标、管理技能等。内部化优势是指企业为避免不完全竞争市场带来的影响,而把企业所有权优势保持在内部运用,并带来收益的能力。区位优势则是指东道国所具有的生产要素禀赋和良好的投资环境,以及投资企业把自己的所有权优势与之结合而产生收益的能力。邓宁指出,所有权优势和内部化优势只是跨国公司对外直接投资的必要条件,而区位优势是对外直接投资的充分条件。

两种优势的不同组合是企业在技术转让、出口、对外直接投资三种方式之间选择的依据。国际生产折衷理论吸收了各派的精华,运用多变量分析来解释跨国企业海外直接投资的各种主客观条件,具有较强的适应性和实用性。但国际生产折衷理论所提出的对外直接投资条件过于绝对化,强调只有三种优势同时具备,一国企业才可能跨国投资,因而,解释不了那些并不同时具备三种优势的发展中国家迅速发展的对外直接投资活动,特别是向发达国家的直接投资活动。

总体上说,这些对外直接投资理论主要分析以下三个问题:企业参与国际竞争、实现国际化成长的条件是什么? 促使企业国际投资的动因是什么? 影响企业投资区位选择的因素是什么? 很多实证研究检验了上述理论的分析框架,而且验证了其正确性。

三、基于发展中国家和地区的企业国际化理论

在专门论述发展中国家企业国际化的理论中,应当首推美国经济学家威尔斯(Wells)的小规模技术理论和英国经济学家劳尔(Lall)的技术地方化理论。这类理论的基础,仍然是古典的比较优势理论和现代的比较优势理论。他们认为,比较优势和比较利益是普遍存在的,即使是发展中国家,也有可能存在着对外投资的某种优势。

小规模技术理论指出,发展中国家跨国企业的比较竞争优势来自于低成本,这种低成本是与其母国的市场特征紧密相关的。第一,拥有为小市场需要服务的小规模生产技术。低收入国家制成品市场的一个普遍特征是需求量较小,大规模生产技术无法从这种小市场需求中获得规模效益,而许多发展中国家正是开发出满足小市场需求的生产技术而获得竞争优势。这种小规模技术特征往往是劳动密集型的,生产有很大的灵活性,适合小批量生产。第二,发展中国家在民族产品的海外生产中颇具优势。发展中国家对外投资的另一特征表现在鲜明的民族文化特点上,这些海外投资主要是为服务于海外同一种团体的需要而建立的,特别是当本国的海外移民数量较大时,这种类型的海外投资更有优势。一个突出的例子是华人社团在食品加工、餐饮等方面的需求,带动了一部分东亚、东南亚国家和地区的海外投资。第三,低价产品营销战略。物美价廉是发展中国家跨国公司抢夺市场份额的秘密武器,发达国家跨国公司的产品营销策略往往是投入大量广告费,树立产品形象,以创造名牌效应。而发展中国家跨国公司则花费较少的广告支出,采取低价值产品营销战略。

技术地方化理论指出,发展中国家跨国企业的技术形成包含着企业内在的创新活动,这种创新活动形成了发展中国家跨国公司的特有优势。研究者认为是以下几个条件使发展中国家企业能够形成和发展自己的"特有优势"。首先,在发展中国家形成的技术知识,是在不同于发达国家的环境下得到的,这种独特的环境往往与一国的要素价格及其质量相联系。例如,发展中国家所具有的技术,往往具有密集使用劳动、节约使用资金的特点,即劳动密集型的技术。其次,发展中国家生产的产品适合他们自身的经济和需求,相应的也就适应相同收入国家的消费需求。因此发展中国家的企业能够在较低水平基础上形成赖以对外直接投资的企业特有优势,这种优势不仅可以带动他们对其他发展中国家的对外直接投资,而且发展中国家企业对成熟技术的创新还可以促进他们对发达国家的直接投资。这种特有优势还将在以下两个因素的影响下得到加强:其一是发展中国家企业能够获得本国廉价的熟练劳动力;其二是发展中国家企业在组织上可能属于家族企业或者民营企业,这种所有制结构为发展中国家企业带来了管理等方面的额外优势。该理论把发展中国家的企业跨国经营研究的注意力集中在微观层次,以证明发展中国家的企业以比较优势参与国际生产和经营活动的可能性。

四、企业国际化渐进论

19 世纪 70 年代中期,一批北欧学者(Carlson,1975;Forsgern & Johanson,1975;Johanson & Wiedersheim Paul,1975;Johanson & Vahlne,1977)①以企业行为理论研究方法为基础,提出了企业国际化阶段理论。该理论的基本命题有两个:①企业国际化是一个发展过程;②这一发展过程表现为企业对外国市场逐渐提高承诺(incremental commitment)的连续(sequential)形式。

---

① Carlson, Sune. How Foreign is Foreign Trade? Working Paper, the University of Uppsala,1975; Johanson, J. & Vahlne J. E. The Internationalization of the Firm—Four Swedish Cases. *Journal of Management Studies*, 1975,12(3):305-322; Johanson, J. & Vahlne J. E. The Internationalization Process of the Firms—A Model of Knowledge Development and Increasing Market Comminnent. *Journal of International Business Studies*, 1977,8(2):23-32; Johanson, J. & Vahlne J. E. The Mechanism of Internationalization. *International Marketing Review*,1990,7(4):11-24.

约翰逊和威涉恩①对瑞典四家有代表性的制造业公司进行了深入的案例研究。在对这些企业的海外经营过程进行比较研究时发现,这些企业在海外经营战略步骤上有惊人的相似之处。即最初的外国市场联系是从偶然的、零星的产品出口开始;随着出口活动的增加,母公司掌握了更多的海外市场信息和联系渠道,出口市场开始通过外国代理商而稳定下来;再随着市场需求的增加和海外业务的扩大,母公司决定有必要在海外建立自己的产品销售子公司;最后,当市场条件成熟以后,母公司开始进行海外直接投资,建立海外生产、制造基地。因此,两位学者提出企业国际化要经历四个循序渐进的阶段:①不规则的出口活动;②通过代理商出口;③建立海外销售子公司;④从事海外生产和制造。

约翰逊等人认为上述四个阶段是一个"连续"、"渐进"的过程。它们分别表示一个企业的海外市场的涉入程度由浅入深的国际化程度。企业国际化的渐进性主要体现在两方面:一是企业市场范围扩大的地理顺序,通常是本地市场——地区市场——全国市场——海外相邻市场——全球市场。二是企业跨国经营方式的演变,最常见的是纯国内经营——通过中间商间接出口——直接出口——设立海外销售分部——海外生产。企业海外经营活动从第一阶段向第四阶段的演进说明其资源投入量的增加,同时也表明其对海外市场信息渠道的控制能力的增强。显然,在偶然出口阶段,企业对出口市场不需要或极少投入资源,在掌握市场信息方面也是零散和不规则的。在代理出口阶段,企业有了固定的海外市场信息渠道,同时也为出口市场投入一部分资源。当企业开始建立海外销售子公司时,需要在投资的种类和数量上有所增加,同时,企业可以直接掌握市场信息并获得该市场的知识和经验。最后,当企业在海外建立直接的生产基地时,表明该企业更深地涉入了海外市场。

北欧学派用"市场知识"(market knowledge)来解释企业国际化的渐进特征。市场知识分为两部分:一部分是一般的企业经营和技术,即客观知识可以从教育过程、书本中学到;另一类关于具体市场的知识和经验,或称经验知识,只能通过亲身的工作实践积累。决策者市场知识的多寡直接影响其对外国市场的机会和风险的认识,从而影响海外市场的经营

---

① Johanson, J. & Vahlne J. E. The Internationalization Process of the Firms——A Model of Knowledge Development and Increasing Market Cnmmitment. *Journal of International Business Studies*, 1977, 9(2):23-32.

决策。所以当企业经营者缺乏对市场信息的掌握和了解时,减少风险的本能使其把海外市场投入降到最低点,由此而来的企业决策也处于试探阶段。经过一段时间的海外经营活动,企业家获得并积累了对该市场的认识和经验,海外经营活动反过来会增加决策者的市场知识,成为决策者认识和把握海外市场机会的新基础,从而推动企业把更多的资源投向海外市场。

北欧学者用"心理距离"(psychic distance)的概念分析解释企业选择海外市场的先后次序。所谓"心理距离"是指"妨碍或干扰企业与市场之间信息流动的因素,包括语言、文化、政治体系、教育水平、经济发展阶段等"。[①] 他们认为当企业面临不同的外国市场时,选择海外市场的次序遵循心理距离由近到远的原则。如瑞典的公司总是把其周围国家——丹麦、挪威、芬兰作为海外经营的首选目标。理由是,企业在一个相对熟悉的环境下经营的成功率要比在一个完全陌生的环境中高得多。总而言之,北欧学派坚信企业的跨国经营遵循以下两个原则:一是当企业面对不同的海外市场时,他们首先选择市场条件、文化背景与母国相同的国家,即企业的海外经营具有文化上的认同性;二是在某一特定市场的经营活动中,企业往往走从出口代理到直接投资的渐进道路。

约翰逊等人认为,企业的海外经营应该遵循上述渐进过程。当然,在一定条件下,企业海外经营也会"飞跃"某些阶段。第一,当企业拥有足够雄厚的资产,其海外投资相比之下微不足道时,海外经营阶段的飞跃是有可能的;第二,在海外市场条件相近的情况下,企业在其他市场获得的经验会使其跨过某些阶段而直接从事生产活动。

国际化阶段理论提出以后,引起了国际企业研究界的广泛关注。许多学者进行了大量的经验研究,从检验的结果看,褒贬兼而有之。一些学者证明在中小规模的出口企业的经营活动中表现出明显的阶段性。[②] 卡尔森

---

① "心理距离"这一概念最早由 W. Becketmann 于 1956 年发表的论文"欧洲内部贸易的距离和形式"中使用,载于《经济和统计评论》1956 年第 28 卷。

② Bilkey, W. J. & Teasar, G. 威斯康星制造业中小企业的出口行动. 国际企业研究,1977(8):93-96;Cavusgil, S. T. 与出口活动相关的组织特征. 管理研究,1984(21):3-22;Johanson, U. & Nonaka, L. 日本的出口营销:结构、战略和反战略. 国际营销评论,1983(1):12-25.

(1975)对瑞典企业出口行为的研究,达尔基和德萨尔(Bilkey & Tesar, 1977)[1]对美国威斯康星中小企业出口行为的考察,以及约翰逊和野中(Nonaka,1983)对日本企业出口战略的研究,等等,都从经验上支持了"阶段理论"。其他学者,如班尼托和格瑞普思若(Benito & Gripsrud,1992)[2];博纳卡洛斯和达利(Bonaceorsi & Dalli,1992)[3];阿里和坎普(Ali & Camp,1993)[4]对企业国际化渐进论进行了检验。得出的较为一致的结论是:该理论主要适用于中小企业的国际化行为,而对于大型多元化的企业而言,国际化的渐进特征并不十分明显。

另一些检验结果说明,企业国际化渐进论对"市场寻求型"跨国公司的国际经营行为有较强的解释力,而对于抱有其他投资动机的公司如资源寻求型、技术寻求型、国际战略型等并不明显。

企业国际化渐进论认为,企业(家)的市场知识与其海外市场涉入程度是线性关系(Linear Relation),这一结论也受到一些学者的挑战。埃拉米利(Erramilli,1991)[5]对美国服务业公司的研究结果表明,"市场知识与市场涉入的关系呈现出 U 型状态"。当企业家没有跨国经营的经验时,他(他们)往往低估了海外市场的风险,因此,对海外市场的投资并不是最小的。而当企业家有了一些经验时,却很可能对海外市场的困难估计过高,从而小心投资;最后,当企业家获得了丰富的国际市场经验时,他将有能力克服各种障碍,扩大海外投资规模。

对于企业国际化阶段理论有几点值得注意。首先,它强调了经营者的经验知识与其海外经营活动的辩证关系,揭示了这样一个简单的道理,如

---

① Bilkey, W. & Tesar, G. An Attempted Integration of the Literature on the Export Behavior of Firms. *Journal of International Business Studies*, 1977,9(1):33-46.

② Benito, G. R. G. & G. Cripsrad. The Expansion of Foreign Direct Investments: Discrete Rational Location Choices or a Cultural Learning Process? *Journal of International Business Studies*, 1992,23(3):461-476.

③ Bonaccorsi, A. & D. Dalli, Internationalisation Process and Entry Channels: Evidence from Small Italian Exporters. In Cantwell, ed. *Proceedings of the 18th Annual EIBA Conference*, University of Reading, 1992:509-526.

④ Ali,A. J. & R. C. Camp. The Relevance of Firm Size and International Business Experience to Market Entry Strategies. *Journal of Global Marketing*, 1993,6(4):91-108.

⑤ Ertamilli, K. The Experience Factor in Foreign Market Entry Behavior of Service Firms. *Journal of International Business Studies*, 1991,22(3):479-501.

果一个企业决策者缺乏对海外市场的了解和认识,该企业的国际经营活动就要受到很大限制。而了解海外市场的重要途径是要去经营,从而获得海外市场的实际经验。国际化阶段理论把国际经营看作是一个动态的学习和反馈过程。这种学习过程与其经营活动是相辅相成的。它意味着经营者不仅是积累信息,更重要的是正确地理解信息,了解市场运作并把握市场机会。企业家的实践经验越丰富,市场信息越灵通,就越有可能对投资的机会作出正确的判断,从而越会作出更大的决策。第二,该理论强调文化差异对企业海外经营的直接影响。特别是对那些国际市场经验不足的中小企业而言,在语言、文化背景、经济发展水平相近的市场更容易获得旗开得胜的效果。而这一开端对于以后扩大海外市场的经营范围,增强企业的国际竞争信心和实力是至关重要的。当然,心理距离也会随着时间的推移而逐渐缩小。第三,该理论暗示,当企业开始考虑向国际市场扩张时,进行贸易可能是一种风险最小、成功率最高的选择方式。

然而,若把国际化阶段理论视为企业跨国经营的一般理论,其解释力却是有限的。首先,它充其量只适合于分析制造业企业的出口过程。而对于服务行业如金融、保险等企业的跨国投资,无法用出口和生产活动进行解释。其次,即使是分析制造业的跨国经营行为,阶段理论的阐述也过于简单化而有失偏颇。该理论认为企业国际经营取决于经营者对海外市场的认识。这仅仅是企业国际化的一个必要条件,而非充分必要条件。一个企业能否成功地进行国际竞争,是企业内部条件和外部环境共同作用的结果。一个成功的跨国公司必须具备以下三个条件:第一,拥有所有权优势。这种竞争优势来自于对特定资产——资金、技术、管理、组织、人力资本、信息的占有和使用。第二,通过对企业资产的内部转移,使其海外投资实现更低的生产成本和更高的利润。第三,投资环境(东道国的基础设施、政策法律体系、资源禀赋、市场规模及其结构)能够满足其战略发展的需要。因此,企业的跨国经营是一个复杂的决策过程,不是简单地受个别因素支配的。

最后,关于外国市场的进入方式问题,从降低投资风险的角度看,出口是一种相对稳妥的经营方式,然而对于部分企业来说,海外经营方式是受企业的国际投资动机支配的。国际投资动机大致可归纳为四类,包括资源型投资、市场型投资、效益型投资和战略发展型投资。显然,在不同的投资动机下,海外市场进入的顺序是不同的。很多企业是从出口开始它的国际化过程的。另外,企业海外市场进入方式不仅取决于其自身的经营战略,还在很大程度上取决于东道国的经营环境。当两国间贸易壁垒较高时,直接投资则是有效的市场进入方式。

五、企业出口行为理论

自"阶段论"后,许多学者沿着这一思路,对企业的出口和直接投资活动进行考察,证实了企业国际市场的进入方式是一个连续发展的过程。

表 2-2　六位学者的四种出口发展行为类型的比较

出口发展阶段	约翰逊和威德希姆 (1975)	比尔基和德萨尔 (1977)	卡弗斯基尔 (1980)	钦科陶 (Czinkota, 1982)
第一阶段	偶尔的出口活动	企业对出口毫无兴趣	产品国内销售	企业对出口无兴趣
第二阶段	通过海外代理商出口	企业接受海外定单,但不努力开拓海外市场	前出口阶段:企业寻求信息并评估潜在出口市场	开始对出口感兴趣
第三阶段	建立海外销售机构	企业积极寻求出口市场	获得出口经验:企业开始向临近国家出口	开拓出口市场
第四阶段	海外生产	开始向临近国家出口	积极从事出口活动:以直接出口方式向其他国家出口更多的商品	获得出口经验
第五阶段	—	成为有经验的出口商	开始从事各种直接投资活动	有经验的小出口商
第六阶段	—	努力开拓其他出口市场	—	有经验的大出口商

资料来源:Stanley Paliwoda. *International Marketing*. Butteraorth-fieineann Ltd., 1995:34.

表 2-2 列出了六位学者提出的有关出口企业行为的四种类型。它们在阶段的划分上有不同的理解,但在企业跨国经营的渐进发展方面却是一致的,即上述四种类型主要分析出口企业的阶段性行为。这实际上暗含着这样的假设:一个制造业企业从事跨国经营的第一步是出口,然后才是其他形式的直接投资。

美国密歇根大学的卡弗斯基尔(1980 & 1982)[①]教授把企业经营国际

---

① Cavusgil,S. T. On the Internatiunalization Process of Firms. *European Research*, 1980,8:273-281; Cavusgi,S. T. Some Observations on the Relevance of Critical Variables for Internationalization Stages. *Export Management*. *An International Context*. Czinkota, M. R. & Tesar,G. (eds). New York:Praeger,1982:276-288.

化过程分为五个阶段：①国内营销阶段，主要从事国内生产和销售；②前出口阶段，开始对国际市场感兴趣，有意识地收集信息，对国际市场进行调查，出现不规则的出口活动；③实验性涉入阶段，主要从事间接出口，开始小规模的国际营销活动；④积极投入阶段，以直接出口方式向其他国家出口产品；⑤国际战略阶段，以全球市场为坐标制定企业战略规划。

比尔基和德萨尔(1977)对美国威斯康星州 400 多家制造业中小企业出口行为的调查显示，它们在出口阶段上有明显的相似之处。

第一阶段：对出口毫无兴趣，但偶尔接到外国订单；

第二阶段：外国订单逐渐增多，但未主动开发国外市场；

第三阶段：积极地开发海外出口市场；

第四阶段：企业以现有的经验为基础，向临近国家出口商品；

第五阶段：企业获得了出口的经验，开始扩大出口的地理范围，并根据汇率、关税等因素的变化及时调整出口业务；

第六阶段：出口市场扩大到全球。

出口行为理论与"阶段论"的共同之处是他们都认为企业国际化过程是一个连续渐进的过程，企业出口过程中的信息获取、经验学习和管理意识都被认为是企业跨国经营的重要因素。出口行为理论是通过大量的企业调研得出统计结果，而不是纯粹的逻辑演绎，因而他们与现实的距离更近，更具操作性。但是出口行为理论只是企业出口阶段的描述性分析，还不能完全解释企业的整个跨国经营过程。

六、跨国经营的带动论

根据企业管理的"场理论"，企业管理是一种"力场"，它是影响企业发展的各种"推力因素"和"阻力因素"相互作用的结果。就企业的内部和外部经营环境而言，既存在种种阻挠跨国经营的"阻力因素"，如惧怕风险、学习的惰性、学习能力的局限等；也存在种种促进跨国经营的"推力因素"，如激烈竞争迫使企业不断提高自己的实力，经验的积累使企业增强了海外投资的信心等。

企业在任何时点上的跨国经营现状，都可以被认为是跨国经营的"推力"和"阻力"之间的一种均衡状态。企业的发展既可以来自于"推力因素"的增加，也可以来自于"阻力因素"的减少。与这种跨国经营发展的"阻力减少论"相应的，是关于经营国际化的几种"带动论"：

第一种是订单带动论。大量的调查研究表明，企业最初出口行为大多来自海外客户主动送上门的订单,这常常是企业直接出口的原因。这些主动上门的订单为从未从事过出口业务的企业提供了关键的市场信息,也大大降低了初始出口的风险,成为企业开展国际市场营销的原动力。

第二种是客户带动论。企业的海外经营行为带有明显的行业特征。服务行业如银行、保险和广告业等企业的跨国经营通常是受到客户的带动。这些企业的客户进入国际市场后,需要相应的企业服务。那么原先为公司提供服务的企业,也就自然而然地跟随客户进入国际市场。有客户带动进入国际市场的方式风险最小。它大大降低了企业在国外营销的市场不确定性,减少了企业市场开发的成本,并为企业扩大国际市场营销活动提供了良好的基础平台。如在汽车制造业,配件厂商通常都跟随主体制造商一起进入国际市场。

美国宾夕法尼亚州的洛伦泽制造公司的国际化过程就是典型的客户带动型。该公司是一家生产汽车信号灯的中小企业。该公司1993年雇员350人,年销售额不足5000万美元,还只是一个地方小企业。到1994年9月,该公司却一跃成为一个跨国公司,在匈牙利开设了分公司,投资800万美元。在布达佩斯郊外建立了汽车信号灯生产基地,还与匈牙利政府合资组建了房地产公司,开发利用苏联留下的军事基地。目前,洛伦泽的匈牙利分公司有150名员工,销售额超过1000万美元。

洛伦泽公司之所以能在一年内完成从国内企业到跨国公司的飞跃,主要是该公司采取了"跟随顾客走向世界"这样一种相对风险较小的跨国经营道路。洛伦泽在美国国内市场的主要顾客是福特汽车公司。随着东欧国家改革开放,福特汽车公司决定在匈牙利设厂,供应东欧市场。为了保证福特汽车的质量,福特邀请其在美国的主要供货商一起去匈牙利开发市场。对于洛伦泽这样的小公司而言,跟随福特这样世界知名的大公司,为其提供了一种跨国经营一步到位的捷径。首先是匈牙利的销路有了保证。洛伦泽在匈牙利工厂开工后,获得了福特公司几年的供货合同,大大减少了市场不确定性的风险,也减少了单独开发市场的营销成本。其次,洛伦泽公司可以利用福特的各种资源,使其知名度、信誉、信贷能力、谈判地位等都有了较大的提高。可见,洛伦泽公司在匈牙利海外投资的成功,是与该公司利用与福特的业务联系,进而利用福特的种种优势直接相关的。

第三种是竞争带动论。在寡头垄断行业,当某一企业打入国际市场后,其他竞争企业会很快跟进。这是因为在激烈的市场竞争条件下,后来者为避免在竞争中被淘汰,不会容忍另一企业独占海外市场而发展壮大。

行业内的主要厂商会在任何市场上展开竞争。这方面典型的例子是麦当劳和肯德基,可口可乐和百事可乐,他们在世界范围内都"如影随行"地展开竞争。

带动论从国际营销的动因上对企业跨国经营的原因给出了解释,对现实中的企业国际市场营销行为有一定的解释能力,但是它把企业的跨国营销都看作是对外在刺激的一种反应,而忽略了对企业进行国际营销内在动力的分析,因此,不能全面解释所有企业的国际市场营销的动因。

七、企业国际化的战略管理理论

企业战略管理过程包括:确认公司的基本任务、分析内外部环境、制定目标及总体规划、实施计划、对运作过程进行评价与控制。其主要功能则是:战略制定、战略实施、效果评价及运作管理。①

战略管理一般以确定公司的基本任务为起点。主要回答两个问题:公司的业务是什么? 公司存在的原因是什么? 通过回答这两个问题,企业可以确定自己前进的方向。内部环境分析的目的在于评价公司的财务和人力资源方面的优势与弱点。考察财务状况将有助于跨国公司估价企业的扩张和投资能力,以及确定需要削减成本和进行资产剥离的领域。内部及外部环境分析将有助于跨国公司确认长期目标和短期目标,企业的战略规划将被分解为若干主要部分,每个分公司和部门都将有自己的经营目标和责任。自此便开始了战略实施过程。公司将定期对战略实施的进度进行评价,并对原计划进行必要的修改。一家跨国公司会发现某些产品服务已不再盈利,因而必须停止生产或供应,或者开发新的产品以满足新需求的出现。

制订战略计划就是这样一种过程,即首先评价企业的环境和内部优势,然后确认长期与短期经营目标,最后实施达到这些目标的行动计划。企业国际化的战略管理理论认为,跨国公司高度依赖战略规划过程,因为它既为跨国公司确立了总体经营方向,又对经营活动提供了具体指导。没有战略规划,这些跨国公司在经营活动的计划、实施与评价中会遇到很大困难。跨国公司在经营活动中有着不同的战略倾向,这一倾向有助于解释公司所作出的特定决策。

1962 年,美国著名经济史学家钱德勒(Chandler)发表了《战略与结

---

① Ragman,A. M. & Hodgetts,R. M. *International Business:A Strategic Management Approach*,1997,3:44.

构——工业企业发展的历史阶段》①，提出了"企业跟随战略"和"公司的战略必将决定其结构"的著名论断。此后，施庄德克弗（Strandskov，1985）②，阿辛（Axinn，1988）③，莫林（Melin，1992）④，明茨伯格（Mintzberg，1994）⑤，韦尔奇和劳伦斯（Welch D. E. & Lawrence S. Welch，1996）⑥等著名管理学家又将企业战略管理理论与企业国际化经营战略相结合，提出了企业国际化经营战略管理理论。该理论认为，跨国公司在经营活动中有着不同的战略倾向，主要表现为母公司中心型、多中心型、地区中心型、全球中心型。

具有母公司中心倾向（ethnocentric predisposition）的跨国公司，将依据母公司的价值观和利益制订和实施战略计划。公司将盈利作为首要经营目标，并以国内的经营方式经营在国外的企业。这种倾向最多的是为那些在国内外销售同样产品的企业所具有。

具有多中心倾向（polycentric predisposition）的跨国公司，将根据东道国当地文化的需求来制订自己的战略计划。如果公司在不止一种文化环境中做生意，其总体规划也将反映各地的不同需求。这种类型的跨国公司，需要使自己的基本任务为东道国的文化所接受，并与其融为一体。公司各附属公司将根据当地的需求决定自己的经营目标，公司盈利将以企业扩张和增长方式重新被投入所在国。

具有地区中心倾向（regiocentric predisposition）的跨国公司，既重视盈利，也重视为公众所接受。表现为母公司中心与多中心的结合，并采取可以同时满足母公司和当地需求的战略。公司更加关注的不是特定国家而是整个地区。例如，一家在欧盟做生意的公司所关注的是所有欧盟成员国。

---

① Chandler，A. D. *Strategy and Structure*. Cambridge：The MIT Press，1962.

② Strandskov，Jesper. Towards a New Approach for Studying the Internationalization Process of Firms. Presented at the Annual Conference of European International Business Association. Glasgow，Scotland，IS-17 December 1985.

③ Axina，C. N. Export Performance：Do Managerial Perceptions Make a Difference？ *International Marketing Review*，1988，5（2）：61-71.

④ Melin，L. Internationalization as a Strategy Process. *Harvard Business Review*，1992，7（1）：99-118.

⑤ Mintzberg，H. The Fall and Rise of Strategic Planning. *Harvard Business Review*，1994，13（1）：107-114.

⑥ Welch，Denice E. & Lawrence S. Welch. The Internationalization Process and Networks：A Strategic Management Perspective. *Journal of International Marketing*，1996，4（3）：11-28.

　　具有全球化倾向（geocentric predisposition）的跨国公司，以全球化的观点看待经营，最大型的国际公司往往具有这一倾向。他们将生产具有地区特色的全球性产品，并聘用可以得到的最好的管理人员，不论他们是来自哪个国家或地区。顾名思义，跨国公司本来就应当全球化，然而如果跨国公司规模相对较小，或者将经营局限于特定的文化或地区，那么它也可能具有多中心和地区中心倾向（见表 2-3）。

表 2-3　跨国公司在经营活动中的不同战略倾向①

公司类型	母公司中心型	多中心型	地区中心型	全球中心型
公司基本任务	盈利	被公众接受	盈利与被公众接受	盈利与被公众接受
管理方式	自上而下	自上而下（各地区分部制定目标）	地区及同其下属公司级相互协调	组织中各层级间的相互协商
组织结构	层级式产品分部	层级式地区分部与国家分部的自主性	以矩阵结构将产品和地区组织连为一体	组织网络（在某些场合包括股东和竞争者）
战略	全球一体化	国家分部责任制	地区一体化与国家分部责任制	全球一体化与国家分部责任制
文化	本国	东道国	地区	全球
技术	大量生产	批量生产	弹性生产	弹性生产
营销战略	产品开发主要由国内用户需求决定	当地产品开发以当地需求为基础	地区内而不是地区间的标准化	具有地区特点的全球产品
利润战略	利润被汇回本国	利润被留在东道国	利润在地区内分配	利润在全球范围内再分配
人力资源	由本国人管理海外企业	由当地人充任管理要职	培养地区性管理人员，并由他们充任地区内要职	寻找和培养全球最佳人才，由他们充任世界各地的要职

　　总之，跨国公司的战略倾向将极大地影响其战略计划过程，从而影响企业国际化战略和市场进入方式。比如一些跨国公司更加关心的是盈利和增长，而不是制定能够发挥自己优势的综合性公司战略。一些公司更加注重的是能使自己在整个国家或地区进行价格竞争的大批量生产，而不是开发那些适合于当地特点的产品，来充分满足本地需求。另一些公司愿意

　　①　Balaji S. Chakravarthy & V. Perlmetter. Strategic Planning for a Global business. *Coluabia Journal of World Business*，Summer 1985，5-6. 转引自［加］艾伦·M. 普格曼，［美］理查德·M.霍杰茨. 国际商务. 北京：经济科学出版社，1999：199—200。

向那些与本国有类似的文化的国家销售产品,以便可以在整个地区采用相同的基本营销方针,这些方针和倾向将极大地影响公司战略。

八、企业国际化的资源基础说

学术界一般认为,资源基础说(RBV,Rresource-Based View)源于彭罗斯(Penrose)在1959年出版的《企业成长论》(*The Theory of the Growth of the Firm*)。她提出的企业成长论的基本观点是,企业是资源的集合,企业的扩张取决于内部资源和外部环境的相互作用,强调富有生产力的资源(productive resources),尤其是管理层的作用,而且,内部管理资源的性质与可得性限制了企业在某个时点上扩张的方向和程度。然而,彭罗斯指出,如果"公司按照扩张计划成长,这些计划的程度受到经验丰富的管理团队规模的限制"成立,那么,当计划完成并付诸实施后,计划过程中所吸收的管理服务会逐步释放出来,并用于下一步的计划。企业通常会觉得集中于现有的产品成本更低、风险也更小,但可能会为了追求成长而扩张到新的业务领域(彭罗斯,1959)。企业成长的方向不仅受到外部机遇的影响,也受到可用来追求扩张机遇的内部资源,尤其是闲置的管理资源性质的影响。

利普曼和鲁梅尔特(Lippman & Rumelt,1982)认为,如果企业无法仿制或复制优势企业产生特殊能力的源泉,各企业之间的效率差异状态将持续下去。他们的核心观点是将企业的竞争优势指向企业特有的难以模仿的资源,开创了把企业战略作为企业固有的可以产生"李嘉图租金(Ricardian Rents)"的资源进行经济分析的先河。维纳费尔(Werntefelt,1984)在美国的《战略管理杂志》上发表了《企业资源基础说》(*A Resource-Based View of the Firm*)一文,标志着资源基础理论的正式诞生,并提出,与外部环境相比,公司内部环境具有更重要的意义,对一企业创造市场优势具有决定性的作用;企业内部的组织能力、资源和知识的积累是解释企业获得超额收益、保持竞争优势的关键。之后,巴尼(Barney,1991)等也对资源基础说作出了贡献。普拉哈拉德和哈梅尔(Prahalad & Hamel,1990)在《哈佛商业评论》上发表的《公司核心能力》一文,将资源基础说与企业的实践相结合,从而使资源基础说受到了广泛关注。

战略管理文献经常会提到资源基础说,并把彭罗斯在1959年提出的企业成长理论作为资源基础说的先河。然而,在国际商务领域中,资源基础说未能得到同样的关注,尽管近年来资源基础说在国际商务研究中日益扩散开来,但总体上看依然处于"婴儿期"。资源基础说对国际商务研究的影响体现在多个领域中,尤其是在跨国公司管理、战略联盟、市场进入及国际企业家精神方面(Peng,2001)。

彭罗斯曾在 1956 年发表了一篇题为《对外投资与企业成长》(*Foreign Investment and the Growth of the Firm*)的论文,把资源基础说应用于跨国企业。然而,该论文与资源基础说一样,重点依然放在国内扩张上。彭罗斯认为,除了少数的例外,海外子公司可以被看成是独立的企业:"一旦海外子公司成立,它就拥有了自己的生命,其成长将取决于子公司自身内部资源的发展和新环境提供的机遇。"她把母公司与海外子公司之间的联系仅仅作为一种事后的思考:"不要忘记,母公司投入了相当的管理和技术资源,以确保外国机会存在而且能被利用。"然而,海外子公司一旦成立,就大体上独立于母公司运作。海外子公司一旦建立,除了一些重大的例外,更加适合作为一个单独的公司来对待。其中,最重要的例外是财务方面。彭罗斯认为,用于企业扩张的必要管理资源大多存在于海外子公司内部。

这就提出了一个问题,即创建并维持跨国企业究竟可以让企业得到什么优势?按照彭罗斯的观点,在海外子公司成立之后,母公司和子公司仍可以被看成是一个企业,那么,这种结构何以维持?显然,维持这种母子公司结构难以用内部资本市场来解释,因为国内扩张同样可以产生内部资本市场的优势,何必去海外承担市场情况不熟悉的劣势?显然彭罗斯的观点对跨国企业的分析难以令人信服。

沃尔夫(Wolf,1977)在彭罗斯研究成果的基础上,首次从资源基础说的视角来考察跨国企业。他指出,企业成长可以有多个方向,包括国内专业化、国内产业多元化和国外地理多元化。正如 Penrose 所注意到的那样,成长的推动因素既可来自企业内部,又可来自外部环境。一些因素可能会推动企业向多元化发展,比如市场饱和会使企业走上国内多元化道路,而其他因素可能会导致地理多元化,包括海外多元扩张。Wolf 得出结论,认为对外直接投资和国内多元化都是通过利用企业未被充分使用的资源而实现的一种成长的选择,因此,国际扩张和国内多元化就有了共同的基础。

卡弗斯(Caves,1982)指出,企业可能希望开拓其无形资产(如技术能力、营销能力)的运用途径,但正如彭罗斯所指出的那样,管理资源的约束限制了公司在某一时点上能够追逐到的机会。卡弗斯认为,由于国外运作将涉及到进入海外新市场的固定成本,比如信息搜寻成本等,企业倾向于先在国内扩张。企业最终之所以会考虑海外扩张,是因为当国内市场饱和、多元化机会枯竭时,国内继续扩张的报酬率将下降。企业最终可能会发觉,海外投资已经成为有吸引力的扩张机会,而且即使考虑到海外扩张的附加信息成本,企业还是有利可图。并且在所有其他条件相同的情况下,企业依然会进入这些新领域,以分摊这些附加信息成本。在这样的条件下,企业倾向于首先考虑进入在语言、文化方面最没有劣势的海外市场。卡弗斯和彭罗斯都认为,每个企业都是资源的集合,而且这一资源集合对某些方向的扩张更加合适。在所有其他条件相同的情形下,企业会倾向于选择最能发挥其富有生产力的资源的扩张机会,卡弗斯(1982)指出,国际企业的实证研究也支持该观点。企业倾向于先在国内市场成为大公司,然后再走向海外郝斯特(Horst,1972),同时,也倾向于先进入与母国市场尽可能相似的海外市场,比如美国公司进入加拿大经营。

国际商务传统上一直被认为是大公司垄断的舞台,传统理论一般也认为中小企业只有在国内扩张成长为大企业时,才会考虑向国外扩张。但近年来随着越来越多的中小企业活跃在国际市场,加之资源基础说本身的发展,人们逐渐认识到中小企业开展国际化经营的独特竞争优势。合理利用中小企业的资源优势会促进其国际化经营,资源基础成了中小企业国际化的一个重要研究角度。

资源基础说的核心观点认为,企业盈利的根源在于其拥有的独特资源,这种资源存在于企业内部,具有无形性和知识性,难以模仿沃纳菲尔特(Wernerfelt,1984)。布拉德古德(Bloodgood,1996)认为,中小企业进入海外市场的能力与其累积的有形、无形资源储备有直接关系,有着宝贵的不可模仿、不可替代的资源储备的中小企业比其竞争者更具有国际化经营的优势。

从资源基础说的观点出发,可以看出每个企业都是独特的资源和能力的结合体。中小企业的国际化取决于内部资源和外部环境的相互作用,其中,内部资源是关键,尤其是管理资源。从外部环境看,随着贸易壁垒的降低和全球化的发展,随着现代通讯和信息技术的应用,中小企业走向海外市场的可能性增大了,当然,更重要的还是中小企业的内部资源。中小企业拥有的独特资源,包括企业的出口经验、战略调整的灵活性、企业家精神、企业家对中小企业的绝对控制(有助于企业的快速反应)、丰富的行业知识、有关全球机会与国际化的经验知识及其运用能力,这些构成了它们国际化的动因和竞争优势。

维斯特海德(Westhead,2001)指出,影响中小企业国际化的资源有四类,即一般人力资源、企业应对突发事件的财务资源、企业主的管理能力、企业主的资历和知识积累。实证研究表明,中小企业以往对外出口的经历是鼓励企业开展国际化经营的关键;企业拥有较多的资金和信息、企业主的年纪较大、管理经验和行业知识丰富,也会促使企业从事国际化经营。而一般人力资源和企业应对突发事件的财务资源与企业从事国际化经营的关系不太明显。

一些中小企业可能经过较长时间的、循序渐进的国际化,最终成长为跨国公司,正如约翰逊和威涉恩(1977)提出的企业国际化阶段理论所描述的那样。然而,这种企业国际化阶段论正日益受到实证研究的挑战。奈特(2000),以及卢和包铭心(2001)的实证研究发现,一些中小企业比该理论的预测更为迅速地国际化。这些中小企业如何成功地走向国外市场,而无须历经企业国际化阶段理论所描述的不同阶段。原因之一在于这些中小企业拥有关于机会的绝佳的经验知识(Peng, Hill & Wang,2000),以及比竞争对手更强的运用这些经验知识的能力(Mitchell, Smith, Seawright & Morse,2000)。资源基础说认为,"正是因为经验知识难以获取,较多的关于国际化的知识可能会给公司提供在外国市场的竞争优势"(Liesch & Knight,1999)。

最近的一些资源基础说也对企业国际化阶段论提出了挑战,欧迪奥,沙宾萨和阿尔梅达(Autio, Sapienza & Almeida,2000)的研究表明,按照企业国际化阶段论给出的步骤行动的企业,在最终国际化时会因为其先期的国内导向而必须克服大量的"惯性"。相反,那些较早进行国际化的企业所需要克服的这类障碍较少。因此,没有以国内市场为导向的中小企业,比那些等较长时间后再进行国际化的竞争对手表现更出色。也就是说,与国际化阶段论所指出的中小企业国际化的固有劣势正好相反,在向国外拓展时中小企业也许反而拥有其固有的优势(Liesch & Knight,1999)。

九、国际新冒险企业理论

国际新冒险企业理论(Theory of International New Ventures,以下简称 INV 理论)的研究是以奥维塔和麦克道格尔这两位学者为代表的。

奥维塔和麦克道格尔(1994,1997)提出,现有经济、技术和社会条件降低了跨国公司内部交换的交易费用,增强了相隔甚远的很多市场的同质性,所以国际化拓展行为就更容易被所有人理解①。在国内市场环境中学到的东西很容易影响国际市场的扩张。因此,企业家就很有可能把国内和国际市场看作一个整体,并且在企业创立初期就开始国际化。

国际新冒险企业是从创立伊始就利用多国资源和市场来获得巨大竞争优势的商业组织。由于普遍缺乏可以通过所有权控制的足够资源,新冒险企业更倾向于只占有其生存所需的很小比例的资源,而且他们一开始就有预先制定的国际化战略。只要一个组织拥有经济交易中可以交换的资产或资源,国际新冒险企业并不需要很大的规模。国际新冒险企业的出现挑战了传统理论中"国际化企业必须是大型企业"的观点。INV 理论认为,企业家在企业建立前的经历至关重要。由于企业家在早期活动中发展了诸如关系网、经验知识等资源,他们对是否组合来自不同市场的资源持谨慎态度②。只有拥有了这些不同市场的资源,企业家才能组合一个来自不同国家的独特的资源集,并组建一个特定的国际新冒险企业。所以说关系网作为创建者的能力被认为是 INV 理论的四大元件之一。虽然企业家可以通过自己控制许可证和特权等至关重要的资产来进入国际市场,但对新冒险企业的国际化来说,关系网是占有资源并使其内部化的更加有效的选择。

他们还指出,过去两国间通讯和运输渠道不畅制约了国际市场的信息收集,增加了海外经营的风险。但是近年来,不断改善的国际通讯和运输、国际市场的同质化,简化并缩短了企业国际化过程。这些变化使得企业国际化心理距离的影响程度降到最低,企业可以跨越国际化发展阶段,或者国际化根本不必按阶段发生。

INV 理论对技术知识这一国际竞争的特殊资源给予了特殊的关注。企业管理国际业务相对于本土企业管理有着特定的劣势,那么要战胜诸多本土企业存在的优势,就必须拥有独占性的技术知识,从而应用到创造差异化或成本优势上。所以说 INV 理论认为独占性的技术知识是差异化和成本优势战略的基本来源。根据波特理论,产品可以基于配送系统、营销方式等实现差异化,差异化策略也要求企业选择有别于竞争对手的产品品质。另一方面,成本优势则来源于规模经济、独家拥有的技术、原材料的优

---

① Oviatt, B. & McDougall, P. Toward a theory of international new ventures. *Journal of International Business Studies*,1994,25(1):45-64.

② McDougall, P., Shane, S. & Oviatt, B. Explaining the formation of international new ventures: the limits of theories from international-business research. *Journal of Business Venturing*,1994,9(6):469-487.

先获得权等等。

第三节　企业国际化影响因素及模式选择的主要模型

一、企业国际化的网络模型

企业国际化的网络模型对一个行业中的众多中小企业的跨国经营提供了一种解释。20 世纪 80 年代中期以后，网络理论（network approach）在西方企业理论界颇为盛行。传统的企业竞争理论都是把企业当作独立的决策单位来分析的。网络理论认为，任何企业都只有在一定的社会关系中才能生存，一个行业就是企业间的社会关系网络。企业的经营活动并不是完全以简单的商品交换关系实现的。任何行业中都有"枢纽"企业和"卫星"企业之分。例如在汽车行业中，汽车公司与其众多供货商之间，就是这样一种"枢纽"和"卫星"的关系。为了双方的共同利益，供销双方都要在这种双边关系中投资，以求共同发展。

企业国际化的网络模型由瑞典学者提出，主要代表有哈格和约翰逊（Hagg & Johanson，1982），汉马克维斯特（Hammarkvist，1982），约翰逊和马特森（Johanson & Mattsson，1985，1986）[1]等人，他们应用网络理论分析产业内企业的跨国经营行为。约翰逊和马特森在一篇名为《产业系统的国际化——网络研究方法》[2]中，详细地论述了在网络关系中企业的国际化问题。

网络模型认为，产业系统是由众多从事生产、销售、服务等活动的企业组成。这个产业系统也可称为"企业间的关系网络"（a network of relationships）。企业在网络中的分工，说明企业之间存在着彼此相互依赖的关系。

---

① Johanson，J. & L. G. Mattsson. Marketing InvesGnettts and Market Investments in Industrial Networks. *International Journal of Research in Marketing*，1985，2（3）：185-195；Johanson，J. & L. G. Mattsson. International Marketing and Internationalization Process—A Network Approach. In S. Paliwoda & P. N. Turnbull（eds），*Research in International Marketing*. London：Croom Helm，1986.

② Johanson，J. & L. G. Mattsson. Internationalisation in Industrial Systems—A Network Approach，1988：446-472. In Neil Hood & J. E. Vanune（eds），*Strategies in the Global Competition*. Beckenham：Kent Croom Helm for the Institute of International Vusiness，Stockholm School of Economics.

企业之间会发生合作，这种合作是通过企业在网络中的相互作用进行的。

从关系网络的性质看，它既是稳定的，也是变化的。网络中每个企业都是在一个既定条件下与其他企业保持联系。但这种联系会随着时间的推移和经营环境的变化而改变。网络模型强调网络内的"互补性"。网络关系的存在意味着企业间有"特殊的依存关系"，这种依存关系与传统理论描述的市场中的企业有所区别。

网络模型认为，企业在产业内的活动，企业建立、维持、发展的网络关系是一种不断积累的过程（cumulative process）。正是这种"网络积累"决定了企业的"市场地位"①。从微观层次看，企业的"市场地位"有三个特征：①对于其他企业而言所扮演的角色；②对其他企业的重要性；③与其他企业关系的紧密程度。

因此，网络模型的关键命题是：单个厂商的生存依赖于其他企业所控制的资源，企业通过其在网络中的地位来得到这些外部资源。② 根据网络模型，企业的国际化是企业在国际市场网络中建立、发展网络关系的过程。主要有三个途径：①通过国际贸易、国际投资活动，扩大网络范围；②地区经济一体化，消除经营障碍；③全球经济一体化。企业国际化程度决定了其在国际生产（市场）网络中的地位。一个高度国际化的生产网络，意味着拥有众多在国际分工下的企业间的紧密联系。

传统的对外直接投资理论认为，企业之所以能够进行跨国经营，是因为企业拥有这样或那样的竞争优势——统称为"所有权优势"。企业国际化阶段论认为，在跨国经营过程中，企业面临更复杂的国际环境，企业的国际化必须是一个渐进的发展过程。该理论强调海外经营经验的学习和积累，是企业成功地实现跨国经营的关键因素。而企业国际化网络模型却是从市场网络中的企业这一角度出发，强调市场网络中企业间的竞争与合作关系对企业国际化的影响。它把研究的视线从企业本身，扩展到企业之间的关系及其相互作用。从这个意义上说，企业国际化网络模型对于网络经

---

① Johanson, J. & L. G. Mattsson. Marketing Investments and Market Investments in Industrial Networks. *International Journal of Research in Marketing*, 1985, 2 (3): 185-195.

② Johanson, J. & L. G. Mattsson. Internationalisation in Industry Systems——A Network Approach, 1988: 53. In Neil Hood & J. E. Vanune (eds), *Strategies in the Global Competition*. Beckenham: Kent Croom Helm for the Institute of International Vusiness, Stockholm School of Economics.

济条件下的企业国际化行为,有较强的解释力。

企业国际化网络模型的另一个意义在于,它为企业制定发展战略提供了新的分析视角。该模型从动态的角度论述了企业与市场的关系,如何直接影响企业的竞争地位。

二、科技创新型国际化模型

与创新相联系的国际化模型(The Innovation-Related Internationalization Models,I-M)最早由罗格斯(Rogers,1962)[1]提出。该模型认为,企业的国际化是企业一系列创新活动的结果。企业是一个不断演进的系统,在任何时点都会有一个变异进入机制,它会引入由变异创造者创造的变异实体,他们比现有系统中的任何实体都更为合适。这些变异实体由系统中实体选择机制选择而留下来。在这一过程中,系统得以不断发展而前进。在此,技术创新成为经济活动的核心,他不断为系统提供新的变异实体而使企业不断变化以适应不断变化的环境的需要。

技术创新的演进性质是熊彼特经济思想的一个重要组成部分,但技术创新的演进模型是由美国的理查德·R.纳尔逊(Richard R. Nelson)和思德尼·G.温特(Sidney G. Winter)于1982年提出。[2]在纳尔逊1987年出版的题为《将技术变迁理解为一种演进过程》[3]的著作中,又进一步明确了技术创新的演进性质,并将理论模型形式化。

根据技术创新的演进模型,演进过程包括下列几个组成部分:第一,将变异引入系统的机制;第二,在这个系统中存在一些实体选择机制。纳尔逊和温特是以三个假定作为其分析依据的:

(1)在演进系统中,任何时点上都有现行系统中不存在的可行实体,这种实体有机会被变异创造者引入系统之中,而且他们比现有系统中存在的任何实体都更为合适。

(2)技术创新是经济活动的核心,企业应根据规则将其模型化。对于这些规则,不同的角色有不同的理解。由于企业不断进行创新,市场条件

---

[1]　Rogers,Everest M. *Diffusion of Innovations*. New York:The Free Press,1962.

[2]　Richard R. Nelson & Sidney G. Winter. *An Evolutionary Theory of Economic Change*. Harvard University Press,1982.

[3]　Richard R. Nelson. *Understanding Technical Change as an Evolutionary Process*. Amsterdam. Netherlands:Elsevier Science B. V. Publishers,1987.

也不断变化,在这种条件下,企业往往发现在它们赖以生存的环境中,包含着许多因素,而且企业必须去适应这些因素,否则就会被淘汰。这种假定排除了企业行为是"最大化的",或者整个工业部门作为一个整体是"均衡的"等信条。

(3)如同在新古典模型中一样,行为者被假定为有目的的和充满智慧的,并根据决策规则进行经营。但在技术创新的演进模型中,强调的主要是决策规则的另外一些方面,它认为企业在任何时候都有一套路径,并表现出它所具有的路径的普遍特点。从另一方面看,企业所遵循的路径可以被理解为是企业过去一系列的行为所引致。

将技术创新的演进性质应用于企业国际化过程的分析,是克辛科塔(Czinkcota,1982,1991)[①]和卡弗斯基尔(1980,1982)[②]等人的工作。他们认为,企业的跨国经营是在企业外部的"推动机制"(push mechanism)和企业内部的"拉动机制"(pull mechanism)相互作用的结果。企业外部的"推动机制"包括市场结构的变化、外部经营环境的变化等;企业内部的"拉动机制"是指企业制度创新、所有权优势的形成。克辛科塔认为,企业内部的"拉动机制"决定了企业能否在国际经营的初始阶段(如间接出口)基础上,继续扩大它的国际市场涉入程度。

与创新相联系的国际化模型从企业创新制度这一个内部因素考虑,提出了企业内部机制对企业跨国营销发展的影响。这比国际化的带动论仅从企业外部因素考虑其对企业国际营销的影响又进了一步。但他仅从创新这一内部因素考察则又过于片面,因为影响企业营销国际化发展的内部因素不仅仅只有创新这一因素。

三、一体化与反应模型

一体化与反应模型是普拉哈拉(Prahalard,C. K.)和多兹(Doz,Y. L.)

① Czinkota,Vtichael R. *Export Development Strategies：US Promotion Policies*. New York：Praeger,1982；Czinkota, Michael R. & Michael Ursic. Classification of Exporting Firms According to Sales and Growth into a Share Matrix. *Journal of Business Research*, 1991,22(3)：243-253.

② Cavusgil, S. T. On the Internationalization Process of Firms. *Europe Research*. 1980,8：273-281；Cavusgil, S. T. Some Observations on the Relevance of Critical Variables for Internationalization Stages. In Czinkota, M. R. Tesar,G. (eds),*Export Management. An International Context*. New York：Praeger. 1982：276-288.

于 1987 年提出的①,主要用于分析经济一体化对企业行为的影响。全球战略一体化的因素包括:

①多国顾客对企业的重要性。不同国家的顾客有自己的一体化要求,作为供货人的跨国公司必须符合并补充这种要求。

②多国性竞争者的出现。这表明了全球竞争的可能性,并构成是否需要评估竞争者跨国界反应的基础。

③投资密集度。高投资密集度经营所涉及的任何方面,如研究与开发机器人等,都需要增强全球协调,以便于尽快分摊这些投资的成本。

④技术密集度。特别是在与产权技术保护相联合的地方,会鼓励跨国公司在尽可能少的地点制造,并相应增加了全盘协调的必要性。

⑤降低成本的压力。这需要企业有更高程度的协调,以便充分挖掘低成本资源和规模经济。

⑥普遍性需要。对某一种产品而言,如果不需要或者很少需要针对不同国家进行适应性改变,一体化就可以预见了。

⑦获得原材料和能源。炼铝和造纸一类的企业要求接近原料来源,而最终产品的各种规格又很关键,各个市场对规格的要求不一,一体化和协调就显得很重要。

在经济一体化的影响下,企业则采取不同的当地反应战略:

①顾客需要差异。当企业必须满足全然不同的顾客需要时,就要求启用当地反应战略。

②分销渠道差异。当各国各式各样的营销组合条件不同时,需要当地反应战略。

③替代品可供性和适应性改变的需要。当有替代品时,或者跨国公司的产品必须作适应性改变以迎合当地需要时,就需要当地反应战略。

在当地竞争者很重要和高度集中的市场结构中,当地反应将是最好的进入战略,也可能是最好的持续战略。在这样的条件下,意味着跨国公司必须作当地反应,否则就得撤走。

这些因素综合在一起就构成了个一体化反应方格图,企业根据情况选择其中一种战略,在条件发生变化以后,即从一种战略变换成另一种战略(见图 2-1)。

---

①　杨德新.跨国经首与跨国公司.北京:中国统计出版社,1996.

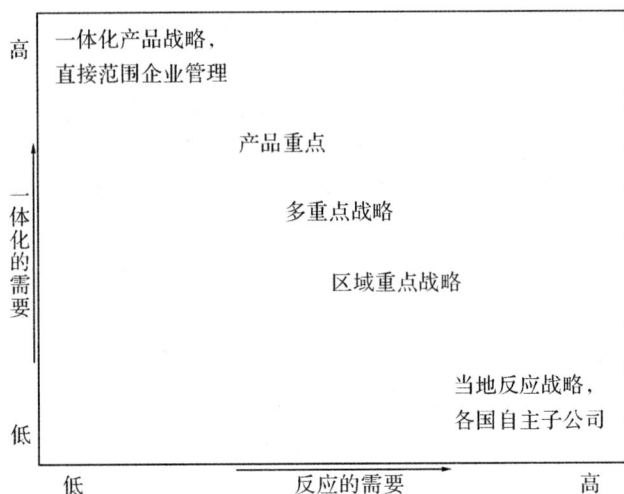

图 2-1　一体化反应方格图

四、国际环境影响模型

美国教授法默(Farmer,R. N.)和里奇曼(Richman,B. M.)研究了环境对跨国经营效率的影响,提出了法默-里奇曼模型。该模型的基本原理包括三个方面:

第一,企业的效率是环境因素和经营技能的函数。环境是决定企业效率的外在条件,经营技能是决定企业效率的内部条件,因此,环境因素和经营技能不同,企业的效率也就不一样。

第二,环境因素直接影响经营技能。环境因素不仅对经营过程直接产生影响,而且通过对经营技能的作用间接影响经营过程。环境因素对经营技能的影响作用是很复杂的,经营技能的每一要素都可能同时受到各种环境因素的影响。例如,经营技能中的一个构成要素是企业的目标及其实现形式,它就受到环境因素中各种社会、政治、法律和经济因素的影响。

第三,环境因素分为国际环境因素和国内环境因素,国内环境因素直接影响国际环境因素。在跨国经营中,首先碰到国与国之间的关系问题。这里所涉及到的各种关系就构成国际环境因素,因为各国都是主权国家,对外国人、外国公司都给予某些与本国国民不同的待遇。这些特殊规定直接与该国国内影响经营的各种因素相关。

因此,法默、里奇曼认为环境因素对企业跨国经营的影响是直接的和重要的。原因在于,一方面,在某一个国家经营时,所面临的国内环境因素直接影响经营过程,这些因素又同时决定了企业的素质,从而对企业效率产生间接影响;另一方面,国际环境因素对跨国公司的经营业绩产生直接影响。因此,国内环境因素、国际环境因素与企业的经营技能三者共同作用,决定了跨国经营的效率。

法默-里奇曼模型构成要素[①]:

1.国际环境要素(Ⅰ)

Ⅰ-1　社会要素

(1)国家观念;

(2)对外国人的看法;

(3)民族主义的性格与程度。

Ⅰ-2　政治法律要素

(1)政治观念;

(2)有关外国企业的法律、法规;

(3)参与国际机构和国际条约的状况;

(4)所属政治与经济集团;

(5)输出、输入的限制;

(6)国际投资限制;

(7)利润汇出限制;

(8)外汇管制。

Ⅰ-3　经济要素

(1)一般国际收支政策;

(2)国际贸易状况;

(3)与国际金融机构的关系。

2.国内环境要素(C)

C-1　教育要素

(1)文盲率;

(2)专门职业、技术培训以及一般中等教育的普及程度;

(3)高等教育普及程度;

(4)特殊经营人才的开发计划;

(5)对教育的态度;

---

① 王超.跨国战略——国际工商管理.北京:中国对外经济贸易出版社,1999.

(6)教育与需求的配合程度。

C-2 社会要素

(1)对经营者或企业经营的看法；

(2)对上、下阶层关系的看法；

(3)各种社会组织间的和谐状况；

(4)对经营效果与绩效的看法；

(5)阶级制度与社会流动性；

(6)对财富和物质利益的看法；

(7)对科学技术的看法；

(8)对承担风险的看法；

(9)对各种变化的看法。

C-3 政治法律要素

(1)有关法律和规定；

(2)国防政策；

(3)外交政策；

(4)政治稳定性；

(5)政治机构；

(6)法律变化状况。

C-4 经济要素

(1)经济制度；

(2)中央银行体系；

(3)财政政策；

(4)经济稳定性；

(5)资本市场结构；

(6)获得经济资源的难易程度；

(7)市场规模；

(8)社会公共设施投资。

3.经营技能要素(B)

B-1 计划与创新

(1)企业目标及其实现形式；

(2)利用计划的方式；

(3)计划的时间跨度；

(4)有关企业活动的计划程度与范围；

(5)计划的变动性；

(6)计划与决策的方法、技术与工具；

(7)雇员参与计划的程度及其有效性；

(8)管理者在计划过程中的决策行为；

(9)计划方法的有效利用程度；

(10)科学方法的有效利用程度；

(11)在特定时期,企业经营上创新与冒险的特点、程度与速度；

(12)企业在经营上力求变化和引入技术革新的难易程度。

B-2 控制

(1)基于职能立场所采取的战略行动与控制的基本形式；

(2)利用控制技术方式；

(3)为控制目的所使用的信息反馈系统的特点与结构；

(4)矫正错误的时机与手续；

(5)人员控制的松紧程度；

(6)综合控制系统的利用与未经预测而产生效果的程度与特点；

(7)为经营服务计划所建立的控制系统的有效性。

B-3 组织

(1)中心企业与主要附属机构的规模；

(2)集权与分权程度；

(3)作业的专门化或分工程度；

(4)管理幅度；

(5)将部门组织或活动予以分类的形式,利用咨询或服务部门的程度；

(6)利用一般顾客与专业人员的程度；

(7)职能权限的利用程度；

(8)权限与责任关系中,所发生的组织上的混乱与冲突的程度；

(9)领导集体从事决策的程度；

(10)非正式组织运用的程度；

(11)创造变化条件,或处理变化条件的正式组织的职能及其弹性程度。

B-4 人事

(1)人员雇佣所采取的方法；

(2)雇员晋升所使用的标准；

(3)评价雇员所使用的技术标准；

(4)工作说明书的性质与利用情况；

（5）报酬水准与福利补贴的性质和范围；

（6）企业培训的性质、范围与所耗用的时间；

（7）非正式的人才开发状况；

（8）对雇员暂时解雇和一般解雇的方针与程度；

（9）解雇成员的难易程度；

（10）使具备必要熟练程度与能力的人员得以雇佣与保留的难易程度。

B-5　指挥、领导与激励

（1）经营上采用权力主义的程度，或允许雇员参与的程度；

（2）为激励管理队伍所使用的技术与方法；

（3）为激励一般雇员所使用的技术与方法；

（4）监督所使用的技术；

（5）意见交流的机构与技术；

（6）各类雇员之间的意见交流的有效性；

（7）为改善工作、提高能力所利用的激励的难易程度；

（8）个人、工作团体、部门以及企业全体的利害关系状况与目标一致性程度；

（9）各类雇员之间相互依赖、协助、冲突与不信任程度；

（10）雇员不满、缺勤与离职程度；

（11）限制性的作业习惯、非生产性的团体交涉与冲突所带来的时间与精力浪费程度。

B-6　营销方针

（1）产品线（多样化、专业化、变化的程度与质量状况）；

（2）市场流通渠道与客户方位；

（3）定价；

（4）促销与销售重点。

B-7　生产与采购

（1）企业自行制造或委托其他公司制造状况，卫星工厂利用程度；

（2）主要原料供应商数量、特征与地点；

（3）主要原料采购时机；

（4）平均库存率（主要材料、半成品、制成品的库存量）；

（5）生产单位的最小、最大规模与平均规模；

（6）生产活动的稳定程度；

（7）主要产品制造中所使用的投入要素的组合情况；

(8)企业的基本生产工艺；

(9)企业自动化与机械化的程度。

B-8　研究与开发

研究与开发的状况与特点(例如,产品的开发与改进,新材料的利用状况,新生产工艺和技术的使用)。

B-9　财务

(1)财务调度的形式与成本(如资本,负债、长期借款与短期借款)；

(2)资金来源；

(3)资本的主要用途；

(4)资本的保留；

(5)利润分配。

B-10　企业对外关系

(1)与客户的关系；

(2)与供应商的关系；

(3)与投资者和债权人的关系；

(4)与工会组织的关系；

(5)与政府的关系；

(6)与社团的关系。

综上所述,经营环境对企业的经营战略产生直接影响。法默-里奇曼模型把环境进行了细分,其意义在于详尽地分析了内外部经营环境对跨国经营的影响。

美国研究跨国公司的两位知名学者雷蒙德·弗农、小路易斯·T.威尔斯在《国际企业的经济环境》一书中,从企业内部环境、国家环境、国际环境三个方面出发,研究了国际企业的作用、企业所面临的国际竞争、避免风险的方法、企业的经营战略、由企业的经营战略和外部环境所决定的企业经营方式和组织结构、企业同东道国和母国相互依存又相互制约的关系,以及商品、货币、技术、劳务、投资等一系列影响当代国际企业活动的重大课题。

该书作者认为,跨国公司的共同特征是:①以共同的所有权为纽带而相互联结;②依赖于共同的资源组合,如货币和信用、信息和系统,以及商标和专利;③受控于某个共同的战略。弗农和威尔斯强调海外信息收集网络对企业的国际扩张产生重要影响。"国际商务中有效的信息收集网络产生的竞争力,不仅在一些偶然的获得某些新的国外资源,或打入一个新的国外市场的重大决策中很明显,而且在某些国外业务活动的日常经营中也是显而易见的。"①"一个展开性网络的存在,对于企业在海外建立机构的目标有很好的效果,学者对以美国为基地的多国企业行为的研究有力地证明了这一点。在美国建立新生产线的企业,最终会在海外建立机构。但是,当企业获得将新产品引向海外的经验后,这种与产品引向海外有关的时滞会大大缩短,尤其是当新的产品引进是在一个企业已获得大量先进经验的国家进行时,这种时滞的缩短更为明显。"②

五、企业国际化四要素模型

国际化经营四要素模型是由丹麦学者佩德森(Torben Pederson)和比特森(Bent Petersen)于1998年提出的③。佩德森和比特森坚持了"企业的国际成长是一个逐渐发展的过程"这样一个基本观点。但他们提出的国际化四要素模型在以下两点上与其他理论相比有所不同:第一,他们认为企业国际成长的逐渐发展过程是由"企业内部的资源因素"和"企业外部的市场因素"共同决定的。第二,企业海外市场扩张的"速度"(the pace of resource commitment)表现出很大的差异,但这种"速度"上的差异可归结为"渐进发展的程度"问题。该模型的基本原理是:一个企业的海外市场扩张速度与其对特定海外目标市场知识的积累同步;企业的海外市场扩张与其对资源获取、整合、利用能力的提高直接相关;企业的海外市场扩张与其产品销售量或市场占有份额的扩大而同步发展;企业的海外市场扩张受制于企业所处产品市场的竞争程度。

佩德森和比特森认为,企业的国际化经营受企业的"市场知识"、"生产要素数量"、"企业市场份额"和"市场竞争结构"四个要素的直接影响(见表2-4)。而企业(或企业家)掌握海外市场知识是一个逐渐积累的过程,不可能一蹴而就。海外市场知识和经验积累速度的快慢取决于经营者自身的学习能力和学习的意识。企业家对特定海外市场条件的认识和了解(如市场规模、市场特征、运行机制、相关的法律法规等)是企业进行海外经营的首要条件。因为通过对海外市场的了解,企业可以有效地降低经营的不确定性,从而降低经营风险。除经验、知识以外,企业的海外经营(速度、方

---

① [美]雷蒙德·弗农,小路易斯·T.威尔斯.国际企业的经济环境.上海:上海三联书店,1990,第26页。

② 同上。

③ Torben Pederson & Bent Petersen. Explaining Gradually Increasing Resource Commitment to a Foreign Market. *International Business Review*,1998,7:483-501.

式、绩效)还直接受企业所有权的影响。企业自身的生产规模和所掌握的生产要素的数量决定了企业是否有剩余的能力去从事国际化经营。从企业的外部环境看,企业占有的市场份额越大,它就越有能力向海外市场扩张。而产业内竞争程度的加剧,也促使企业加紧对全球市场的争夺。

表 2-4　国际化四要素模型变量的量化规定及说明

变量	构成	内容	指标
因变量	渐进的海外市场投入	从事海外经营的时间	TIME
		投资难以转向其他市场的程度(按 1—7 级打分)	IRREV
		海外市场销售量	SIZE
自变量	市场知识	在建立海外机构之前对海外市场的了解程度(按 1—7 级打分)	KNOWLED
		在建立海外机构之前获得特定海外市场知识的难易程度(按 1—7 级打分)	INFORM
	企业资源	国外分支机构数	SUBSID
		国外雇佣人数占总人数的百分比%	EMPLOY
		公司总销售额	TURNOVER
	市场份额	是否等海外市场销售到一定量以后才建立国外子公司(按 1—7 级打分)	VOLUME
		挖掘销售潜力是建立海外子公司的主要动机(按 1—7 级打分)	POTEN
	全球竞争	当地竞争程度(按 1—7 级打分)	LOCAL
		海外子公司与母公司经营活动的一体化程度(按 1—7 级打分)	INTEGRL
		当地竞争对公司参与全球竞争的重要程度(按 1—7 级打分)	COMPET

资料来源:Torben Pedersan & Bent Petersen. Explaining Gradually Increasing Resource Commitment to a Foreign Market. *International Business Review*,1998,7:495.

六、国际化的内外向交叉模型

芬兰学者韦尔奇和罗斯坦内,在 1993 年发表的《国际化中的内外向联系》中认为"企业内向国际化过程会影响其外向国际化的发展,企业内向国际化的效果将决定其外向国际化的成功"①。

我国学者梁能也提出了"企业走向世界的两条道路"的观点②。他认为企业走向世界在很大程度上意味着如何在本地市场迎接世界竞争的问题。因此走向世界可分为"外向型"和"内向型"两类。外向型国际化的形式主要指直接或间接出口、技术转让、国外各种合同安排、国外合资合营、海外子公司和分公司;内向型国际化主要是指进口、购买技术专利"三来一补"、国内合资合营,成为外国公司的国内子公司或分公司。

这两种观点的实质在于,企业的母国市场已成为国际市场的一部分,在国内市场国际化后,企业在所谓内向与外向国际化这两个过程中表现出来的相互关系。

企业实施国际化经营是一个循序渐进的过程,从简单的参与国际进出口贸易,到设立国外代理,并建立国外分支机构,成立国际营销网络,是一个复杂的系统工程,其经营扩展的区域也从一个国家到几个国家乃至全球。国际化经营战略模型主要有以下三种:

一是单一进入战略。即国际化经营的初级阶段战略,在这一阶段,企业需要考虑的因素较为简单,中小型企业采用的国际化经营战略一般采用这种战略,即不管目标市场环境如何,一律采用单一的进入方式,不对环境作周密细致的调查。目前,我国中小企业大多采用这种简单的国际化经营模式,这种国际化经营战略实施起来不复杂,容易规避风险,对资源的承诺较低。

二是阶段战略。企业逐步积累国际化经营所需的相关知识,以稳步扩大市场份额。企业国际化经营方式逐步演变,从纯国内经营到通过中间商间接出口,再到直接出口,然后设立海外销售分部,最后实现海外生产。从低风险到高风险,从低控制程度到高控制程度,使企业能适应不断变化的外部环境。

三是系统选择战略。企业在对目标市场进行分析的基础上,结合企业本身资源状况制定出可供选择的国际化经营方式,考虑可能影响国际化经营战略的所有因素,包括目标市场竞争态势及格局、潜在消费者的人口统计学特征、政治局势、资本金融市场发育程度等的变化,然后综合比较作出

---

① Lawrence S. Welch & Reijo K. Luostarinen. Inward-outward Connection in Internationalization. *Journal of International Marketing*, 1993,1:44-57.

② 梁能.国际商务.上海:上海人民出版社,1999:15—16.

选择。这是一种复杂的系统工程,对企业的整体素质要求很高,一般实力较弱的中小企业难以实行。

参考文献

[1] Anderson, V. & Skinner, D. Organizational learning in practice: how do small businesses learn to operate internationally? *Human Resource Development International*, 1999,2(3):235-259.

[2] Andersson, S. Internationalization in different industrial contexts. *Journal of Business Venturing*, 2004,19(6):851-875.

[3] Arenius, P. M. *Creation of Firm-Level Social Capital. Its Exploitation, and the Process of Early Internationalization*. Helsinki: Helsinki University of Technology, 2002.

[4] Autio, E. Creative tension: the significance of Ben Oviatt's and Patricia McDougall's article "toward a theory of international new ventures". *Journal of International Business Studies*, 2005,36: 9-19.

[5] Boddewyn, J. J. Foreign direct divestment and investment decisions: like or unlike? *Journal of International Business Studies*, 1988, 23-35.

[6] Buckley, P. J. Is the international business research agenda running out of steam? *Journal of International Business Studies*, 2002,33 (2): 365-374.

[7] Chetty, S. & Campbell-Hunt, C. A Strategic Approach to Internationalization: A Traditional Versus a "Born-Global" Approach. *Journal of International Marketing*, 2004,12(1): 57-81.

[8] Chetty, S. & Holm, D. B. Internationalization of small to medium-sized manufacturing firms: a network approach. *International Business Review*, 2000,9(1):77-93.

[9] Chetty, S. & Wilson, H. Collaborating with competitors to acquire resources. *International Business Review*, 2003,12(1):61-81.

[10] Child, J., Sek Hong Ng. & Christine W. Psychic Distance and Internationalization: Evidence from Hong Kong Firms. *International Studies of Management & Organization*, 2002,32(1):36-56.

[11] Coviello, N. E. The network dynamics of international new ven-

tures. Journal of International Business Studies, 2006,37:713-731.

[12] Dhanaraj, C. & Beamish, P. W. A Resource-based Approach to the Study of Export Performance. *Journal of Small Business Management*, 2003,41(3):242-261.

[13] Du, Y. Haier's survival strategy to compete with world giants. *Chinese Economic and Business Studies*, 2003,1(2):259-266.

[14] Eisenhardt, K. M. Building theories from case study research. *Academy of Management Review*, 1989,14(4):532-550.

[15] Ellis, P. Social Ties and Foreign Market Entry. *Journal of International Business Studies*, 2000,31(3):443-463.

[16] Fletcher, R. A holistic approach to internationalization. *International Business Review*, 2001,10(1):25-49.

[17] Forsgren, M. The concept of learning in the uppsala internationalization process model: a critical review. *International Business Review*, 2002,11:257-277.

[18] Glaser, B. & Strauss, A. *The Discovery of Grounded Theory*. Chicago: Aldine, 1967.

[19] Hashai, N. & Almor, T. Gradually internationalizing "born global" firms: an oxymoron? *International Business Review*, 2004,13(4): 465-483.

[20] Johanson, J. & Sharma, D. D. Technical Consultancy in Internationalization. *International Marketing Review*, 1987,4: 20-29.

[21] Johanson, J. & Vahlne, J. E. The internationalization process of the firm: a model of knowledge development and increasing foreign market commitments. *Journal of International Business Studies*, 1977,8(1): 23-32.

[22] Johanson, J. & Vahlne, J. E. The mechanism of internationalization. *International Marketing Review*, 1990,7(4): 11-24.

[23] Jones, M. V. & Coviello, N. E. Internationalization: conceptualizing an entrepreneurial process of behaviour in time. *Journal of International Business Studies*, 2005,36:284-303.

[24] Knight, G. A. & Cavusgil, S. T. Innovation, organizational capabilities, and the born-global firm. *Journal of International Business*

Studies, 2004,35:124-141.

[25] Kogut, B. & Zander, U. Knowledge of the firm and the evolutionary theory of the multinational corporation. *Journal of International Business Studies*, 1993,24(4): 625-645.

[26] Larson, A. Network dyads in entrepreneurial settings: a study of the governance of exchange relationships. *Administrative Science Quarterly*, 1992,37: 76-104.

[27] Lindqvist, M. Internationalization of Small Technology-based Firms, Three Illusive Case Studies on Swedish Firms. Research Paper 88/15, Institute of International Business, Stockholm School of Economics, 1988.

[28] Liu, H. & Li, K. Strategic Implications of Emerging Chinese Multinationals: The Haier Case Study. *European Management Journal*, 2002,20(6):699-706.

[29] Maitland, E. , Rose, E. L. & Nicholas, S. How firms grow: clustering as a dynamic model of internationalization. *Journal of International Business Studies*, 2005,36(4):435-451.

[30] Mariotti, S. & Piscitello, L. Localized capabilities and the internationalization of manufacturing activities by SMEs. *Entrepreneurship & Regional Development*, 2001,13(1): 65-80.

[31] Mathews, J. A. Dragon multinationals: New players in 21st century globalization. *Asia Pacific Journal of Management*, 2006, 23: 5-27.

[32] McDougall, P. & Oviatt, B. M. International entrepreneurship: the intersection of two research paths. *Academy of Management Journal*, 2000,43: 902-908.

[33] McDougall, P. , Shane, S. & Oviatt, B. Explaining the formation of international new ventures: the limits of theories from international business research. *Journal of Business Venturing*, 1994,9 (6): 469-487.

[34] Ministry of Commerce and State Statistical Bureau China's Outward Direct Investment Statistical Report 2004. Beijing: Ministry of Commerce and State Statistical Bureau, 2004.

[35] Moen, O. & Servais, P. Born global or gradual global? Explaining the export behaviour of small and medium-sized enterprises. *Journal of International Marketing*, 2002,10(3): 49-72.

[36] Oviatt, B. & McDougall, P. Toward a theory of international new ventures. *Journal of International Business Studies*, 1994,25(1): 45-64.

[37] Oviatt, B. & McDougall, P. Global start-ups: entrepreneurs on a worldwide stage. *Academy of Management Executive*, 1995,9(2): 30-44.

[38] Oviatt, B. M. & McDougall, P. Challenges for internationalization process theory: the case of international new ventures. *Management International Review*, 1997,37: 85-99.

[39] Peng, M. Firm growth in transitional economies, three longitudinal cases from China, 1989-1996. *Organisation Science*, 1997,18(3): 385-413.

[40] Pettigrew, A. M. Longitudinal Field Research on Change. *Organisation Science*, 1990,3(1): 267-292.

[41] Porter, M. E. *Competitive Advantage: Creating and Sustaining Superior Performance.* New York: The Free Press,1985.

[42] Shi, J. (ed.) *Report on the Development of China's Private Economy.* Beijing: Economic Science Press,2006.

[43] Stevenson, H. H. & Jarillo, J. C. A Paradigm of Entrepreneurship Management. *Strategic Management Journal*, 1990,11(1): 17-27.

[44] Tsang, E. W. K. Internationalizing the Family Firm: A Case Study of a Chinese Family Business. *Journal of Small Business Management*, 2001,39(1): 88-94.

[45] Tsang, E. W. K. Internationalization as a learning process: Singapore MNCs in China. *Academy of Management Executive*, 1999,13(1): 91-101.

[46] Tyagi, P. Export Behavior of Small Business Firms in Developing Economies: Evidence from the Indian Market. *Marketing Management Journal*, 2000,10(2):12-20.

[47] Westhead, P. & Wright, M. The internationalization of new and

small firms: a resource-based view. *Journal of Business Venturing*, 2001,16(4): 333-358.

[48] Yin, R. K. *Case Study Research: Design and Methods*, Third Edition. London: Sage Publications, 2003.

[49] Yli-Renko, H. Autio, E. & Tontti, V. Social capital, knowledge, and the international growth of technology based new firms. *International Business Review*, 2002,11(3): 279-304.

[50] Zahra, S. A. A theory of international new ventures: a decade of research. *Journal of International Business Studies*, 2005,36: 20-28.

[51] Zahra, S. A. & Dess, G. Defining entrepreneurship as a scholarly field. *Academy of Management Review*, 2001,26(1): 8-10.

[52] Zahra, S. A. & Garvis, S. International corporate entrepreneurship and company performance: The moderating effect of international environmental hostility. *Journal of Business Venturing*, 2000,15(5-6): 469-492.

[53] Zahra, S. A. , Korri, J. S. & Yu. Cognition and international entrepreneurship: implications for research on international opportunity recognition and exploitation. *International Business Review*, 2005, 14(2): 129-146.

[54] Zeng, M. & Williamson, P. J. The Hidden Dragons. *Harvard Business Review*, 2003,10: 92-99.

第三章 中国民营企业国际化发展与区域特征

第一节 中国民营企业国际化的发展路径

一、中国民营企业发展路径

改革开放以来,特别是进入 21 世纪以来,民营经济的异军突起和长足发展成为中国经济发展中一道靓丽风景线。中国民营企业发展主要经历了以下几个阶段:第一阶段是 1978 年至 1988 年,民营经济从安徽凤阳分地开始在各地萌芽。由于国家相关政策并不承认民营经济的存在,这个阶段创业的企业大多挂靠在地方政府或者一些国有单位下面,俗称戴"红帽子"。第二阶段是 1988 年至 1992 年,由于众所周知的原因,民营经济在这个阶段跌入低谷。第三阶段是 1992 年至 1998 年,邓小平"南方谈话"之后,全国上下掀起了一股经商高潮,不少人辞掉公职投身商海赶潮,"下海"和"全民经商"成为这个阶段最广为人知的词汇。第四阶段是 1998 年至今,伴随着互联网浪潮的袭来,一批拥有知识、资本的民营企业迅速成为市场的热点。而民营经济经过十多年的发展,已经解决了生存问题,横亘在其面前的是如何保持持续发展的问题,于是众多民营企业走上了上市的路。伴随着民营企业本身的发展壮大,是否谋求国际化经营、如何开展国际化经营成为众多民营企业"成长的烦恼"。

继 2005 年高速增长以来,中国民营经济在 2006 年继续以高于全国经济增长速度的水平发展,成为国民经济的重要力量。2005 年底公布的全国经济普查结果显示,民营经济已经占到 GDP 总量的 66％,上缴税收占到总额的 71％,民营企业吸纳的就业人口已经超过全社会就业人口的 75％。

2006 年中国个体私营企业大幅度增加。到 2006 年底,登记注册的全国私营企业达到 494.7 万户,比上年增长 15％,占全国企业总数的 57.4％;企业注册资金总额为 7.5 万亿元,同比增长 22％;已有 6395.5 万人在私营企业就业。此外,登记注册的个体工商户为 2576 万户,比上年增长 3.8％;资金总额为 6515 亿元,从业人员 5045 万人。民营经济投资大幅度增长。到 2006 年底,城镇中的非国有及国有控股经济即全部民营经济的固定投资总额达到 48260 亿元,比 2005 年增长 37.7％,高于全国增长率 13.2 个百分点,占全国城镇固定资产投资总额的比重由 2005 年的 46.7％提高到 51.6％。中国民营经济的效益和社会贡献不断增长。到 2006 年 11 月,规模以上私营工业利润总额为 2521 亿元,同比增长 47.2％,占全国规模工业利润的比重提高了 1.4 个百分点。在私营工业企业利润快速增长的同时,个体私营经济税收也快速增长。据国家税务总局统计,2006 年私营企业税收总额 3495.2 亿元,比 2005 年增长 28.6％,高于全国 6.7 个百分点。个体户税收总额为 1194.7 亿元,同比增长 18.6％。此外,中国民营企业素质进一步提高,私营企业组织形式及治理结构不断优化,企业经济实力增大,企业自主创新能力增强,民营上市公司明显增加。

二、中国民营企业国际化概况

民营企业的长足发展,不仅使它成长为中国国民经济的重要组成部分,而且使它成为国际化发展的生力军,企业"走出去"步伐加快。

第一,民营企业在进出口中的地位日益重要。2004 年私营企业出口额大约占出口总额的 1/9,到 2006 年上半年已经占到 1/6。同时,私营企业进口增长速度也很快,同比增长率大大高于进口总额的同比增长率,私营企业进口比重日益增加。到 2006 年底,全国私营企业进出口总额为 2436 亿美元,同比增长 46.5％,高于全国增长率约 23 个百分点。其中出口总额为 1707.6 亿美元,同比增长 52.1％,占全国出口比重 17.6％。不过民营企业技术引进规模较小。2004 年中国引进技术 8605 项,合同金额 138.5 亿美元,技术费 96.2 亿美元。其中,民营企业引进技术合同数目 425 项,合同金额 2.8 亿美元,技术费 2.6 亿美元,金额占比只有 2.03%,比 2003 年增长 23.69%。2005 年上半年民营企业引进技术 302 项,合同金额 1.9 亿美元,技术费用 1.4 亿美元,金额占比 2.3%,金额同比增长 12.7%。

第二,民营企业在对外投资中的比重不断提高。据商务部统计数据表明,2003 年,中国对外直接投资净额为 28.5 亿美元,比 2002 年增长 5.5%。其中,私营企业(除国有、集体、外资企业之外的所有企业)约占全部对外直接投资额比重的 47%。2004 年私营企业约占全部对外直接投资额比重的 56%,累计对外直接投资净额 448 亿美元。2005 年,中国对外直接投资净额 122.6 亿美元,同比增长 123%,其中,新增股本投资 38 亿美元,当期利润再投资 32 亿美元,其他投资 52.6 亿美元;国有企业占投资比重由 2004 年的 35% 降至 29%,非国有企业比重持续提高。海外上市融资上,民营企业也担当起了重要角色。2004 年国内共有 84 家公司在美国、新加坡等国,以及中国香港地区的证券市场上市,总筹资额高达 111.5 亿美元。盛大、百度、搜狐、侨兴、无锡尚德、上海四方等一批民营企业越洋到海外成功上市。

目前,中国民营企业总体来说国际化水平较低,依然主要在低成本、低附加值层面上谋求粗放型和数量型出口扩张,缺乏技术创新和世界品牌,没有大规模进入高端制造业和高端服务领域。当然,也有少数民营企业积极寻求与海外厂商的合作,或直接选择海外兼并收购,就是为了获取技术及其他资源,以求摆脱价值链低端制造者的角色,提高企业的国际竞争力。

三、中国民营企业国际化的特点

中国民营企业国际化是中国企业国际化的一个分支,是中国经济体制改革和对外开放的产物,它经历了二十多年的发展历程,具有明显的发展中国家的特征。

第一,中国民营企业国际化起步晚但发展速度快。

由于政府长期以来对民营企业国际化的政策弱化,民营企业的国际化开始较晚,既晚于国有企业,亦晚于外商在华投资企业。而行动滞后则源于国家政策的滞后,中国在 1999 年初才逐步给予民营企业外贸经营权,使部分民营企业有机会以最简单的外向国际化模式——出口来参与国际市场竞争,而获得对外投资资格则更晚。

事实上,在 1998 年底以前,中国直接从事进出口贸易的企业中几乎没有一家属于民营企业,更谈不上有引进外资或对外投资的权力。由于无直接对外经营进出口的权力,民营企业自有产品的出口及生产所需原料、设备的进口,均须通过国营专业外贸公司代理,比如浙江万向一开始面对国内市场无饭可吃的局面时,就通过国营外贸公司将产品推向了国际市场。但代理制的缺陷是非常明显的:其一,利润基本上被代理商拿走;其二,成本高,民营企业必须向外贸公司支付中介费;其三,是民营企业无法掌握国际市场动态及客户的真实需求。

1999年,当时的外经贸部赋予首批20家私营企业自营出口权后,民营企业参与国际化的愿望终于有了逐步实现的机会。其后,越来越多的中国民营企业获得了外贸经营权资格,2000年全国获得外贸经营权的民营企业达到1.27万家,截至2002年底,全国已有近4万家私营企业获得了外贸经营权。部分民营企业开始以出口及进口的方式,即在贸易层面开始了国际化的征程。随着中国加入WTO,特别是2004年《中华人民共和国对外贸易法》修订后将对外贸易经营者的主体范围扩大至个人后,实际上也就意味着只要具备了从事外贸的基本条件,所有制已不再是门槛。可以预见,民营企业有望逐渐成为中国外贸发展的主力军之一。

在政策上获得国际化经营资格之后的中国民营企业如鱼得水,在短短的几年中,其国际化发展就取得了一系列喜人的成绩:进出口规模迅速增长,对中国外贸的贡献迅速扩大;对外投资规模较小,但影响较大,企业国际竞争能力不断增强。

第二,民营企业国际化经营动机原始。

从整体而言,中国民营企业国际化的动机是多样化的,诸如避免激烈的国内竞争、寻求先进的技术与设备、拓展产品的销售市场等,当然我们也不排除少数民营企业以建立中国跨国公司为己任。

再从处于高级阶段的国际化经营方式——对外直接投资来看。著名跨国公司研究专家、英国学者邓宁将企业对外投资动机归纳为四种:资源寻求型、市场寻求型、效率寻求型及全球战略型。从中国企业国际化的实践来看,无论是中国国有企业的对外投资还是中国民营企业的对外投资,更多的属于资源寻求型对外投资或市场寻求型投资。

云南鸿宇集团通过投资在中国邻邦缅甸,利用当地优越的自然条件、土地资源及较低的劳动力成本从事柠檬种植;浙江华立集团则通过在美国全面收购飞利浦CDMA核心技术和人员,将国外研发的前沿技术变为自有知识产权,从而获得了国际先进的技术和人才资源;新疆的德隆集团则通过收购,直接获得了国际市场的营销网络资源,赢得了国际市场份额,通过对国内外资源的整合,形成规模化经营。

第三,民营企业国际化进程推进中更多的是民营企业自己的努力。

与国有企业国际化进程不同的是,民营企业的国际化过程并没有得到政府的扶持,相反在改革开放之后的绝大部分时间里,民营企业都面对着来自政府及国有企业的歧视、限制与约束。近年来政府对民营企业的态度发生了极大的转变,对待民营企业的国际化采取了开明、开放的姿态。因此,在民营企业国际化过程中,民营企业表现出了一种面对困难不畏惧,面对竞争不退缩的精神。政府不给政策,自己去找政策的空隙;政府不扶持,自己去找机会。

在转轨经济时期,政府具有弥补国家资源缺口和实行对外开放战略的内在要求,而要在国际市场上实施上述战略,只有通过企业而非政府。由于民营企业一直与"弱小"相连,加上长期以来政府对民营企业的偏见与歧视,决定了国有企业在转轨时期依然是政府主要战略与政策实施的工具。

第四,中国民营企业在世界华商中迅速崛起。

"华商"是一个被广泛使用的概念,一般指具有中国国籍或华裔血统、活跃在世界经济舞台上的商人群体,其中包括港澳商人、台湾商人以及遍布世界各地的华侨华人中从事商业活动者,他们被统称为"世界华商"。从中国大陆走出去,正活跃在国际经济舞台上的中国大陆商人也在此列。

随着中国"走出去"步伐的加快,民营企业国际化的快速发展成为全球华商经济的一大特色和亮点。近年来,中国对外直接投资净额快速增长。2003年中国对外直接投资额仅为29亿美元,到2006年高达211.6亿美元,位于全球国家(地区)排名的第13位。截至2006年年底,中国5000余家境内投资主体共设立对外直接投资企业近万家,分布在172个国家(地区),累计投资总额达906.3亿美元。其中,股本投资372.4亿美元,占41%;利润再投资336.8亿美元,占37%;其他投资197.1亿美元,占22%。投资行业分布比较齐全,商业服务业、采矿业、金融业和批发零售业占到对外投资存量的70%。2003—2005年间,中国的对外直接投资每年的增长率为110%、78%、80%。联想集团、海尔集团、华为集团、中兴集团等一大批有实力的中国企业纷纷开展国际化经营,在全球各地布点经营,取得较大进展。一大批中国企业家走向世界,成为一股庞大的新华商力量。

中国民营企业在世界各地兴建"中国商城",亦是大陆新华商崛起的重要表现。1998年,温州商人在巴西圣保罗建立第一个"中国商城"。截至目前,温州商人已在喀麦隆、俄罗斯、荷兰、阿联酋、美国、蒙古、英国、智利及芬兰等国建立了十几座"中国商城"。2007年3月,由浙江温州康奈集团牵头,出资 20 亿元人民币组建的俄罗斯乌苏里斯克(中国)经济贸易合作区在远东乌苏里斯克成立。在意大利罗马、米兰等地,也有华商兴建类似的中国商城,从事中国商品的批发与零售。

第二节　中国民营企业国际化的区域特征

中国民营企业发展的不均衡,导致中国民营企业国际化表现出非常明显的区域特征,作为民营经济发展热土的浙江省,其民营企业国际化就走在全国前列,而且进入了层次较高的国际化阶段。

一、浙江境外投资主要特点

浙江省的境外投资随着浙江对外贸易的发展而产生,随着浙江"走出去"战略的实施而发展起来。

浙江对外贸易的发展促进了浙江境外投资的兴起。浙江作为我国进出口较为活跃的省份,随着对外贸易的不断发展,对境外投资的需求逐渐产生。1982 年,浙江省在香港投资设立的富春公司是浙江最早的对外投资项目。与此同时,浙江的政府部门也积极推动浙江境外投资的发展。

浙江"走出去"战略的实施进一步推动了浙江境外投资的发展。1999年,浙江就提出促进境外投资的发展战略——"两个推动"战略:推动本省制造业走出去,开展境外加工贸易;推动商品专业市场到境外设立分市场,开展跨国经营,从而带动浙江产品、设备、劳务输出。在 2000 年中央提出实施"走出去"战略后,浙江于 2001 年专门出台了《关于加快实施"走出去"战略的意见》,明确提出了实施"走出去"的战略目标,推动企业"走出去"。同时,一些政策的出台和实施,也为浙江企业"走出去"创造了良好的环境。

随着浙江企业"走出去"数量的不断增多,浙江企业境外投资的规模逐渐扩大。尤其是进入 21 世纪后,浙江的境外投资有了快速发展,境外投资总额和中方投资额均迅速增长。2003 年浙江境外投资总额增长 51.8%,中方投资额增长 65.9%;2004 年浙江境外投资总额增长 108.8%,中方投资额增长 97.1%;2005 年浙江境外投资总额增长 176.1%,中方投资额增长 150.7%;2006 年浙江境外投资总额增长 99%,中方投资额增长 79%。截至 2006 年年底,全省境外投资企业共有 2619 家,总投资额累计 13.2 亿美元,其中中方投资额 10.27 亿美元。

2003—2006 年浙江境外投资的发展情况如表 3-1 所示。

表 3-1　2003—2006 年浙江境外投资发展情况

项目	当年境外投资总额（亿美元）	当年境外投资总额同比增长（%）	当年中方投资总额（亿美元）	当年中方投资总额同比增长（%）
2003 年	0.34	51.8	0.34	65.9
2004 年	0.71	108.8	0.67	97.1
2005 年	1.96	176.1	1.68	150.7
2006 年	3.9	99	3	79

注：数据根据浙江省外经贸厅的有关资料整理。

总体来看，浙江的境外投资有以下几个方面的特点：

1. 投资规模逐年增大，大型项目增多

随着浙江企业境外投资的发展，境外投资的规模也在逐年增大，与此同时，大型的投资项目也在逐渐增多。从境外投资总额来看，如表 3-1 所示，浙江境外投资的总额逐年扩大，并且增长迅速。从单个项目规模来看，大型的投资项目逐年增多。2004 年，浙江省境外投资 100 万美元以上的企业达 22 个，同比增长 60.2%，其中 500 万美元以上的企业 3 个，同比增长了 2 倍，如浙江吉利控股集团有限公司投资 2800 万美元收购英属维尔京 Proper Glory 控股公司；2005 年浙江省境外投资企业的平均单个项目投资额为 45.6 万美元，中方平均投资额为 30.8 万美元；2006 年，浙江省境外投资企业的平均单个项目投资为 92 万美元，中方平均投资额为 70.6 万美元，分别比 2005 年多 46.4 万美元和 39.8 万美元。

2. 投资地域不断拓展，亚洲地区是重点

从浙江企业境外投资的地域来看，呈现出逐步扩大的趋势，但是亚洲地区，尤其是东亚和东南亚地区仍然是浙江企业境外投资的重点。在 20 世纪 80 年代，浙江企业的境外投资主要集中在欧洲各国和美国、日本等经济发达国家，以及中国港澳地区，投资范围相对较小。经过几十年的发展，随着从事境外投资企业数量的增多，浙江企业境外投资的区域也在不断拓展，投资地域遍及世界 100 多个国家和地区。从 2006 年境外投资企业的区域分布来看，亚洲、欧洲和北美洲仍然是浙江企业境外投资的重点地区，分别为 190 家、99 家和 74 家。从 2006 年浙江境外投资总额的区域分布来看，对亚洲的投资最多，占 37.3%；其次是欧洲和北美，分别占 27.1% 和 14%。

2006 年浙江境外投资的地域分布情况如表 3-2 所示。

表 3-2　2006 年浙江境外投资的地域分布

地区	占比(%)
亚洲	37.3
欧洲	27.1
北美	14
其他地区	21.6

注:数据根据浙江省外经贸厅的有关资料整理。

3.投资主体日趋多元,民营企业占主导

浙江的境外投资有着显著的浙江特征,即投资主体多元化,但是民营企业占主导。浙江企业的境外投资最早是从国有企业开始的,随后一些集体、三资和民营企业也逐渐加入到了境外投资的队伍,投资主体呈多元化发展的趋势。并且,伴随着浙江民营经济的迅速成长,民营企业逐渐成为浙江境外投资的主体。2001 年,浙江民营企业境外投资的项目数占浙江境外投资项目总数的比重就已经超过了一半。2004 年,在全省 378 个境外投资项目中,民营企业投资的项目达到了 362 个,所占比例达 95.8%,同时投资额所占的比例达到 90.1%。2005 年,在浙江境外投资的 435 个项目中,民营企业投资的项目有 426 个,约占浙江境外投资项目总数的 98%。

一些实力较强的浙江民营企业境外投资的成效显著。万向集团、华立集团、康奈集团以及飞跃、海天等已开始在全球范围进行资源的优化配置,开展专业化、集约化、规模化的跨国生产和经营,逐步向跨国公司的方向发展。浙江民营企业境外投资步伐的大幅加快,在很大程度上促进了全省外经贸的发展,加速了浙江企业与国际接轨。

4.投资形式日益多样,贸易机构是重点

浙江境外投资的形式多样,但是投资设立贸易机构仍然是浙江境外投资的重点。目前,浙江企业的境外投资主要包括设立境外贸易机构、投资设厂、设立研发中心等几种形式。但是,从数量上来看,在境外投资设立贸易机构仍然是浙江企业境外投资的重点。截至 2004 年底,浙江省经批准在境外设立的贸易机构占境外投资项目总数的 75% 以上。这些机构一般为贸易公司、办事处,也有连锁店、贸易中心、商品专业市场等。如温州哈杉鞋业公司分别在美国、意大利和俄罗斯等地区设立了 7 家销售公司;在巴西、阿联酋、俄罗斯等国有 11 家具有浙江特色的商品专业市场。

二、其他地区民营企业国际化的主要特征

1. 江苏

2005 年,江苏民营企业出口 110.5 亿美元,同比增长 70.7%,比全省平均水平高出 30.1 个百分点。民营企业出口占全省出口的 9%,出口增量占全省出口增量的 12.9%。

江苏民营企业出口主要有以下特点:一是出口企业队伍不断壮大。2005 年,全省有出口实绩的民营企业 6265 家,比上年增加 2343 家。全省共有 191 家民营企业年出口额超过 1000 万美元,比上年增加 85 家,其中常州大华进出口公司出口 2.6 亿美元,为全省出口规模最大的民营企业。二是一般贸易出口增长迅猛。2005 年民营企业出口的 91.4% 以一般贸易方式完成,一般贸易出口 101 亿美元,同比增长 70.9%,比全省一般贸易出口增幅高出 37.7 个百分点,占全省一般贸易出口的 1/4。三是纺织品和机电产品出口快速增长。民营企业出口纺织品服装 42.2 亿美元,同比增长 72%,比全省平均水平高出 35.7 个百分点,占全省纺织品服装出口的 22%。机电产品、高新技术产品出口分别为 33.1 亿美元、4.6 亿美元,增幅分别为 68.6% 和 71%。四是民营企业出口名牌数量不断增加。2005 年,江苏省共评出 55 家商务部、省级出口名牌企业,其中通润、红豆、波司登等 20 家民营企业上榜。

2. 福建

福建省民营企业出口快速增长,2006 年累计出口 107.28 亿美元,同比增长 41.9%,明显高于外商投资企业 13.1% 和国有企业 7.37% 的增幅;2006 年民营企业出口增量达 31.66 亿美元,占全省出口增量的 49.3%,拉动全省出口增长 9.1 个百分点。民营企业已经成为福建外贸出口的主要拉动力。

当前福建对外贸易出口遭遇许多困难和不确定性,各种国际贸易壁垒和国家外经贸政策的调整都对福建外贸出口企业造成巨大冲击。为此,福建将发挥民营经济活跃的优势,引导鼓励更多民营企业获得外贸经营权,将销售网络终端直接延伸到海外;建立广交会摊位动态调整机制,优先支持成长性高、出口发展快的民营企业获得摊位资源,并在出口退税、政策信息等方面给予更多支持,促进民营企业出口持续猛增。

3. 河南

据郑州海关统计数字显示:2006 年前 11 个月,河南累计进出口 88.45

亿美元,增长 27.2%。其中,出口 60 亿美元,增长 29.6%,提前超额完成全年目标,出口增幅高出全国平均水平 2.4 个百分点,出口总值超过四川、湖北。河南省商务厅方面预计,2006 年河南全年的出口将突破 500 亿元大关。非国有企业的快速成长为河南外贸出口奠定了基础。2006 年 1 月—11 月,全省发生出口业务的 1855 家企业中股份制企业和私营企业就占到了 1272 家,出口总值 21.18 亿美元,增幅分别为 53% 和 78.8%。高新技术产品出口增幅明显(超过了 50%)。

4. 新疆

据乌鲁木齐海关消息,2005 年新疆对外进出口贸易总值接近 80 亿美元,同比增长 40%,民营企业进出口额所占比重超过 40%,大有与国营企业平分秋色之势。新疆目前已形成沿边开放大口岸格局,拥有 16 个国家一类口岸和 9 个国家二类口岸。从 2002 年起,新疆民营外贸企业进入快速发展时期。一批有实力的民营企业,积极适应周边国家的投资经营环境,寻求投资合作机遇,显示出极大的活力,以"野马"、"三宝"为代表的一批民营外贸企业崭露头角。新疆野马集团在经营初期,以易货贸易的形式将国内的商品源源不断地销往中亚。在夯实基础、适应环境后,又开始在中亚国家投资建厂,年对外贸易额超过 5 亿美元。

新疆民营企业在开拓周边及中亚市场的过程中,还涌现出许多有特点、有效益、有影响的中小型外贸企业。这些民营企业经过多年的不懈努力,在国外扩大了市场份额,在各自的领域内有了一定的知名度,同时带动了国内原材料、技术、设备和产品的出口,为新疆发展外向型经济、开拓周边及中亚市场探索出一条成功之路。

5. 黑龙江

2006 年,黑龙江省私营企业进出口实现 85.3 亿美元,增长 49.1%,占全省总值的 66.4%,对全省进出口增长的贡献率达到 85.4%。国有企业进出口完成 31.4 亿美元,增长 11.0%。外资企业、集体企业和个体工商户进出口分别增长 14.3%、27.3% 和 237.8%。

6. 广东

民营企业(集体、私营和个体工商户)已经成为广东省外贸出口的生力军。2006 年广东省民营企业出口 593.9 亿美元,大幅增长 52.7%,远高于广东省整体出口 26.7% 的增速。深圳、佛山和东莞的民营企业出口位居前三甲,创造了广东省民营企业近七成的出口额。

第三节 中国民营企业国际化面临的挑战与机遇

一、面临挑战

今后一段时间,我国企业在对外投资中,既面临着各国相互依存关系加深、经济全球化趋势及区域经济一体化发展深入、贸易自由化和投资便利化进一步推进,以及国家鼓励对外投资政策不断加强等非常有利的国内外环境,但也必须清醒意识到一些不利因素。

1.“国家风险”制约海外拓展

中资企业进军海外市场并非一帆风顺。前国务院发展研究中心副主任孙晓郁认为,在自身商业风险之外,国家风险已成为阻碍对外投资的重要因素。由于中资企业对通行规则和他国法律不熟悉,防范和化解国家风险的管理和服务还不完善,东道国在金融、政治、国有化政策及可能出现的恐怖活动等方面不可预知的风险将影响到中资企业“走出去”的成功率。

国家风险是指因为国家的某种特定政治、经济、金融、自然环境和突发事件等因素引致的经济利益损失的可能性。许多中小企业对国际市场不熟悉,运用东道国法律及国际通行规则维护自身权益的能力不足,难以适应国际竞争的风浪。一些企业境外投资决策盲目性强、成功率低。商务部副部长魏建国以纺织业为例介绍说,2007年在蒙古、越南、柬埔寨等国就有60多家中资服装厂处于停产、半停产状态。

大多数中国出口企业对出口信用保险不熟悉。中国出口信用保险公司副总经理周纪安透露,当前我国95%的出口均是在没有出口信用保险支持和保障的情况下进行的。而根据商务部的一项调查,我国外贸企业国际业务的坏账率高达5%,远远超过发达国家0.5%的水平,而这其中相当一部分都是因国家风险而造成的。

此外,商务部还提醒说,当前我国企业“走出去”所面临的外部风险尤其需要加强防范。当前国际形势总体上比较稳定,但恐怖主义、局部动荡、宗教和民族冲突等各类突发事件不断。近年来,随着我国综合国力的提高,各种论调的“中国威胁论”不绝于耳,一些国家对中国企业存在着防范、猜忌等复杂心态,对我国企业“走出去”形成了阻挠和掣肘。

这些不利因素主要有:国际政治形势逐渐复杂,传统安全和非传统安全因素引发的安全问题日益凸现,恐怖主义活动有新的表现。部分国家和地区社会治安状况得不到改善,各类突发事件波及范围扩大,对我国企业对外活动及人员在外生活造成危害和损害。最近中国威胁论有所抬头,对企业走出去产生一定的负面影响。

综上所述,在外经营难度加大,国际竞争加剧,贸易摩擦增多,技术、环境、卫生等市场标准存在障碍等等不利因素,对企业社会责任、企业文化建设、应对风险能力提出了更高的要求。

2.企业自身存在软肋

与国际上的跨国公司相比,我国民营企业总体实力的竞争优势不突出。主要表现在:内部治理不完善,缺乏科学的投资决策机制,风险意识不强,对国外经营风险的识别和控制不到位,以及应对突发事件的能力有待加强。国内企业对制造、研发的重视程度已经不低,但对法律法规、知识产权的重视仍然不够。很多企业尚没有专门的法律事务部就走出国门,对市场风险评估明显不足。熟悉国际规则和经营管理的复合型人才仍然有限,运用东道国法律和国际通行规则维护自身权益的能力不足。

目前我国民营企业经营中尚存在短期行为,境外无序竞争现象时有发生,国际形象有待改善,树立良好的国际形象已经成为中国企业跨国投资中亟需重视的问题。中国政府要求中国企业在境外投资中遵循市场经济的规律和国际通行规则,严格遵守投资所在国的相关法律法规,鼓励企业承担必要的社会责任,培育企业的良好信誉和中国品牌的良好声誉。比如一些国有企业在这些方面就做得比较好:中国某石油公司在境外参与投资项目很多都是在自然环境差、勘探开发条件复杂的区矿,他们依靠自己员工的技术和进取精神,通过提高采收率或改造老油田,提高当地的原油产量;中国石油集团公司在境外雇用 3 万名当地员工,增加了当地就业机会;很多在非洲投资的中国企业在投资的过程中也为当地居民打水井,修建公路、医院、学校,提供医疗服务;在中亚投资的一些中国企业帮助当地举办学生夏令营,铺设居民供水管线等,为当地经济社会发展作出了积极的贡献,也为中国企业赢得了良好的信誉。

中国企业外向国际化不显著,中国企业的对外投资规模还很小。由于世界经济总体处于上升时期,近年来国际投资规模有所上升。2005 年,全球国际投资总额为 8950 亿美元,较上年增长 29%。2006 年全球国家直接投资总额在上一年的基础上增长 26%,达到 11260 亿美元。而中国对外投资累计规模仅为世界外商投资总规模的 1%,约为外商对华投资累计规模的 1/10。

3.风险预测预警机制亟待建立

政府管理和服务工作有待改进。当前政府管理仍然存在决策中越位、监管中缺位、公共服务不到位和协作意识不强等问题。对外合作立法滞后。迄今为止,有关走出去的规定,主要是一些部门规章,相关政策规章仍然有待加强。

到国际市场做生意,必然要承担一定的风险。在经济全球化的今天,国家风险已经是不容回避的话题。一方面社会要加大宣传,帮助出口企业树立互利共赢的指导思想,增强风险意识,提高风险管理能力;另一方面国家应从战略角度采取措施发展长期稳定的多边经贸关系,有关部门需要构建防范和化解国家风险的机制和体系。

企业走出去要实行行业多元化和国家、地区多元化,通过扩展行业和市场分布,相关风险能够相互抵消,分散并降低单个业务风险形成的总体风险水平。许多大的跨国公司都在多个国家运营,形成了国家风险的组合,这是管理国家风险的一种手段。当然,这并不是要求企业为了简单防范国家风险而去开拓新的国际市场,对外贸易和投资要考虑诸多因素,是一个战略上的重要选择。但是,在关联度低的国家之间进行投资,确实是分散风险的办法之一。

中国需要加强信息服务和政策咨询服务,健全企业“走出去”的信息网络服务系统;尽快建立境外投资风险信息的评价和分享机制,利用出口信用保险等渠道规避国家风险;借助研究机构和中信保等金融服务企业的力量,加强对重点国家和地区政治经济形势、民族宗教矛盾、恐怖主义活动等信息的收集、评估和发布,建立国家风险预警、防范和应急处理机制,在应急资金支持、交通运输、医疗救护、保险保障等方面给予支持。

到目前为止,中国已经与 178 个国家建立了双边经贸业委员会和磋商机制,商务部定期发布的报告正在成为越来越多的企业开拓国外市场的重要参考资料。此外,目前中国已有 2000 多家出口企业在不同程度地利用信用保险的相关产品规避对外业务中的国家风险。政府、企业和金融机构对国家风险的共同关注,有助于提高企业识别商业机会和防范国家风险、市场风险的能力,可以减少参与国际竞争的盲目性,实现经济活动效益的最大化。

二、主要机遇

1. 中国企业"走出去"已初具规模

多年来,我国一些企业在"走出去"的过程中实力不断壮大,取得了可喜的成绩。这些企业的成功国际化给民营企业国际化提供了一定的经验,也可以带动国内民营企业走出去。海尔、TCL、联想、华为等制造企业和高科技企业初步建立起全球生产和销售网络,中石油、中石化等已成为与境外伙伴合作开发资源的主力,中远、中国银行、中信保等服务类企业在国际经营中初见成效,"走出去"各项业务快速发展。商务部提供的资料显示,"十五"期间,我国对外直接投资年均增长 66%,对外承包工程年均增长 25%,对外劳务合作年均增长 11%。2006 年,中国企业实现对外直接投资 161.3 亿美元,同比增长 31.6%。截至 2006 年底,中国企业累计对外直接投资(非金融类)达到 733.3 亿美元,设立境外中资企业万余家。

目前,我国企业对外投资从过去的一般出口贸易、餐饮、简单加工等,逐步扩大到营销网络、资源开发、航运物流、生产制造和设计研发等多个领域,对外直接投资取得重大突破,开始向跨国并购等方式扩展,投资区域从欧美、港澳地区,拓展到亚太、非洲、拉美等地区。

此外,对外承包工程发展到总承包、交钥匙、建设—经营—管理及带资承包等多种方式,对外承包工程与进出口贸易和资源开发的联系也越来越紧密。我国与 30 多个国家建立了资源长期合作关系,国内有实力的油气企业与相关国家合作,在当地建立了勘探开采、炼化加工、管道运输等较为完整的石化工业体系。

据商务部不完全统计,2007 年境外中资企业(非金融类)的资产总额已超过 2000 亿美元,年销售收入超过 1500 亿美元,年实现利润 177 亿美元。仅 2005 年境外中资企业就实现进出口额 670 亿美元,增长 71%,为东道国创造税收 35 亿多美元、直接增加就业人口 27 万人。

随着企业实力的增强,我国企业"走出去"的规模将持续扩大,涉及的领域将不断拓宽,合作的方式也将日趋多样,经济社会效益也将进一步提高。我国已成为建筑、纺织和海员劳务的重要输出国,在缓解国内就业压力和生产能力过剩的同时,也为当地经济社会发展作出了积极贡献。

2. 国际税收环境优化

截至 2007 年 4 月,我国已经与 89 个国家和地区正式签订了税收协定,与香港、澳门签订了避免双重征税的安排。现有 82 个协定和两个安排已经生效执行,这为促进我国企业对外投资创造了一个良好的国际税收法律框架。

第一,税收协定谈判对象逐渐转到亚非拉国家。税收协定是维护国家税收迁移和企业对外投资利益的重要法律保障。近年来,为更好地促进企业走出去发展战略的实施,国家在税收方面进行了调整,即在继续与欧美等发达国家进行谈判的同时,谈判对象逐渐转到亚非拉发展中国家,并进一步完善了税收管辖权划分标准和要求,进一步保障了在境外投资活动中我国作为资本输出国的税收利益。在具体协定条款安排上,注重最大限度争取我国企业在缔约国投资所能获得的经济利益。比如,在纳税条款中,明确我国企业不在缔约国设立常设机构,就不负担纳税义务;在非歧视性条款中,强调我国企业向缔约国投资,可以享受与该国居民企业相同甚至更为优惠的税收待遇;在消除重复征税条款中,对国内税法规定的抵免政策作了进一步的细化和明确。并且我国将继续积极推进税收协定的谈判工作。企业如果认为缔约国所采取的措施将会导致不符合税收协定的征税行为,企业可以向国家税务总局提出申请,启动双边机制协商解决问题。近年来,这一渠道已经成功解决了多起我国企业在境外遇到的涉税纠纷。

第二,间接抵免的具体操作办法正在制定当中。为进一步鼓励和支持企业境外投资,税收工作应强调以下重点:①结合企业所得税改革,进一步完善企业境外投资所得的所得税制度。2007年3月,新修订的企业所得税法已经明确,对我国企业直接获得的股息等可以纳入税收抵免的范围,这种在原来税法直接抵免的基础上又进入间接抵免的做法,有利于进一步拓宽境外投资方式和领域。目前,有关间接抵免的具体操作办法正在积极制定当中,同时境外所得税抵免方式等政策也在进一步地研究和完善。国家还考虑进一步完善企业对外投资运输设备的出口退税的政策。②加强对企业境外投资的税收服务,包括制定并实施我国企业境外投资税收服务指南、畅通我国企业对外投资税收政策宣传渠道、建立有效的境外投资企业涉税问题和信息反馈机制等。③进一步规范我国企业对外投资的税收管理。国家将根据现行境外所得政策方面的要求,结合境外所得发生的特点,制定境外所得税收操作办法,明确管理责任,有效规范各级税务机关对对外投资企业进行管理的行为。同时,加强户籍管理,通过专门的申报管理规定,促进企业境外投资规范化程度的提升。

第三,税收促进企业境外投资的相应规范。企业境外投资遇到的税收政策问题,主要集中在所得税和进出口税方面。在所得税方面,为了维护企业的正当利益,国家实施了境外所得即征所得税的政策,对纳税申报、税款缴纳等一系列的政策问题予以了明确,规范了企业从事境外投资的所得税环境。比如,在企业境外投资所得的确认方面,允许企业境外业务之间的盈亏可以互相弥补;在企业境外已纳税款的处理方面,允许企业就境外所得缴纳国内所得税时,按照适当的方式予以抵扣;在企业境外所获减免税方面,允许企业按税收协定的规定,视同在境外已纳税款进行抵免。还有,在境外投资风险方面,对企业因不可抗力造成较大损失的,允许企业申请享受减征和免征一年所得税的政策,等等。这些措施都体现了国家税收政策对企业境外投资的鼓励和支持。在进出口税方面,国家对企业用于对外承包工程、修理修配、对外投资的货物,给予免征增值税、退税等政策。相关的税收政策信息服务,包括国外税收制度的信息服务,在国家税务总局的政府网站上都能看到。

3.中国政府重点扶持特定领域的企业走出去

中国政府将在符合 WTO 原则的前提下,从外交、外汇、税收、海关、信贷、保险等多个方面对在四个领域中“走出去”的中国企业给予政策上的重点支持。一是有利于缓解国内经济发展瓶颈的资源开发类境外投资;二是有助于国内产业结构优化升级,能够带动国内产品和技术等出口和劳务输出的生产型投资和基础设施境外投资;三是能够学到国际先进技术、管理经验和延揽专业人才的境外研发中心投资;四是鼓励中国企业到境外投资从事贸易分销、银行电子信息、物流航运等业务,增强中国服务业的国际竞争能力。

4.民营企业本身具有小规模优势

英国经济学家拉奥(Lau)的技术地方化理论认为:发展中国家企业的竞争优势还来自创新活动所产生的技术在规模生产条件下具有更高的经济效益。特别是国内市场较大,消费者购买能力有很大差别时,来自发展中国家的产品仍有一定的竞争能力。目前发达国家的跨国公司正在朝大型、特大型的方向发展,而许多发展中国家由于投资环境差,市场范围小,限制了国际上大型跨国公司的进入。中国的民营企业总体上尚处于小规模阶段,大多产权明确,规模相对较小,善于在海外市场中寻找缝隙生存,恰恰可避免与大型跨国公司的同一层次竞争。中国民营企业可以利用东道国廉价的劳动力和丰富的资源输出本国的设备,建立小规模劳动密集型的公司,使生产成本相对低廉。同时不必像大型跨国公司那样付出昂贵的广告费和庞大的管理费用,以减少支出、降低成本,再加上中国民营企业派出人员的费用和出口设备、零部件相对便宜,使企业的产品能以低价进入国际市场,获得丰厚的利润。所以,这种小规模制造产品是中国民营企业对外直接投资的重要竞争优势。

美国经济学家威尔斯(Wells)的小规模技术理论认为,发展中国家跨国企业拥有为小市场提供服务的规模生产技术的优势。尽管中国民营企业不能像发达国家跨国公司那样,利用垄断技术,获取高额利润,但是我国企业却能在需求多元化、多层次化的市场结构中,拥有大公司无法替代的技术优势。即使是那些技术不够先进,经营和生产规模不够大的民营企业,参与国际竞争仍有很强的经济动力。中国民营企业生产的很多产品既是劳动密集型产品,又是高技术密集型产品。这种复合型新产品,工业发达国家劳动力太贵,不愿意做;发展中国家技术水平低,又做不了。这是中国民营企业的特殊优势。特别在许多民用技术方面,经过近几年积累,我国民营企业已得到了极大的发展,已经形成了一定的优势。

5.世界经济持续增长为中国民营企业国际化提供动力

2007年,世界经济总体向好,依然保持了较快的增长,为全球华商发展提供了良好的大环境。据国际货币基金组织预测,当年全球经济增长率为5.2%。虽然受次贷危机影响,美元持续走低,作为世界经济火车头的美国经济增长有所放缓,但新兴市场经济增长强劲,在一定程度上抵消了美国经济发展放慢对世界经济造成的不利影响。按照市场汇率换算,2007年新兴经济体对全球GDP增长的贡献超过30%,这些新兴市场的繁荣为华商提供了巨大的商机。

虽然由于"中国制造"质量风波、美国媒体批评中餐馆质量问题等负面新闻对华商经济或多或少产生不利影响,但总体而言,2007年,各华商所在国的政策总体上有利于华商在当地的发展。

附表1 2005年进出口额最大的50家民营企业名单

排名	公司名称	进出口额(万美元)
1	广东省东莞机械进出口有限公司	228 727
2	东莞市百业进出口有限公司	102 909
3	新疆野马经贸有限公司	78 318
4	绥芬河龙江商联进出口有限公司	60 666
5	广州市华泰兴石油化工有限公司	44 796
6	广州番禺对外贸易有限公司	43 550
7	东莞市泽通贸易有限公司	39 671

8	黑龙江华宇工贸（集团）有限责任公司	36 805
9	中山市中经进出口有限公司	36 106
10	广东省东莞化工进出口有限公司	34 868
11	广东省东莞丝绸进出口有限公司	34 162
12	东莞市旗峰对外贸易有限公司	33 490
13	广东省东莞快宜外经发展有限公司	33 165
14	宁波宁兴国贸实业有限公司	32 516
15	广东省东莞轻工业品进出口有限公司	31 571
16	天津中联进出口贸易有限公司	29 184
17	东莞市环球工艺进出口贸易有限公司	28 952
18	东莞市金马经贸有限公司	28 297
19	东莞市溢源对外贸易有限公司	27 420
20	广州市番禺区番华金银珠宝工艺厂	26 952
21	东宁吉信工贸（集团）有限责任公司	26 002
22	无锡兴达泡塑新材料有限公司	25 050
23	广东省东莞纺织品进出口有限公司	24 828
24	上海富澜宇国际贸易有限公司	24 522
25	上海仁田进出口有限公司	24 321
26	东莞市海华五金矿产进出口有限公司	24 191
27	广东省东莞市东联进出口有限公司	23 247
28	绥芬河市东泰经贸有限责任公司	23 003
29	绥芬河市凯莱经贸有限责任公司	22 401
30	深圳市嘉来源进出口有限公司	22 371
31	深圳市海港城物流有限公司	22 302
32	浙江新世纪国际贸易有限公司	22 287
33	江门市新轻出进出口有限公司	21 117
34	安徽省华安进出口有限公司	20 302
35	广州金发科技股份有限公司	19 886
36	广东省东莞医药保健品进出口有限责任公司	19 495

续表

37	广东省东莞畜产进出口有限公司	19 292
38	昌吉德鲁克经贸有限责任公司	18 597
39	东莞市同舟化工有限公司	18 393
40	江门市新会华贸发展有限公司	18 296
41	重庆力帆实业(集团)进出口有限公司	18 161
42	广州保税区新纪元物流有限公司	18 153
43	中山市中粮外贸发展有限公司	17 512
44	大连经济技术开发区汇远经贸有限责任公司	17 084
45	浙江华联三鑫石化有限公司	16 833
46	深圳市华富洋进出口有限公司	16 717
47	广东东凌集团有限公司	16 447
48	东莞市建筑材料进出口有限公司	16 170
49	满洲里盛源进出口贸易有限公司	15 959
50	二连浩特宏基贸易有限责任公司	15 938

资料来源:商务部网站。

附表2　2005年出口额最大的50家民营企业名单

排名	公司名称	出口额(万美元)
1	广东省东莞机械进出口有限公司	131 811
2	新疆野马经贸有限公司	78 310
3	东莞市百业进出口有限公司	62 808
4	绥芬河龙江商联进出口有限公司	57 351
5	黑龙江华宇工贸(集团)有限责任公司	31 490
6	东宁吉信工贸(集团)有限责任公司	25 388
7	广东省东莞丝绸进出口有限公司	24 886
8	广州番禺对外贸易有限公司	23 470
9	东莞市泽通贸易有限公司	23 412
10	绥芬河市东泰经贸有限责任公司	22 998
11	宁波宁兴国贸实业有限公司	22 642

12	绥芬河市凯莱经贸有限责任公司	22 401
13	浙江新世纪国际贸易有限公司	22 278
14	中山市中经进出口有限公司	21 628
15	江门市新轻出进出口有限公司	19 525
16	广东省东莞轻工业品进出口有限公司	19 449
17	昌吉德鲁克经贸有限责任公司	18 592
18	重庆力帆实业(集团)进出口有限公司	17 748
19	广东省东莞纺织品进出口有限公司	17 232
20	深圳市海港城物流有限公司	17 210
21	东莞市金马经贸有限公司	16 877
22	东莞市环球工艺进出口贸易有限公司	16 174
23	广东省东莞化工进出口有限公司	15 560
24	广东省东莞快宜外经发展有限公司	15 332
25	中山市中粮外贸发展有限公司	15 262
26	东莞市溢源对外贸易有限公司	15 044
27	博尔塔拉蒙古自治州阿拉山口国瑞贸易有限公司	14 910
28	安徽省华安进出口有限公司	14 835
29	东莞市旗峰对外贸易有限公司	14 602
30	四川省新立新进出口有限责任公司	13 945
31	伊犁德鲁克经贸有限责任公司	13 909
32	广州市番禺区番华金银珠宝工艺厂	13 862
33	佛山市骏景实业有限公司	13 773
34	深圳市嘉来源进出口有限公司	13 394
35	温州市五机化医外贸有限公司	13 218
36	东莞市海华五金矿产进出口有限公司	12 860
37	厦门市中信隆进出口有限公司	12 690
38	绥芬河市林源经贸有限责任公司	12 049
39	广东德豪润达电气股份有限公司	11 995
40	东宁县诺信贸易有限责任公司	11 874

续表

41	上海富澜宇国际贸易有限公司	11 831
42	绥芬河市源丰经贸有限责任公司	11 585
43	美的(中山)电风扇制造有限公司	11 433
44	葫芦岛市兴达冶炼厂	11 352
45	新疆霍尔果斯对外经济贸易有限公司	11 214
46	广东省东莞医药保健品进出口有限责任公司	11 148
47	海宁蒙努集团有限公司	10 908
48	绥芬河市宏隆经贸有限责任公司	10 872
49	宁波联合集团上海进出口有限公司	10 849
50	厦门市嘉晟对外贸易有限公司	10 546

资料来源:商务部网站。

参考文献

[1] Autio，E. Symplectic and Generative Impacts of New. Technology-based Firms in Innovation Networks：An International Comparative Study. Doctorial Dissertation，Helsinki University of Technology，1995.

[2] Buckley，P. J. Is the international business research agenda running out of steam? *Journal of International Business Studies*，2002,33(2)：365-374.

[3] Chetty，S. & Wilson，H. Collaborating with competitors to acquire resources. *International Business Review*，2003,12(1):61-81.

[4] Coviello，N. E. The network dynamics of international new ventures. *Journal of International Business Studies*,2006,37:713-731.

[5] Ellis，P. Social Ties and Foreign Market Entry. *Journal of International Business Studies*，2000,31(3):443-463.

[6] Fletcher，R. A holistic approach to internationalization. *International Business Review*，2001,10(1):25-49.

[7] 赵伟,古广东.民营企业国际化:理论分析与典型案例研究.北京:经济科学出版社,2006.

[8] 赵伟.中国企业"走出去"——政府政策取向与典型案例分析.北京:经济科学出版社,2004.

［9］鲁桐,李朝明.温州民营企业国际化.世界经济,2003(5):55—63.

［10］赵优珍.浙江中小民营企业国际化现状问题和发展对策.国际经济合作,2003(10):27—30.

［11］林俐.透析温州民营企业走出去模式.国际经贸探索,2003(8):81—84.

［12］王夏阳,田传浩.基于组织间供应链网络的民营企业境外拓展能力分析——以浙江为例.国际贸易问题,2005(10):66—72.

［13］金祥荣.两难困境:增长方式转变与国际化.浙江社会科学,2005(4):7—9.

［14］史晋川,金祥荣,赵伟,罗卫东.制度变迁与经济发展:温州模式研究.杭州:浙江大学出版社,2002.

［15］徐明棋.中国企业国际化经营面临的挑战与对策.世界经济研究,2003(2):4—9.

［16］韩民春.基于核心竞争力的民营企业跨国经营的理论与实践.国际商务——对外经济贸易大学学报,2004(5):47—51.

［17］汪忠明.关于政府在民营企业跨国经营领域定位的思考.经济前沿,2003(12):16—18.

［18］曹玉书.民营企业"走出去"的战略思考.中国投资,2005(7):22—24.

［19］浙江省外经贸厅.浙江省民营企业出口分析报告［R］,2007.

［20］赵优珍.中小企业国际化——企业家精神视角的分析与启示.国际商务——对外经济贸易大学学报,2004(6):63.

［21］谢健.企业经营国际化区域经济国际化中的温州模式.财贸经济,2005(12):86—89.

第四章　中国民营企业国际化的政策演变

　　我国企业实施"走出去"战略是中国经济国际化的重要战略环节,对外直接投资政策又是企业国际化经营的制度保障。处于对外直接投资初期的发展中国家,建立完善的对外直接投资政策体系对于促进中国对外直接投资的健康发展、加速中国经济国际化进程具有十分重要的理论和现实意义。

第一节　新中国成立初期民营经济发展政策（1949—1956）

　　中国的民族工商业企业较为普遍地出现是在 20 世纪 30 年代之前,那时的民族工商业企业已经初具规模,正处在上升发展的阶段。然而,30 年代之后的日本侵华战争及其后的全面内战,导致民族工商业企业遭遇重创。1949 年之后的计划经济,导致民营企业的全军覆没。

　　1949 年时,全民所有制工业的总产值为 36.8 亿元,而私营和个体企业的总产值为 100.5 亿元,占全部工业的 70％以上。然而,到 1957 年时,私营企业的产值只有 6.9 亿元,占全部工业的比重不到 1％。根据国家统计局的数据显示(见表 4-1):

表 4-1　1949—1978 年各种经济类型的工业总产值和比值

年份	全民所有 产值(亿元)	比重(%)	集体所有 产值(亿元)	比重(%)	公私合营 产值(亿元)	比重(%)	私营企业 产值(亿元)	比重(%)	个体企业 产值(亿元)	比重(%)	合计 产值(亿元)	比重(%)
1949	36.8	26.2	0.7	0.5	2.2	1.6	68.3	48.7	32.3	23.0	140.3	100
1952	142.6	41.5	11.2	3.3	13.7	4.0	105.2	30.6	70.6	20.6	343.3	100
1957	421.5	53.8	149.2	19.0	206.3	26.3	0.4	0.1	6.5	0.8	783.9	100
1965	1255.5	90.1	138.4	9.9							1393.9	100
1978	3416.4	80.8	814.4	19.2							4230.8	100

资料来源:国家统计局.中国统计摘要 1985.北京:中国统计出版社,1985。

由表 4-1 可见,从 1957 年以后,直至 1978 年改革开放以前,私营个体企业在中国基本上完全消失,而在此二十多年期间,国有企业占据着绝对统治地位,社会经济基本上依靠国有企业来推动发展。

一、新中国成立初期个体私营企业的发展(1949—1952)

1949 年以前的中国,是一个以传统农业为主、发展非常不平衡的经济落后大国,由于战争和国民党政府的统治,致使通货膨胀恶劣,市场秩序混乱,民营经济也相应衰弱。中华人民共和国就是在这个基础上建立的,通过没收官僚资本和敌产为国家所有,建立了强大的、居于领导地位的国营经济,而私营经济则是作为新民主主义社会所应有的"五种经济成分"得到保护、利用、限制和发展。

随着"统一财经"中压缩社会需求和社会虚假购买力的消失,1950 年 4 月开始全国出现市场呆滞、需求不足的局面。针对这种情况,中财委根据中央的指示,从 5 月起部属"调整工商业",其实质就是使城市私营经济得到应有的位置、发挥积极作用,遂成为 1950 年政府的重大经济举措之一。其主要措施有以下几种:

1.扩大国家对私营工业的加工订货和收购包销

1950 年国家对私营工业的加工订货和收购包销在私营工业产值中所占的比重,由 1949 年的 11.5% 提高到 27.3%,既巩固了国营经济对私营经济的领导,也扩大了私营经济需求。

2.划分公私经营范围

国营商业把主要力量集中在批发上,适当缩小零售范围,只经营粮食、布匹、煤炭、食油、食盐等少数重要物资。

3.调整价格政策

国家在兼顾生产、贩运、销售三者利益的前提下,保持商品批发价与零售价之间、产地与销售之间的合理差价,使私营商业有利可图。

4.调整贷款政策,降低存贷利率,增加对私营工商业的贷款

对有利于国计民生的私营工商业,国家银行增加贷款额,并调整贷款的方向,对私营放款主要放在城乡贸易上,以促进城乡交流。

5.调整税负

减轻农业税;减少工商税的税种和税目,降低税率,改善征收办法。工商税的税种由 14 种减为 11 种,货物税的税目由 1136 种减为 358 种。

6.调整劳资关系

国家规定调整劳资关系的原则为:必须确认工人阶级的民主权利;必须有利于生产;劳资间的问题,采用协商的办法解决,当时很快举行了劳资协商会议。有个口号为:"降低工资,劳资团结,渡过难关。"

7.调整产销关系

主要是为了解决产销之间的不平衡问题,即私营工业盲目生产和城乡之间商业流通渠道不畅问题。为了帮助私营工商业者及时了解市场情况,避免盲目性,中财委还决定今后经常及时通报全国的市场供求情况。

工商业的调整,使得私营经济很快摆脱了困境。从 1950 年秋季开始,各地市场开始活跃起来,市场交易大幅度回升。市场活跃和城乡交流的恢复,又刺激了私营工业的发展,使私营工业的产量大幅度增加。1951 年更是私营工商业的"黄金年代",全国私营工业总产值比 1950 年增长 39%。

"调整工商业"对 1950 年和 1951 年国民经济的迅速恢复起到了重要作用。1952 年,尽管当时国家已经大量投资建立了许多国有企业,但私营个体企业的产值仍然占全部产值的 50% 以上。与此同时,国家通过对私营经济的直接管理、间接管理和对私营金融业的整顿改造,也实现了对私营经济的鼓励、调节和发展。

国民经济恢复时期,对于数量众多的城市私营和个体经济来说,其经济管理体制也发生了较多变化。从宏观上看,国家加强了对私营经济的调控(利用、限制、改造),在新的基础上调整了公私关系;从微观上看,私营企业内部的管理体制也发生了变化,重新确定了劳资关系。这个时期,政府对私营经济本着"利用、限制、改造"的基本政策,将私营经济划分为个体经济和私人资本主义两部分,建立了以四种调控手段为主要内容的调控体系,即通过行政管理手段、经济杠杆手段、行业组织自律手段、群众运动手

段,达到"在国营经济领导下,分工合作,各得其所"的目的。

在行政立法上,第一,各城市解放以后,都先后对工商业户进行了重新登记,核定了其业主、资金、企业性质及经营范围等,尤其是对一些有关国计民生的重要行业;第二,颁布和实施了一些限制改造私营金融业和商业,或打击市场投机等的法令;第三,通过批准开歇业来控制个体和私营经济,新中国成立初期,无论个体经济还是私营经济,都必须得到政府工商管理部门的批准才能从事经营活动,同时也必须申报政府工商管理部门,并得到同意以后方能歇业或结束。

政府除了使用上述行政、立法和群众运动的直接手段来管理私营经济外,还充分利用了税收、利率等经济杠杆和原有的行业组织来管理和引导私营经济。

税收杠杆是现代政府调节经济的一个较为有效的重要手段,新中国成立初期,利用税收这个杠杆比较大的举措有三次:第一次是在1950年3月统一财经前后,为了控制通货膨胀、降低社会需求,采用了较高的税率和征收滞纳金的办法;第二次是1950年6月调整工商业中利用降低税率、简化税种来刺激和帮助私营经济走出困境;第三次是1952年"五反"以后,为使私营经济走出困境,恢复市场活力,在第二次调整工商业中再次利用税收杠杆。另外,在宏观经济方面,政府为了贯彻优先发展国营经济,积极扶植合作经济的政策,在税收上采取了区别对待的政策,即对国营经济、合作社经济实行了比私营经济轻的税率,在对私营经济的税收中,又实行了商重于工的税率。

二、民营企业经历的国有化改造时期政策(1952—1956)

政府与私人共同投资合作经营的企业,早在清末洋务运动中就已产生,当时称之为"官商合办",在清末和国民党统治下,"官商合办"成为官僚资本控制民族资本和官僚侵吞国有资产及收益的重要方式。新中国成立以后,在没收官僚资本和敌产过程中,一批企业成为公私合营企业,同时,由于一部分大型私营企业遇到困难,也希望国家投资(或将贷款转为投资)共同经营。

在1953年以前,中共中央对于公私合营是很谨慎的,严格遵循"迫切需要发展、符合国家投资计划、资本家真正自愿"三个原则。中财委之所以这样做,一是因为当时国家资金紧张,不得不考虑资金的使用效益;二是鉴于国民党曾用这种方式控制吞并民族工业,尽量避免因公私合营引起民族资产阶级的误会和不安。

1953 年 6 月，中共中央统战部部长李维汉通过调查，提出公私合营是改造资本主义企业的好办法，这个建议为中共中央所接受，毛泽东因而采纳这种通过国家资本主义的高级形式——公私合营来消灭私人资本主义的发展方针。对于私营企业来说，1952 年受"五反"运动影响，劳资关系紧张。1953 年以后则是内外交困，外部的原料、市场被国家控制，导致其原料短缺，销售渠道不畅，同时内部劳资关系紧张，企业主缺乏经营管理自主权，而且资金又出现短缺。在这种情况下，国家决定实现私营企业的公私合营，即可解决三个困难：一是企业内部的劳资矛盾因合营而基本消除；二是企业的供销因纳入国家计划与国营企业同等待遇，困难不复存在；三是资金不足问题因国家注入资金而得到解决。

1954 年的农业自然灾害以后，私营企业面临了更严峻的考验。在原料配给和供应上，除农产品外的工业产品原料出现短缺；资金供应上，国家对私营工商业贷款实行"以存定贷"的方针，贷款不得超过私营企业的存款，而且实际上国家建设资金亦不足，很难顾上私营企业；私营批发商被改造后，商业销售渠道变化大，私营工业企业一下子失去原有的供销渠道；还有经过两年的公私合营，剩下的私营工业企业多是规模很小、技术落后或者效益差的企业。由于上述原因，无论是地方政府还是国营商业机构，从经济的观点出发，都不会将原料和资金投向这些技术落后、产品标准化程度低、监督成本高的企业。

为了解决这些问题，1955 年 4 月，中共中央批转了《关于扩展公私合营工业计划会议和关于召开私营工商业问题座谈会的报告》。该报告提出对资改造实行"统筹兼顾，全面安排"的方针，即在合营过程中，应着眼于整个行业，采取以大企业带中小企业，以先进带落后的办法，根据不同的情况进行改组、合并，然后再进行公私合营。这种按行业对私营企业进行整体改造、统筹安排的设想，实际上是全行业公私合营的开始。

不久，在全国工商联会议上，陈云副总理对全行业公私合营和定息问题作了进一步说明。随后会议通过了《告全国工商界书》，要求全国各地工商业者响应中共中央号召，积极接受社会主义改造。从 1956 年 1 月起，全国又掀起了资本主义工商业的社会主义改造高潮。

纵观 1952—1956 年，私营企业所遇到的难关，主要源于内部尖锐的劳资矛盾及外部严峻的生存环境。这完全是一系列对私营企业原材料供应、产品销路以及信贷进行控制的结果，也是当时政治大环境和社会舆论及意识形态的必然产物。再进一步分析，就会发现实际上私营企业是与当时政府制定的经济目标模式不相适应的，是与政府推行的快速优先发展重工业战略目标相矛盾的，是与计划经济争夺有限的资源，并可能会阻碍单一计划经济发展目标的实现。

从私营企业外部的生存环境来看，市场波动或供求不平衡都是难免的。尤其是从1953年开始，政府开始对重要原材料和各种商品采购供应以及金融业进行全面控制，实际上割断了私营企业与市场的联系。私营企业天然就是市场经济的产物，离开了市场，它们根本就无法生存。在计划经济对于市场经济的挤压和全面封杀下，在没有市场采购和市场供给的自由交易的前提下，民营企业自然是不可能有其生存的空间了。

此后，从1957年"反右"开始到1978年改革开发以前，雇佣工人的私营经济不仅在中国大陆是非法的，就是原来的私营企业主，虽然已经成为自食其力的劳动者，但仍然在政治上受到歧视。由于政府推行这种极"左"的意识形态，并且以计划经济目标为发展的模式，导致了中国经济发展的受阻、畸形和落后，市场经济无法正常地发展，富有活力的民营企业也长期得不到生存和发展的机会。

第二节　中国民营企业的暂时没落时期(1957—1978)

1956年中国实行的"公私合营"在短短一年内完成，之后的十年间，民营企业尤其是私营企业则不复存在，中国开始进入了完全的公有制时代。随后的十年中又由于"文化大革命"对"小生产自发势力"的批判和"割资本主义尾巴"运动的展开，民营企业在中国大地几乎绝迹。在这段历史时期，我们关于民营企业的研究不得不中断，因为关于民营企业的记载是一片空白，几乎没有任何资料可查。

个体私营企业的消灭，直接导致了1956年下半年出现生活消费品短缺的问题，商业服务也由于网点撤并带来过多生活不便，而且公私合营和合作化后产品和服务质量也出现下降趋势。在这样的条件下，一些原有的城乡工商业者，又自动地弥补这个供求缺口，重新发展起一些私营和个体经济，当时被称为"地下工厂"。因此，1957年的私营和个体经济比1956年底有所恢复。据统计，1957年上半年，从事私营工业和个体手工业者大约有 70 万人,小商小贩大约也有 60 万~70 万人。①

但是 1957 年"反右"运动开始以后,毛泽东对社会主义改造完成后的所谓"资产阶级"和私营个体经济的看法发生了根本性的改变。在 1958—1960 年的三年"大跃进"里,由于迷信"一大二公",残存的私营和个体经济几乎被消灭殆尽。1961 年中共中央发出《关于改进商业工作的若干规定(试行草案)》,其重要内容之一就是开发农村集市贸易和恢复合作商店、合作小组,发挥小商小贩的经营积极性。同时发布的《关于城乡手工业若干政策问题的规定(试行草案)》,也提出允许个体手工业存在和发展。在当时严重的饥荒和物资短缺的情况下,一旦政策放松,个体经济就活跃起来,个体经济的数量超过了 1957 年。

好景不长,1962 年毛泽东重提"阶级斗争为纲",否定了"包产到户"和"四大自由"。从 1964 年开始,又在城乡开展了"社会主义教育运动",严厉打击"投机倒把"。这场运动愈演愈烈,直至 1966 年爆发"文化大革命"。在"文化大革命"的十年里,不仅"谈资色变",就是个体经济也急剧衰落,城市里商业服务网点严重不足,并且又存在大量的失业人口,亟需整个经济的发展来补充。

总之,在改革开放之前,由于计划经济的影响,普遍存在的是国营和集体企业经济,个体和私人经济还处在生存的边缘地带。在这样的大环境下,中小企业生存和发展的空间很小,而且,在改革开放之前,中国所采取的产业政策和区域政策也不适合中小企业的发展。20 世纪 50 年代到 70 年代末期,中国的产业政策是以优先发展重工业为特征的,这种产业政策,在 50 年代基于当时重工业严重落后的局面,具有一定的积极引导意义,但是长期实行这种政策,其不良影响也是明显的,因为发展重工业需要大量的资本,需要资本密集型的企业,此类企业需要相对较大的企业规模。这导致大量资本累积之后流向大中型重工业,这在当时资本短缺、技术相对落后的情况下,使得投资小、见效快的轻工业和服务业的发展受到约束。与此同时,当时的区域政策对中小民营企业的发展不利。20 世纪 60 年代到 70 年代中期,依照备战原则,中国进行了大规模的三线建设,把大量资金投入三线国防建设,促进京广铁路沿线地区和西北、西南的经济发展。虽然三线对当地的经济发展起到了一定的积极作用,但大部分的三线工程

---

① 中央文献研究室.建国以来重要文献选编(第 11 册).北京:中央文献出版社,1995.

均不具有自我扩张的经济发展特征,这在资金短缺的情况下束缚了中小企业的发展。

第三节 改革开放以来民营企业的发展(1979—1996)

1976 年冲破"左"的思想束缚后,民营企业获得了发展的政治空间。在当时,由于有规模高达 3000 万的知青陆续返城,给本来就十分棘手的城镇就业带来了极大压力,相当多的人为了养家糊口已开始干了起来;在农村,由于开始实现联产承包责任制,部分农民开始贩运粮食、水果……个体经济开始在夹缝中滋生出来,并逐渐形成蔚为壮观的个体工商户现象。但当代中国民营企业真正走上持续发展的道路应该从 1979 年开始。中共十一届三中全会将党的工作重点从阶级斗争转向经济建设,采取了扶持和搞活集体经济的政策,并对集体所有制工业的管理体制进行了改革;对乡镇企业采取鼓励和扶持政策,围绕乡镇企业的产业政策、经营方式、计划、供销、贷款、税收等作出了一系列重要决策;对个体工业也采取了积极鼓励、大力扶持的政策,使民营企业占绝大多数的个体企业、集体企业和乡镇企业得到高速发展。这一阶段中,中国民营企业的发展也出现了两个明显的特征:一是作为中小企业主力军的乡镇企业从 1984 年后呈现出高速增长势头;二是从发展的特征看,1979 年到 1983 年期间,乡镇企业在数量上并没有增加,1983 年和 1978 年相比,乡镇企业的数量由 152.42 万下降为 134.64万家,但规模变大,同期乡镇企业职工由 2826.56 万增加到 5208.11万人。[①]

国务院于 1981 年 7 月发布了《关于城镇非农业个体经济的若干政策规定》,明确指出:个体经济"一般是指个人经营或家庭经营;必要时,经过工商行政管理部门批准,可以请一至两个帮手……最多不超过五个学徒。"从此,作为民营企业重要组成部分的个体户有了说法。但在当时,个体户还不是很正统,不少人虽然开始了个体经营,还是千方百计挂在国营单位名下,出现了所谓的"红帽子"企业。1982 年,党的十二大报告指出,"社会主义国营经济在整个国民经济中占主导地位",与此同时又指出:"在农村和

---

① 张其仔,李俊.中小企业国际化经营——面对新经济的挑战.北京:民主与建设出版社,2001.

城市,都要鼓励劳动者个体经济在国家规定的范围内和工商行政管理下适当发展。"这是首次在党的全国代表大会报告中明确鼓励个体经济的发展,并且范围还从"城镇"扩展到农村,十分令人鼓舞。但"适当"一词又显示发展个体经济仍具有一定权宜性,个体经济在整个国民经济中的根基还很薄弱。其从事的行业仍然以手工业为主,主要形式是小规模的家庭工业。换句话说,在这一时期民营企业以个体户为主,加上一批"红帽子"企业。面对市场风险,一是靠家族关系维系,一是找关系找靠山。而面对持续不断的"姓资姓社"及"割资本主义尾巴"的风险,民营企业只好戴上"红帽子"。

1988 年 6 月国务院颁布了《关于私营企业的暂行规定》,规定了三种私有制结构,即独资、合伙和有限责任制。同时,在全国人大七届一次会议上通过的《中华人民共和国宪法》中增加了私营企业条款,由此私营企业开始名正言顺地进入国家经济和政治,当时私营企业登记户达到 9.06 万户。当然"姓资姓社"的争论依旧是中国民营企业发展的重要障碍,但令人兴奋的是私营企业开始由"拾遗补缺"者成长为国营企业的竞争者。计划经济为民营企业提供了极大的发展空间,只要将产品生产出来就有市场。于是一批私营企业从国外引进了二流、三流的设备和技术,增加产量,从而完成了资本的原始积累。

1992 年初邓小平"南方讲话"以及当年 10 月党的十四大的召开,为中国民营企业的发展创造了一个更为有利的环境。1993 年 9 月,中华人民共和国九届人大二次会议通过了宪法修正案,明确规定:"在法律规定范围内的个体经济、私营经济等非公有制经济,是社会主义市场经济的重要组成部分。"此后民营企业获得了迅速的发展。

与此同时,在改革开放政策的大前提下,在这一阶段,我国开始制定政策鼓励国内企业走出去,参与国际市场竞争,这也为我国民营企业在发展壮大后的"走出去"战略奠定了基础,积累了经验。

目前,中国企业的跨国经营范围遍布全球 160 多个国家和地区,投资范围以资源和贸易为主。已由单一的进出口业务朝着多形式、多渠道、多功能的方向发展。不少企业已经在国外设立了分支机构或生产性企业,实行国际化经营管理。有的企业还在国外建立了研发机构,标志着中国企业的跨国经营进入了一个崭新的阶段。中国企业国际化发展历程可以分为三个阶段:

第一阶段是 1979—1985 年。这一时期是中国企业跨国经营的初始阶段。1979 年国务院颁布了 15 项经济改革措施,其中明确规定允许出国办企业,这就为当代中国企业的跨国经营与中国跨国公司的形成和发展提供了一个有力的政策依托和前进的动力。这期间共兴办了海外企业 185 家,投资总额为 2.96 亿美元,其中中方投资为 1.78 亿美元。海外投资企业分布在 45 个国家和地区,以发展中国家和地区以及中国港澳地区为主。1979 年 11 月,北京市友谊商业服务公司与日本东京丸一商事株式会社在东京合资兴办了"京和股份有限公司"。1980 年 3 月中国船舶工业总公司、中国租船公司与香港环球航运集团等合资成立了"国际联合船舶投资有限公司"。1980 年 7 月,中国银行与美国芝加哥第一国民银行、日本兴业银行、香港华润集团合资在香港创办了第一家中外合资金融企业——中芝兴业财务有限公司。这段时期中国企业还通过对外直接投资的方式在荷兰、也门、澳大利亚、比利时等国开办了合资企业。这是改革开放以后中国兴办的最早一批境外企业。其后,随着改革开放的深入,中国企业的跨国经营也日益发展成熟。① 但总的来说,这时期的投资规模较小,投资领域主要集中在承包建筑工程、咨询和餐饮等服务业,机械加工等制造业比较少。由于这一阶段处在我国经济体制改革的初期,政府对于境外投资企业实行严格的审批制度,只有具备外贸权的进出口公司和各省市的经济技术合作公司(主要是外经贸部下属的企业)才有资格进行境外投资活动。因此,这个阶段参与对外直接投资的主要是专业外贸公司和大型的综合性集团。而中国的出口贸易主要是从 1980 年开始的,而且出口商品多为轻工业产品,民营企业在其中所占份额不大。随着中国经济的迅猛增长,特别是乡镇企业的异军突起,中小企业在中国产品出口中的地位日趋明显,做到了"三分天下有其一"的局面。同时,随着外资的引进,三资企业在中国开始蓬勃发展起来。私营企业在国民经济中的地位明显提高,而国有中小企业要承担与国有大中企业同样的义务,却很少获得优惠政策,其发展要落后于其他类型的中小企业。

第二阶段是 1986—1990 年。1985 年 7 月,国务院授权外经贸部制定并颁布了《关于在国外开设非贸易性合资企业的审批程序和管理办法》,在一定程度上放松了对国内企业境外投资的管制。境外投资主体的范围得到扩展,企业只要拥有稳定的资金来源、一定的技术水平和明确的合作对象,都可以申请境外投资,并且部分审批手续被简化了。因此,这期间兴办

---

① 赵优珍.中小企业国际化——理论探讨与经营实践.上海:复旦大学出版社,2005.

的海外企业在数量以及投资总量上都比上一阶段有了很大的增加。这些境外企业分布在 90 多个国家和地区,其中以亚洲各国和地区居多,并开始进入发达国家。对外投资的主体逐渐向大中型生产企业、企业集团、国际信托投资公司、科研机构扩展,其中一些规模较大的企业在国际市场上已经具备了一定的竞争力。投资领域也向资源开发、制造加工、交通运输等 20 多个行业延伸。

第三阶段是 1991—1996 年。这一阶段是中国对外直接投资快速发展的时期。我国企业在海外兴办的企业数以及对外直接投资额连年创新高。仅 1991 年—1993 年三年间,我国批准新办的非贸易性境外企业数比 1979 年—1990 年 12 年的总数还多。1992 年邓小平"南方谈话"以后,外经贸体制改革进一步加快,对境外投资企业的审批手续进一步放宽。

众所周知,大型跨国公司对外直接投资由来已久,由此带动世界经济的全球化。而对以中小企业居多的我国民营企业来说,在国际对外直接投资就如同一只丑小鸭,形单力薄。不过,这种状况正在逐步改善。1997 年,联合国贸易发展会议为此专门编写出版了《中小企业对外直接投资手册:亚洲经验》一书,专门探讨、分析了在世界经济全球化、国际化的背景下,亚洲中小企业(资本主义国家的中小企业均指中小私营企业,即相当于我国的中小民营企业)对外直接投资的特征、作用和对策。中小民营企业实施国际化战略有很多重要的原因,随着产品的生命周期日益缩短,企业的研究开发费用却在迅速攀升,在这种情况下,企业通过对外直接投资,可以保持合理生产规模,使研发投入获得良好回报。根据联合国贸易发展组织调查研究表明,中小企业对外直接投资能够加强投资输出国和投资输入国中小企业的投资竞争力,即通过对外直接投资,把竞争压力转化为竞争实力。

中国的民营企业也获得了很大的发展。在支持民营企业"走出去"方面,中国已经实行并将进一步贯彻公平待遇的原则。在对外投资办企业的核准和备案方面,在对外承包工程、对外劳务合作经营资格核准方面,在国别市场准入方面,政府对民营企业与其他所有制企业一视同仁,以确保民营企业平等参与市场竞争的权利。同时在对外投资主体多元化的基础上,进一步支持和鼓励轻工、纺织、服装、家电、通信等行业的民营企业,通过独资、合资、联营、并购等方式,到有条件的国家和地区投资建厂,建立海外生产基地,以促进产品原产地多元化,配合国内产业结构调整和应对贸易摩擦,鼓励和引导有条件的民营企业发挥自身优势,积极参与境外矿产资源、农业、森林、远洋渔业资源开发合作。政府也出台政策鼓励有条件的民营企业单独或与国内其他企业联合,以 EPC(设计—采购—施工)、PMC(专案管理总承包)、PPP(公私合营)等国际通行方式开展对外工程承包,努力承揽附加值高、影响力大的交通、能源、通信等基础设施专案,增强工程带动成套设备与大型装备出口的能力。政府积极引导和推动服务行业具备条件的民营企业,到境外从事贸易分销、银行、保险、证券、期货、基金管理、电讯资讯、物流航运、旅游、文化传媒和中介服务,增强我国服务业的国际竞争力;支持有实力的民营企业在境外科技资源密集地区设立研发中心和研发型企业,获得国际知名品牌、先进技术,充分利用全球科技、智力资源,提高自己的技术和研究创新能力和水平,促进国内产业升级和产品档次提高。另外,政府允许符合条件的民营企业开展对外劳务合作业务,并正确引导和规范民营企业的经营行为,提高对外劳务合作的经营水平,维护外派劳务人员的合法权益。而且政府充分发挥驻外使(领)馆的作用,一方面帮助民营企业了解外国的情况,积极为民营企业"走出去"牵线搭桥;同时,加强与驻在国政府的交涉与协调,为民营企业排忧解难,维护企业合法权益;再者,加强领事保护,提高应对突发事件的能力,指导民营企业制定境外安全防范措施,保障人员及财产安全。

第四节　全面实施"走出去"战略时期(1997 年至今)

1997 年 9 月中共中央"十五大"和 1998 年 3 月九届人大提出了"抓大放小"的方针、加快搞活国有中小民营企业步伐的政策。而且,随着政府机构改革的进行,国家经贸委对民营企业发展的宏观指导职能得到了进一步明确,1998 年还成立了专门负责中小企业改革与发展政策的中小企业司,表明中小企业的地位得到了空前的重视。为了进一步适应中国民营企业发展的需要,1999 年 3 月,九届人大二次会议修改宪法时提出:"国家保护个体经济、私营经济的合法权利和利益,国家对个体经济、私营经济实行引导、监督和管理,个体、私营企业作为国民经济的重要组成部分。"民营经济迎来了发展的第二次创业,大力扶持与发展民营经济成为社会各界的共识。同年 8 月,中国颁布了《中华人民共和国个人独资企业法》,对个人独资企业的投资人、设立、事务管理、解散和清算等作出了明确的规定。这部法律的颁布和实施为中国个人创业提供了必要的法律保障和良好的外部政策环境。党的十六大报告提出:"必须毫不动摇地鼓励、支持和引导非公有制经济发展,个体、私营等各种形式的非公有制经济是社会主义市场经济的重要组成部分,对充分调动社会各方面的积极性、加快生产力发展具有重要作用。"并提出"放宽国内民间资本的市场准入领域,在投融资、税收、土地使用和对外贸易等方面采取措施,实现公平竞争,依法加强监督和管理,促进非公有制经济健康发展,完善保护私人财产的法律制度"。从政策上为鼓励民营企业的发展铺平了道路。

与此同时,国家实施的"走出去"战略为民营企业"走出去"创造了良好环境。实施"走出去"战略,是适应我国基本国情,顺利实现全面建设小康社会宏伟目标的必由之路,是关系现代化建设全局和经济安全的国家战略,是保障中华民族长远发展和子孙福祉的根本大计。早在1997年,中央就提出要下大力气研究和部署如何"走出去"开展经济技术合作的问题,强调"引进来"和"走出去"是对外开放的两个紧密联系、相互促进的方面,缺一不可。《"十五"计划建议》和《纲要》也明确提出要实施"走出去"战略,支持有条件的各种所有制企业积极"走出去"投资。各部门、各地方根据中央的决策和部署,按照职能分工,不断完善政策、改进服务,各种所有制企业,包括民营企业"走出去"的政策环境日趋完善。

对于中国民营企业国际化来说,由于政府长期以来对民营企业国际化的政策弱化,因此民营企业的国际化开始得较晚,既晚于国有企业,也晚于外商在华投资企业。而行动滞后则源于国家政策的滞后。在过去的计划经济体系和转轨经济体系中,我国政府对民营企业跨国经营的管理一直是比照国营企业办理的,而且由于对民营经济的错误认识,在跨国经营领域民营企业常常受到限制,如它们很难获得进出口经营权、出口配额、外汇使用权等。事实上,在1998年底以前,中国直接从事进出口贸易的企业中几乎没有一家属于民营企业。由于无直接对外经营进出口的权力,民营企业自有产品的出口及生产所需原料、设备的进出口,均须通过国营专业外贸公司代理。然而在民营经济对国民经济的可持续发展作出了举世瞩目的贡献后,商务部决定在1999年1月1日、2000年1月1日和2001年7月20日和2002年1月1日先后4次放开了私营企业对外贸易方面的限制,而民营企业则体现了良好的发展态势。1999年,当外经贸部赋予首批20家私营企业自营出口权后,民营企业参与国际化的愿望终于有了逐步实现的机会。其后,越来越多的中国民营企业获得了外贸经营资格,2000年全国获得外贸经营权的民营企业达到1.27万家,截至2002年底,全国已有近4万家私营企业获得了外贸经营权。部分民营企业开始以出口及进口的方式,即在贸易层面开始了国际化的征程。随着中国加入WTO,特别是2004年《中华人民共和国对外贸易法》修订后将对外贸易经营者的主体范围扩大至个人后,实际上也就意味着只要具备了从事外贸的基本条件,所有制已不再是门槛。民营企业已经逐渐成为中国外贸发展的主力军之一。

近些年来,我国政府在支持民营企业"走出去"方面,已经采取了一系列措施。同时按照党中央、国务院的部署和要求,国家发改委会同有关部门,动员各方面力量,组织编制了《利用境外油气资源中长期发展规划》和《利用境外矿产资源中长期发展规划》,并召开了重点国家使节会进行了部署和安排。为适应投资体制改革的要求,国家发改委会同中国进出口银行发布了《关于对国家鼓励的境外投资重点项目给予信贷支持政策的通知》,对境外资源开发等四大类境外投资项目给予优惠信贷政策支持。政府不断加大对主要投资目标国的工作力度,积极推进政府间资源合作和投资合作机制的建立与完善,如与澳大利亚签署了投资合作备忘录,与南非、巴西协商确定了矿产能源领域合作协定及成立矿能合作机构的备忘录,与加蓬签署了在矿产能源、林业渔业领域合作协议,并在原有合作机制基础上,进一步扩大了与俄罗斯、古巴、委内瑞拉及瑞典等国的交流与合作。这些措施为改善民营企业"走出去"的环境发挥了重要作用,在昭示我国民营企业参与全球经济一体化美好前景的同时,也在呼唤着中国政府为民营企业创造更为宽松、透明、公正、法治、信用的国际、国内环境。①

同时,中国政府从产业结构调整和环境保护的角度出发,对一些重复建设、技术落后、污染环境、浪费资源的中小民营企业进行了整顿和大规模清理。在此基础上,政府还颁布了一系列政策和文件对中小民营企业的发展予以扶持,比如《科技部、财政部关于科技型中小企业技术创新基金的暂行规定》、《中国人民银行关于进一步改善对中小企业金融服务的意见》等。最近几年,中国陆续出台的促进中小民营企业发展和国际化经营的政策法规还包括:2000年10月,财政部和原外经贸部联合推出《中小企业国际市场开拓资金管理(试行办法)》;2001年6月,两部委又联合制定了《中小企业国际市场开拓资金管理办法实施细则(暂行)》;国家外汇管理局自2001年以来先后出台并调整了一些政策措施,支持企业向海外发展,并从2002年10月1日开始,陆续在浙江、江苏、上海、山东、广东和福建等六个省市推行了境外投资外汇管理改革试点,放松外汇管制,并在2005年5月将试点

---

① 汪忠明.关于政府在民营企业跨国经营领域定位的思考.经济前沿,2003(12).

扩展到全国。《中华人民共和国中小企业促进法》已从 2003 年 1 月 1 日开始实施,以扶持和促进中国企业的发展。今后国内企业赴境外投资开办企业,不再需要向商务部提交可行性研究报告;同时,民营企业在"走出去"的过程中将享受到与国有企业同等的待遇。商务部出台了《关于境外投资开办企业核准事项的规定》。《规定》明确指出"国家支持和鼓励有比较优势的各种所有制企业赴境外投资开办企业",在具体条款中也未对不同所有制企业作出不同规定。这保证了各种所有制企业在境外投资开办企业的过程中享受同等待遇。中国政府一直鼓励和支持有条件的民营企业走出去。从目前来看,对外投资的政策并不分民营企业和国有企业,是一视同仁的。为了解决有可能影响民营企业"走出去"的政策残留,商务部牵头对影响民营企业发展的歧视性政策进行了清理。2004 年 5 月,商务部和全国工商联建立了促进民营企业走出去的常设机制。近期,商务部等四部委下发了鼓励和支持民营企业走出去的指导意见,提出总的原则是一切企业一律平等,而且给民营企业更多的重视。①

在宏观政策上,党的十六大明确提出了"两个毫不动摇",即必须毫不动摇地巩固和发展公有制经济,必须毫不动摇地鼓励、支持和引导非公有制经济发展。党的十六届四中全会进一步明确了鼓励、支持和引导非公有制经济发展的各项政策。2006 年 2 月,国务院又出台了促进非公有制经济发展的若干意见,细化了以往的政策措施,民营经济迎来了新的重大发展机遇。截至 2002 年,民营经济在国内生产总值中所占比重约为 48.5%。上缴税收比重不断升高,到 2002 年底已接近 37%。一些大规模的民营企业。如华为、联想、万向等公司,都已经不同程度"走出去"。虽然民营企业现在整体对外投资规模不如国有企业,但他们拥有自己的优势,甚至可以说,经过一段时间的发展,民营企业将成为对外直接投资的主体。正如北大张维迎教授所言:"靠国有企业来实现中国的资本输出几乎是不可能的。走出去是有风险的,国有企业的风险最终就是政府的风险,国有企业显然不适宜成为走出去的主体,比较理想的主体非民营企业莫属。"②事实证明,随着我国市场经济的发展,民营企业已经具备跨国投资的基础和条件。民营企业应该也能够成为我国企业跨国投资的主力

---

① 商务部部长助理陈健接受中国政府网专访,就"实施'走出去'战略"与网民进行在线交流。

② 刘克寅.我国民营企业的跨国投资问题分析.集团经济研究,2006(2).

军。可以说,在加入世界贸易组织的新形势下,中国的中小企业正处于发展的黄金时期。

经过改革开放 30 年的快速发展,我国综合国力明显增强,形成了一些具有比较优势的产业和产品,在"走出去"方面积累了一定经验,国际化经营步伐加快。在我国经济国际化快速发展的过程中,民营经济国际化步伐也不断加快。一个国家经济国际化快速发展可以分为两个层次:第一个层次是产品出口增加;第二个层次是对外投资的增长。目前,民营企业在这两个方面都有了快速发展。

在产品出口方面,目前全国各地都有一批专门从事出口产品生产的私营企业。改革开放以来我国民营企业对外贸易从无到有,从少到多,特别是进入 20 世纪 90 年代后,开始进入高速发展的黄金时期。对外贸易量年均增长高达 30% 以上,中国入世前后的 2000—2003 年,民营企业进出口分别占当年全国进出口的 4.0%、5.4%、6.9%、9.2% 和 5.8%、7.4%、10.1% 和 13.7%。进口和出口总额的增速高达 40.4%、101.8%、52.8% 和 89%。2003 年 1 月—8 月民营企业出口同比又增长了 80.3%,出口额已占同期全国出口总额的 13%。在 1998 年,全国参与出口创汇的民营企业还只有 5669 家,而到 2003 年底,经核准或登记的具有外贸经营权的民营企业高达 43476 家。2002 年全国工商联对上规模(指在 2001 年 1 月—12 月营收总额达 1.2 亿元以上)民营会员企业作的调查显示,在 1248 个符合标准的入围民营会员企业中,2001 年总计出口 86 亿美元,占当年全国出口总额的 3.2%,拥有进出口权的企业占 57%,其中制造业的会员企业进出口权拥有率最高,接近 70%,企业平均出口额为 1381 万美元,年均增长 18%,在前 100 名企业中有自营出口权的占 60%,说明我国民营企业日益重视开展对外贸易。

与此同时,私营企业对外投资快速发展,无论是欧美还是独联体国家、中东、非洲,都有我国私营企业投资。到 2004 年底,累计对外直接投资近 370 亿美元,对外劳务合作完成额 271 亿美元,外派劳务 289 万人次,其中相当一部分是民营企业"走出去"开展的业务。据中国社会科学院世界政治和经济研究所课题组对温州 112 户外向型企业的调查,其中 84% 的企业是私营企业,而据 2002 年 4 月—7 月一项针对全国 31 省市 205 万私营企业的民间问卷调查显示,其中有约 22% 的民营企业已经或者正在着手同海外合资合作,近 30% 的被调查企业打算在未来 3—5 年内开展海外合资合作,只有 6.2% 的民营企业不打算与海外合资合作,另有 41.9% 的被调查民营企业没有考虑过这一问题。在已经向境外投资的民营企业中,其投资额平均只有 2.73 万美元,占其自身资本总额的 3.1%,在既有民营企业海外合资合作的企业中制造业占 47.8%,排第一位,被调查的企业规模越大,越希望与海外开展合资合作。如大型民营企业万向集团、东方集团、飞跃集团等近年来开拓国际市场的力度不断加大,其中东方集团在美国、日本、俄罗斯等国就拥有 12 家跨国企业,飞跃集团在海外开设了 18 家分公司,而万向集团则设立、并购、参股 25 家海外子公司,1999 年以来连续 4 年每年出口创汇都超过 1 亿美元。境外资源开发和农业合作取得一定成效,设立境外研发机构,进行跨国并购开始起步。特别是加入世贸组织后,我国经济发展的外部环境进一步改善,可以分享市场开放和投资便利化的利益,为我国企业开拓国际市场创造了更为有利的条件。一批有实力的民营企业已走出国门,到境外投资兴业,成为实施"走出去"战略的一支新生力量①。

第五节　制度环境对民营企业国际化的制约

根据 2000 年中国民营企业调查报告所反映的情况(李时民,2003),民营企业主希望政府改进经营政策,其顺序为:①信贷政策(占总户数的 59.0%);②清除腐败(占总户数的 56.0%);③税收政策(占总户数的 52.4%);④进一步在法律上保护产权(占总户数的 39.0%);⑤同等对待不同所有制企业(占总户数的 38.0%);⑥推进政治体制改革(占总户数的 26.6%);⑦改进工商管理(占总户数的 24.2%);⑧改进舆论宣传(占总户数的 20.1%);⑨加强宏观调控(占总户数的 15.6%);⑩改变户口制度(占总户数的 10.6%)。政府对中小民营企业的政策支持还有待加强,具体表现在:

第一,鼓励民营企业国际化的经营政策扶持体系尚未完善,按所有制制定扶持政策的局面尚未彻底打破,民营企业尚未获得国民待遇,非国有中小企业更是如此。私营中小企业在市场准入、兼并破产、项目投资等方面还受到诸多限制。例如,政策规定私企不得参与使用稀缺资源的生产;不得从事关系国计民生的重要行业活动;不得参与可能对公共安全产生影

---

① 曹玉书.民营企业"走出去"的战略思考.中国投资,2005(7).

响的活动等。在这些方面,国内经济政策不自觉地偏好于国有大企业,私营中小企业无法获得同样的竞争地位。另外,对中小企业的基础管理工作也还相当薄弱,比如对中小企业的量化标准不统一、不规范;各部门缺乏对国内中小企业发展整体状况的系统掌握。

目前中国除工业部门以外的其他产业部门还没有统一的中小企业划分标准和分类统计。而长期沿用的工业企业规模划分标准是在计划经济思想指导下按照生产能力来划分的,主要是为管理国有工业企业的需要制定的。它显然已经不能满足现阶段中小企业发展的现实需要。量化标准的长期缺失使得必要的统计工作无法正常展开,进而直接影响到有关理论研究和政策制定,导致政策实施具有很大的盲目性。

另外,民营企业获得经营权的标准仍然高于国企,国家 2002 年将私营企业获得外贸出口经营权的注册资金标准下调为 300 万美元,仍然高于国企。一些民营企业认同外界的推动,认为自身的国际业务得到了政府政策(境外参展补贴、贴息等)、信息和专家学者(在学科的发展方向和技术上)的帮助,但多数中小企业觉得政府的帮助力度不足,比如,提供的东道国经济信息过于笼统,在参加博览会方面,好的国际展览会,政府无能为力,而没有多大用处的博览会却提供参展津贴,企业本身也不感兴趣。不少企业表示,希望广交会上能多几个摊位。"主要还是靠企业本身",这几乎成了他们的共识。

第二,中小企业在银行贷款、企业发债等方面受到诸多限制,缺乏正常的融资渠道,这使得许多中小企业在国际经营进程中资金不足的问题更加突出,现有的金融体系改革亟待进一步深化。尽管人民银行在 2002 年发出了《关于进一步加强对有市场、有效益、有信用中小企业信贷支持的指导意见》,要求商业银行在坚持信贷原则的前提下,加大支持中小企业发展的力度,对有市场、有效益、有信用的中小企业,积极给予信贷支持,尽量满足这部分中小企业合理的流动资金需求,并鼓励商业银行开展中小企业信贷创新,但中小企业贷款难的问题依然没有得到解决。以私营企业为例,统计表明,1989—2003 年,我国私营企业实现的产值由 97 亿元增加到 18964 亿元,增长了 195 倍多,2003 年私营企业产值占国内生产总值的14.0%,但国有金融机构对私营企业的贷款为 1461.6 亿元,不到当年全部短期贷款的 1.7%,即使到了 2006 年,私营企业获得的商业也仅占我国金融机构短期贷款总数的 2.7%。一方面大量银行存款没有贷出去,另一方面私营企业的发展亟需资金支持。私营企业的融资窘境凸现了中国资金资源配置效率的低下(见图 4-1)。

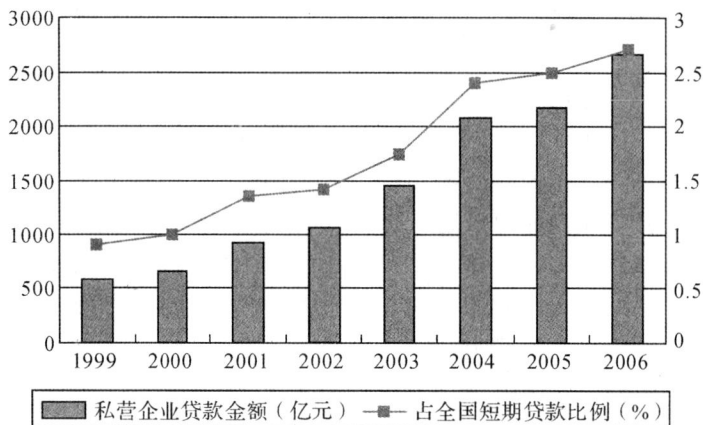

图 4-1 1999—2006 年私营企业获得贷款情况

此外,中小民营企业所能得到的金融服务品种也较为有限。当前中小企业除了贷款需求外,在结算、咨询、理财等方面也有着迫切的要求,而目前金融服务品种单一,难以满足中小企业的多方面需求。而且,中小企业也缺乏发债、股票上市等直接融资手段。

第三,外贸体制的不利影响是制约中小民营企业国际化发展的主要因素,外贸领域对中小民营企业的歧视首先表现在外贸行业的准入歧视和商品经营范围的限制。由于国家在外贸领域长期实行垄断经营,严格的审批制致使中小企业特别是私营企业的外向化水平较低。在商品经营范围上,按照政策规定,目前中国私营企业进入国际市场的方式只是一般商品贸易,各种形式的服务贸易、引进外资等经营行为还受到限制,审批手续也过于繁琐。从鼓励民营企业扩大产品出口的角度看,这样的制度规定是不合时宜的。近年来,外经贸部也多次放宽了私营企业从事进出口业务的限制,但是对大多数私营中小企业而言,这些标准的门槛还是太高。大多数中小企业仍挂靠国有、集体、外资企业、行政事业单位,或由国有进出口公司代理进出口业务。

第四,缺乏社会化服务体系的支持,政府的公共职能不到位,中小企业承担了一部分社会责任,以技术、市场、培训、咨询、信息等为主要服务内容的社会化服务体系有待完善。企业尤其是中小民营企业的发展需要社会化服务体系的支持。如果没有能力建立自己的技术研究、开发以及市场调研机构,就需要依靠专门的中介组织提供系统化的服务,如会计事务所、律师事务所、审计所、咨询公司、商会等。此外,很少有针对企业需要的关于某类产品在国际市场走势的具体信息、各国各地区需要什么样的产品信息、政策法规信息等。由于国内企业对外接触较少,加上中国的公共信息服务体系不够健全,许多企业在国际化过程中苦于信息不灵。民营企业由于资源有限,受其影响更大,比如,中小企业不能承受收集足够信息以降低文化、语言障碍的费用,而且,由于其国际经验有限,对信息量的要求又相对过大。尤其在对外直接投资时,需要了解各方面的信息,包括宏观的国外经济发展趋势、产业总体规划、有关政策法规、金融外汇市场状况等,也包括微观的产品供需状况、合作伙伴的资信、行业进入壁垒等,这对广大中小企业来说,确实难以把握,因而会出现投资项目失败的情况。中介机构、信息平台和政府政策支持是同等重要的,而政策支持往往需要通过中介机构发挥作用。

第五,外汇管制抑制了民营企业对外直接投资的热情。目前,中国在境外投资外汇管理中尚存在一些不足,主要表现在:境外投资的外汇资本金来源不足;人民币尚未形成自由兑换货币,使用人民币对周边国家和地区投资还存在政策性障碍;对利用国际商业融资进行境外投资的限制过严;审批程序比较繁琐等。因此,须适时放松对境外投资的外汇管理,以满足中国中小民营企业"走出去"的战略需要。

第六,海外投资审批手续繁杂、多头管理问题尚未从根本上得到解决,以及对外投资法的缺位不利于中小民营企业国际化。按照国务院所属职能部门的"三定"方案,商务部在对外投资方面的主要职责是:拟定境外投资的管理办法和具体政策,依法核准国内企业对外投资开办企业(金融企业除外)并实施监督管理;起草对外投资等对外经济合作管理的法律法规和规章,并依法进行管理和监督;核准国内企业对外投资设立企业经营资格;负责对外直接投资统计工作。国家发展与改革委员会在对外投资方面的主要职责是:研究提出对外投资战略、总量平衡和结构优化的目标和政策;安排国家拨款的境外资源开发和大额用汇投资。这极易造成矛盾。标准过严、手续繁杂、耗时费力、多头管理等造成许多问题,如管理政策不一致、缺乏统一规划、监管力度差、办事效率低等,在商机稍纵即逝的今天,对素以"船小好调头"、快速反应为优势的中小民营企业而言,审批手续繁杂所带来的困难是不言而喻的。而且,中国目前有关企业海外投资和经营的法律、法规仍不健全,还缺乏透明度,不利于规范政府部门在对外投资方面的管理权限,并明确企业对外投资的权利和义务,对投资者的保护也不足,有关法律法规亟待完善。

第七,民营企业的自营出口权受管制,获得出口商品配额的难度较大。这里面有三个原因,一是由于配额商品的经营权是根据前三年的经营业绩发放的,刚刚进入外贸领域的新手只能望而却步;二是要取得这个配额商品经营权,必须先加入相关的进出口商会,但是有些私营企业对此还不了解;其三是对外投资权虽然已经允许私营企业申报,但是目前审批程序还是过于繁琐。中国已经于2000年出台了对国有、集体生产企业实行自营进出口权登记制的政策,这解决了众多企业获得自营进出口权手续繁杂的问题,却加大了非公有制民营企业在竞争中的不公平因素。因为它们只能通过代理商进出口所需货物,既增加成本,又提高了泄露商业秘密的风险。这种对自营进出口权的管制实际上降低了非公有制民营企业的国际竞争力,不利于其国际化经营。

第八,境外投资保险制度不健全,多边投资保护机制尚未发挥有效作用。发达国家普遍设有《境外投资保险法》,以帮助本国企业在对外直接投资时规避风险,提高国际竞争能力,然而,中国至今没有制定专门保护境外投资的国内法。1998年以来,中国人民保险公司受国务院委托,开办了中国境外投资的政治风险保险业务,规定在中国注册成立的、具有进出口经营权的,并且经营状况良好的企业均可申请该保险。然而,该做法排斥了没有自营进出口权的中国企业投保境外投资政策的资格,导致了相当部分由于种种原因没有获得自营进出口权的企业(其中相当一部分是中小民营企业)失去了投保资格;而且,该保险的覆盖面较窄,关于资本自由转移的限制、东道国毁约、当地反对势力或工会势力对企业造成的损害等,都没有包括在内。此外,中国对多边投资保险机制的重视不足,尽管中国是《多边投资担保机构公约》(承保对发展中国家的投资)的缔约国和主要出资国之一,但根据1999年多边投资担保机构(Multilateral Investment Guarantee Agency,MIGA)的分析报告,中国境外投资者没有使用该保险的记录。

参考文献

[1] 陈凌,曹正汉. 制度与能力:中国民营企业20年成长的解析. 上海:上海人民出版社,2007.

［2］赵伟等.中国企业"走出去"——政府政策取向与典型案例分析.北京：经济科学出版社,2004.

［3］张其仔,李俊.中小企业国际化经营——面对新经济的挑战.北京：民主与建设出版社,2001.

［4］汪忠明.关于政府在民营企业跨国经营领域定位的思考.经济前沿,2003(12).

［5］刘克寅.我国民营企业的跨国投资问题分析.集团经济研究,2006(2).

［6］曹玉书.民营企业"走出去"的战略思考.中国投资,2005(7).

［7］赵优珍.中小企业国际化——理论探讨与经营实践.上海：复旦大学出版社,2005.

［8］张俊喜,马钧,张玉利.中国中小企业发展报告.北京：社会科学文献出版社,2005.

［9］徐立青,严大中,唐方敏.中小企业国际化经营战略.北京：科学出版社,2005.

［10］谈萧.中国"走出去"发展战略.北京：中国社会科学出版社,2003.

［11］黄孟复.中国民营企业发展报告.北京：社会科学文献出版社,2004.

［12］刘冀生,石涌江.中国企业"走出去"战略.北京：新华出版社,2003.

［13］蔡根女,鲁德银.中小企业发展与政府扶持.北京：中国农业出版社,2005.

［14］张帆.中国民营企业对外投资的优势及政策.黑龙江对外经贸,2006(2).

［15］石方正.台湾地区对外投资、侨外投资的发展探析.国际贸易问题,2004(12).

［16］徐晓玲,高彩云.台湾韩国新加坡对外直接投资对我国民营企业的启示.宁波职业技术学院学报,2002(9).

［17］易瑾超.法国对外直接投资自由化政策及对中国的启示.法国研究,2005(1).

［18］欧阳峣,沈海洋,姜衡舒,欧阳文和,李陈华.欧盟中小企业公司治理及国际比较.北京：经济管理出版社,2006.

［19］王振,孙林,虞震.中小企业：日本经济活力的源泉.上海：上海财经大学出版社,2003.

［20］日本经济产业省中小企业厅.中小企业施策总览.日本经济产业省中小企业厅编,2001.

[21] 侯高岚,曹红辉.美日支持企业国际化经营的经验及其启示.河北经贸大学学报,2006(6).

[22] 曹昱,甘当善,李强.小型企业:美国经济的助推器.上海:上海财经大学出版社,2003.

第五章　民营企业国际化促进政策的国际比较

在当今比较成熟的市场经济国家或地区中,政府介入市场所经历的角色转换可以用两个词来形容,即从"守夜人"到"空中客车"。所谓"守夜人",是对亚当·斯密所倡导的小政府的形象描述,意指政府对市场的干预是不必要的,政府只需要做国家的"守夜人",守护公民的财产、国家的安全以及社会的稳定。所谓"空中客车",是笔者用以描述自凯恩斯以来现代市场经济国家的政府积极主动弥补市场缺陷、从宏观的层面监察和规制市场的角色。由于现代政府总是在宏观经济运行领域对市场进行干预,也就是调整总供给和总需求以达到市场均衡,因此可以用"空中"一词来形容它;又由于现代政府是一种服务型政府,它为市场主体提供细致周到的服务,因此可以用"客车"一词来形容它;又由于现代政府总是主动同市场主体相配合,一起参与全球竞争,因此,借欧洲著名的航空制造商空中客车公司的品牌"空中客车"来形容政府的全球化辅助性战车作用,是再恰当不过了。

同政府干预其他市场现象一样,成熟的市场经济国家和地区的政府在本土跨国公司的成长过程中,也经历了由"守夜人"向"空中客车"的角色转换。现在市场经济国家或地区的政府在本土跨国公司的成长过程中更多的是在充当"空中客车"角色。现将部分国家或地区的政府催生本土跨国公司实施"走出去"战略的具体行动介绍如下。

第一节　美国促进民营企业国际化的政策

美国是当今世界第一大对外投资国，对外直接投资额约占全球对外直接投资总额的 1/4，在许多行业都拥有富可敌国的跨国公司，对世界经济有着举足轻重的作用。美国企业之所以在世界上占据独特的地位，与美国企业本身具有的技术、资金、人才等优势有很大的关系，也与美国政府一直奉行的鼓励和促进对外投资政策有密切联系。到 20 世纪 80 年代，外国直接投资在美国有了迅速的积累，美国因此成为世界上最大的外国直接投资东道国，在此基础上美国企业也积极向海外投资，于是美国也成为世界上最为重要的对外直接投资母国。美国政府对本国企业海外投资不仅仅在口头上是积极鼓励的，而且在具体政策和制度激励与规制上也是积极行动的。

美国政府一直重视对海外投资的法律支持，尤其是二战以来，美国政府在对外投资方面专门制定了《经济合作法》、《美英贸易和金融协定》、《对外援助法》、《共同安全法》、《肯希卢伯修正案》及 1974 年贸易法中的限制条款等有关法律，不断扩大对本国海外投资安全和利益的保护。如 1948 年的《经济合作法》中规定投资保险只适用于欧洲发达国家的外汇兑换的风险，而 1951 年的《共同安全法》不仅扩大了保险种类，使保险涉及东道国的征用、没收等风险，还扩大了保险范围，其保险地区已开始包括除发达国家外的少数发展中国家；1995 年《共同安全法》修订后，保险种类和地区进一步扩大，使保险进一步扩展到战争、内乱等风险，而保险地区迅速向更多的发展中国家和地区扩展。除了在国内法律方面给予支持和保护之外，美国政府积极与发达国家及不发达国家签订双边或多边协议，这些协议为本国企业在东道国获得了投资经营的非歧视待遇和投资受保护的权利（事实上由于许多国家在吸引外资方面的优惠政策，使美国企业往往获得超国民待遇），保障了美国海外投资的安全和利益。

20 世纪 60 年代以前，美国政府曾多次制定银行贷款政策，允许美国企业以优惠条件贷款向发展中国家投资，以抢占发展中国家尚未开发的市场。例如美国进出口银行（Export-Import Bank of the U. S.），它的宗旨主要是促进美国产品在海外的销售，为外国大规模经济开发项目购买美国设备、原料和劳务提供买方信贷和卖方信贷。在对外贷款业务中，有两项贷款是专门支持跨国公司向外直接投资的：一项是开发资源贷款，用于某个国家的资源开发,特别是战略物资资源;一项是对外私人直接投资贷款,即对在国外的跨国公司给予贷款,帮助它们扩展业务,提高在国外的竞争力。美国海外私人投资公司除以投资保险为主业外,还按公司规定的条件对私人投资提供资助,尤其是鼓励美国中小企业在发展中国家进行海外直接投资,以开发正在成长中的市场潜力。美国进出口银行不以盈利为目标,1984财政年度亏损3.4亿美元,1986年度亏损3.3亿美元,1987年度亏损4.3亿美元。到2000年以后,其所有者权益净值变为负数。但由于其资金大部分来自于财政部,所以并未产生支付危机;即便是出现了亏损,它依然能够尽最大可能为美国企业提供融资支持。

后来由于东亚一批发展中国家通过招商引资和进出口贸易迅速发展成新兴工业化国家,这些国家的跨国公司开始挤进美国市场,美国政府考虑到本国的经济安全和就业,在20世纪90年代中期又逐步取消这些优惠政策,或者对美国企业以优惠条件贷款向发展中国家投资加以严格限制,使得美国公司只能以其海外投资利润进行再投资。美国政府还对企业的技术,尤其是对可以被输入国用于国防的情报和技术外流作出了严格限制。

除美国进出口银行为美国私人直接提供贷款之外,另一个比较活跃的机构是美国海外私人投资公司(The Overseas Private Investment Corporation,OPIC)。OPIC自1969年成立以来,在鼓励美国私人向发展中国家以及转型国家投资方面一直起主导作用。目前,由OPIC提供融资和担保的新建、扩建项目遍布全世界140多个国家和地区,范围涉及农业、能源、建筑、自然资源、电讯、交通、销售、银行和服务在内的各个工业和经济部门。

OPIC是一家自负盈亏的政府机构,它通过提供一般商业上所得不到的金融服务来帮助美国私人企业扩大在发展中国家和新兴市场国家投资。这些服务包括长期政治风险担保,以及追索权有限项目融资,它们全部是以美国政府的名誉和信用做担保的。OPIC最多能为一个项目提供4亿美元以上的资金,其中两亿多美元为项目贷款,另外2亿多美元为政治风险担保,OPIC通过销售此类服务来获取收入。因此作为一个自负盈亏的机构,OPIC每年都有盈利,非但不花美国纳税人一分钱,相反却为政府积累了高达26亿美元的资产。

OPIC主要在以下四个方面帮助美国投资者扩大海外投资、减少相关风险:通过提供贷款和贷款担保为企业融资;支持那些为美国公司投资海外项目而投入的私人投资基金;为投资可能产生的一系列范围广泛的政治风险提供担保;尽力为美国商界提供海外投资的机会。OPIC只对美国人投资的新项目、私有化项目,以及现有工厂的扩建和改造项目提供融资和担保,同包括大中小公司在内的约 400 家美国客户保持经常性的联系,还针对性地逐个帮助小企业将其一流产品和服务推销到海外。这些特别的金融机构提供的贷款,不仅期限较长,而且利息较低,有时甚至是无息的,这为本国投资者充分利用国家资本进行境外投资和获取高额利润提供了机会。

近年来,美国对海外私人投资公司所提供的服务不断增多,大大超出了提供资金支持的范围,如分担海外投资公司部分市场开拓和投资试验的费用、向参加投资的私人公司提供情报咨询和进行可行性分析等服务。此外,美国海外私人投资公司还为走出国门的投资者提供政治风险担保,包括货币不可兑换风险担保、财产被没收风险担保、政治动乱风险担保。另外,它还提供一些专项风险担保,如租赁担保、石油天然气项目担保、自然资源项目担保等。这些担保项目解除了美国企业的后顾之忧,鼓励企业向发展中国家的一些风险较高、预期收益率高的项目进行投资。

1988 年,美国国会通过了一项包括贸易和竞争法案的埃克森—佛罗里奥条款,该条款赋予了美国总统更大的权限来阻止美国企业被国外企业接管。美国总统以维护国家安全不"受到损害或受到损害的威胁"为名,可以阻止在美国领土上的国外企业或其相关联企业兼并、收购或接管一个已经存在的美国经营体。但是由于国外企业母国往往不得不同美国政府订立一些互惠协议,所以这一法案基本上没有起到禁止性作用。1992 年,美国政府的能源政策法案规定,只有符合一定的互惠条件,才允许国外企业在美国参与研究、开发与能源有关的新技术商业化方案。1993 年的美国国防拨款法案也特别指出,如果允许国外企业参与美国国防改造有关的某些工程,则其母国也应允许美国公司参与该国类似工程。1993 年,美国国会通过了一个对 1980 年的史蒂文森—怀德勒技术革新法的修正案,该修正案要求与美国国家实验室一起参与研究和开发的国外企业的母国必须允许美国跨国公司进入该国与此相似的项目。可见美国政府基于美国强大的经济实力与世界霸主地位,经常借助外国跨国公司在美国本土的经营活动要求其母国给予互惠条件,从而为本国跨国公司创造国外成长环境。

作为世界上最大投资母国的美国政府虽然声称既不阻拦也不提倡资金外流或企业跨国经营活动,似乎要表明美国政府在海外投资方面的确是一个十足的"守夜人",在贯彻自由市场经济路线,但是实际上美国政府是在利用其经济实力要求其他国家给予互惠条件时,间接地参与到本国跨国公司的海外业务经营过程中。总体来看，在与本国经济社会发展不产生严重冲突的情况下，美国政府是积极鼓励本国企业对外直接投资以实现资本的增值功能的。例如美国的税收立法中就有一种税收迟征条款，该条款允许推迟征收美国跨国公司的海外子公司的所得税，直到海外子公司所得利润全部汇回国内母公司。这实际等于在迟征期间给海外子公司提供了一笔无息贷款，默认了美国跨国公司国外应税利润在海外滞留和再投资。美国政府还成立美国海外私人投资公司（OPIC），为美国跨国公司海外投资提供资金援助和保险业务，协助其进行海外投资项目调查和可行性研究。在美国国际开发署的援助下设立的"国际经营服务队"，则为美国跨国公司培训技术人员，提供技术援助。美国政府为对外投资提供信息情报等服务，是通过驻外使馆所设的经济商业情报中心、政府机构特别部门、海外私人投资公司等来开展的。如海外私人投资公司除了提供资金、海外业务保险外，还定期发行新闻通讯和专题报道等，提供投资情报，同时帮助企业交流海外投资经验，协助企业进行投资分析、把握投资机会。这些服务无疑促进了美国企业的跨国经营。

第二节　欧盟促进民营企业国际化的政策

欧洲以及后来欧盟的各国政府在促进本国跨国公司在国外的经营活动时最关注的东道国就是美国，因为欧洲的海外直接投资主要流向就是美国。美国法律和美国政府政策中有关国外跨国公司在美国本土经营活动的内容，对欧洲各国的相关政府和制度的制定产生了重大影响。但是，欧洲也有其独特的促进本国跨国公司成长的手段或制度机制。

为了激励本国企业向海外输出资本以寻求更大的盈利空间，英国采取了极为明确的税收减免措施。英国在计算本国跨国公司的海外收入时，允许扣除其中的 1/4，对这 1/4 的海外利润免征所得税。德国政府则规定，德国跨国公司对发展中国家进行直接投资时，可以在 12－18 年内征增值税。而且，德国的跨国公司在发展中国家的子公司出现亏损后，在规定的限度内可以从母公司的应税所得额中扣除。而法国政府对本国的外资税收政策主要包括：进行海外投资的企业每年（一般不超过 5 年）可在应税收入中免税提取准备金，金额原则上不超过企业在此期间对外投资的总额。以后企业再把准备金按比例逐年纳入应税收入；海外子公司的股息不计入母公司征税范围。海外子公司按综合利润纳税;在法国和东道国存在"双重征税"的情况下,法国公司在得到政府允许后,可扣除所欠税款及其海外子公司已向东道国政府缴纳的税款等。

欧洲统一的积极倡导者德国是当今世界主要对外投资国之一,对外直接投资总额约占全球对外投资总额的1/10,投资遍布全球各地。德国政府对海外投资的促进和保护政策对企业对外投资起到了很大的推动作用,主要体现在两个方面:一是通过建立国际间良好关系,创造有利的国际投资环境。德国政府通过高层互访、对拟投资地区实行援助等措施建立良好的国际关系,并签订双边投资保护协定来保证国际投资环境。协定基本上包括了保护投资的所有要素:如投资的国民待遇和最惠国待遇、战争险、资金转移、争端解决等,这样提高了对外投资的稳定性和可预见性。二是对企业的具体扶持,主要表现在政府补贴和担保两项措施上。补贴是一项重要的鼓励措施,德国历来支持企业参加展览会,把它视为开拓市场、寻求合作伙伴、创造机遇的捷径。如在德国的下萨州,只要是到德国以外的国家参加手工业和科技为主题的展览,均有可能得到补贴,汉堡参展的补贴较为宽松,对参展企业的差旅费和住宿费提供资助,在荷州每年有115万马克作为促进对外经济活动的预算用于中小企业,其中80%用于资助企业赴海外参展。担保也是一条重要的鼓励措施,早在1959年,德国政府就开始向海外投资提供担保,德国《海外投资担保准则》规定海外所有类型的投资都可获得担保,担保风险包括东道国征用、毁约险、战争险、资本自由流动等。到1995年底,德国政府共担保海外投资3243项,担保投资额达116亿美元。

法国政府设立各种专门机构,制定各种政策措施,直接促进和资助私人企业进行对外直接投资。促进对外投资的政策措施包括:提供财政援助,对外投资担保制度和信息咨询服务。法国私人企业对外直接投资的资金除自有资金外,政府利用各种形式提供优惠贷款,以补充企业自有资金之不足。具体包括:建立国外工业发展基金,提供专门贷款。该基金由国家信贷银行管理,它向从事对外直接投资的各类企业提供长期贷款,贷款期限最长为20年。这类贷款范围包括为满足与在国外投资设厂有关的项目;用于建立或扩大工商业子公司;增资扩股等;由扩张联合公司提供长期贷款。由发行国库担保的长期债券募集的资金提供贷款,它向从事对外直接投资的企业提供期限为15年的长期贷款,主要是用于购买土地和建筑物、购买设备及营运资产等;由专门机构提供参股贷款。由国家提供或由从事对外投资企业部分工业风险担保的银行提供贷款,参股贷款金额一般占投资额的 10%—25%,贷款利率根据企业的经营成果变动;通过专门金融机构进行共同投资。由于缺乏担保等原因,银行在从事这项业务时,一般需要国家或专门金融机构的支持。法国政府利用风险担保和出口补贴推动其跨国公司到世界各地直接投资,建立产销服务网络,避开国外各种贸易障碍,利用国外廉价劳动力或高生产率提高法国产品在国际市场上的竞争力。具体做法如下:法国外贸保险公司应政府要求提供的保险业务受经济和财政部对外经济关系总司和国库司监管,为本国企业开拓国际市场提供各种形式的保险;对那些能带动法国产品出口,有利于占领当地市场的大型投资项目,法国政府提供商业贷款担保;对中小企业海外投资提供专项保险即商业开拓险和针对中小企业的特别保险。商业开拓险目的是通过保险减轻中小企业到海外投资初期的财政负担,并且当开拓失败时使其获得相应的补偿。对中小企业的特别保险是国家针对其规模小、抵御风险能力弱等特点开办的一个险种,通过投保该险种,企业在海外投资遭遇重大亏损时得到最高 50%投资额的保费补偿。而在信息咨询方面,法国驻国外使馆商务机构和大区外贸局负责向本国企业提供来自世界各地的经济贸易信息。它们直接与当地政府和企业联系,收集整理信息,发回信息或为本国企业提供现场服务,这种服务绝大部分是无偿的。隶属于法国经济和财政部对外经济关系总司的外贸中心是一个半官方机构。它负责出口和投资信息的收集,包括国外市场动态、产业信息、法律法规、税收政策、融资条件、国外需求、出口担保、研讨会等方面的信息及出版国别、地区的贸易投资指南等。

在对资本外流的宏观控制上,欧洲各国采取了一些防范措施。例如,第二次世界大战后,英国政府为了确保国际收支平衡,对英国跨国公司的海外投资贷款从审批上作了严格限制。瑞典 1974 年也通过了一个关于本国跨国公司海外直接投资引起资本外流的法案。按照该法案的规定,瑞典在考虑资本流出问题时,不应仅仅着眼于资本外流对瑞典国际收支产生的影响,而且还应充分考虑资本外流对瑞典工业和就业方面造成的不良影响。

随着欧洲统一步伐的全面加快,欧共体(后来的欧盟)各国政府开始认真考虑欧洲各国的跨国公司在欧洲领土内直接投资的重要性。从 1992 年到现在,欧洲各国财政部长多次聚会商讨这一问题。他们认为,对非欧洲的跨国公司在欧洲进行投资转移采取鼓励措施只不过是引起一些新的商业活动,它们从欧洲一个国家迁移至另一个国家,总的来讲这种因各国政府政策优惠致使非欧洲的跨国公司在欧洲境内的迁移,并不能增加全欧洲的整体净收益,相反还有可能使欧洲遭受损失。德国是统一欧洲梦想的最大鼓吹者,因此它是欧洲中各方面都最为强大的国家。德国政府极力要求欧洲各国政府"用一个声音说话"。"用一个声音说话"反映在激励欧洲跨国公司发展方面,欧洲积极支持"乌拉圭回合"中与贸易有关的投资措施。这种贸易与投资自由化的国际规则体系是有利于欧洲跨国公司的发展的,因此欧洲各国政府不遗余力地维护它。在这方面,欧盟与美国的立场是完全一致的,因为欧洲跨国公司的海外业务近年来大幅上升,欧盟对外直接投资总额已经超过美国和日本对外直接投资总额之和,欧洲跨国公司的迅速发展要求欧洲各国政府在国际上为其营造进一步成长的空间。

第三节　日本促进民营企业国际化的政策

　　按照日本 1998 年度经济白皮书,企业国际化分为五个阶段:①出口产品;②在海外建立销售网;③在海外建立生产基地;④向海外转移经营资源;⑤实施世界范围的最佳经营战略。虽然日本企业海外发展阶段并不像上述那样有明显的时间界线,但是基本上符合了上述几个阶段。日本企业跨国经营的历史很长,19 世纪末 20 世纪初,刚刚完成工业化的日本就在朝鲜、台湾等地设立了掠夺性的生产经营组织。但是,日本企业跨国经营的大发展是在二战结束以后。从 19 世纪 50 年代起,日本产品大量出口海外市场,不但出口到邻近的东南亚国家,而且还出口到发达的美国市场,设立了多个海外经销机构。同时,由于国内资源贫乏,市场狭小,一些日本企业如纺织及纺织机械、染色加工等工业部门的大企业,陆续在东南亚和拉美一些国家或地区投资设厂,从而形成了日本战后第一批跨国工业企业。

　　与日本的经济规模相比,大多数统计资料显示的日本对外直接投资是偏低的。根据这些统计数据,近年来日本对外直接投资存量甚至不到美国的 1/2,欧盟的 1/3。但是,这种统计显然有些低估日本的对外直接投资规模,因为日本政府在计算对外直接投资存量时并不把日本跨国公司的国外子公司或关联企业的留存收益计入在内。日本对外直接投资增长迅速,在 1986—1990 年,日本对外直接投资存量居世界第一位;20 世纪 90 年代以来,日本对外直接投资急剧下降,但是日本跨国公司的对外投资已经从资金密集型产业转向技术密集型,全球资源配置更趋合理。近年来,随着经济全球化和国际分工的深入和展开,为了进一步降低产品的成本,确保自身的竞争力,日本中小企业更加积极开展海外业务,包括直接去海外投资或从国际市场采购原材料和零部件。但是,与大企业相比,中小企业在海外业务开展方面,由于其信息收集能力、资金实力和人力资本方面比较薄弱,会遇到较大的困难,需要政府提供帮助。为此,长期以来,日本政府从政策和措施上,特别是信息提供方面,对中小企业给予强有力的支持,形成了日本一套完整的海外信息收集、加工和提供的制度和组织系统。日本贸易振兴会、中小企业综合事业团和地方政府驻海外当地的事务所,都是为中小企业的国际化收集和提供信息的强有力机构和组织。

在中小企业国际化方面,日本政府主要从四个方面给予政策上的扶持,即促进中小企业顺利开展海外业务、促进中小企业贸易、促进中小企业国际交流,以及其他方面的促进措施(见表5-1)。

表 5-1　日本中小企业国际化政策体系构成

海外拓展	对拓展海外业务企业的支援对策	支援和信息提供
		支援中小企业开展海外业务
		中小企业海外业务活动动向调查
		海外拓展交流支援
		中小企业海外直接投资顺利化活动
		促进工业化援助活动
	人才培养	海外投资中小企业管理者培训
	金融信用	海外拓展对策资金贷款制度
		海外投资信用保证制度
	对海外日资会中小企业的支援对策	支援和信息提供
		中小企业综合事业团海外设施运营
		中小企业海外业务活动动向调查
		日本商工会议所海外活动
		全国商工会联合会海外活动
		日资中小企业活动顺利化对策活动
	人才培养	举行海外活动现场研讨会
		接受中小企业研修生等业务
	金融	应对海外经济环境特别贷款制度

续表

对外贸易	促进进口	支援和信息提供	进口信息网络
			提供促进中小企业进口基础信息
			举行促进中小企业进口大型展示会
			中小企业进口业务指导活动
			促进进口基地建设
			区域进口促进中心运营
			开设中小企业国际采购支援样品市场
			开设中小企业国际化国内样品市场
		金融	进口顺利化资金贷款制度
			中小企业国际经济调整政策特别贷款制度
		税制	产品进口额增加后的免税
			技术等海外交易收入的特别减免
	交易顺利		提供中小企业国际化对策海外调查和信息
			开设中小企业海外样品市场
国际交流	扩大国际交流		技术海外交流活动
			推进区域经济和中小企业国际化
			开设创新企业国际化支援网络
	与国外政府的交流		举办中小企业施策担当者研讨会
			举办 APEC 国家中小企业指导者研讨会
			促进中小企业国际化招聘活动
			APEC 中小企业等产业交流促进会
	国际会议		APEC,OECD
其他	附加值		提高中小企业产品附加价值国际化活动
	教育培训		国外研修生共同接受活动
			国外研修生技能实习指导活动

资料来源:日本经济产业省中小企业厅.中小企业施策总览,2001。

日本政府一贯根据形势的变化对中小企业采取恰当有效的扶植措施,具体的有:

1.促进对外直接投资自由化的措施

日本政府于 1969 年 9 月改变了战后实施长达 24 年的对外直接投资统

治制度——《外汇与外国贸易管理法》,实施了对外投资自由化措施,并根据对外投资额的情况分别作了规定。1969年10月后,余额在30万美元以下的投资可委托日本银行办理,20万美元以下的投资作为自动认可。1970年9月后,开始了第二次对外投资自由化的改革。政府规定,将自动认可的限额由20万美元提高到100万美元。在此以后,日本政府又分别于1971年7月、1972年6月和1978年4月,实行了第三次、第四次、第五次对外投资自由化改革。这样除极少数情况外,政府基本取消了对外直接投资的金额限制,为中小企业对外直接投资铺平了道路。

2.税收、保险和金融等方面的政策支持

(1)海外投资损失准备金政策。这一政策制定于1971年,在早期是与"资源开发投资损失准备金制度"一并建立的两种制度,并于1973年统一制定有关政策。该政策的主要内容是:在海外投资方面,当日本一方的出资达到10%时,可得到以下优惠:①承认将对发展中国家的投资和融资的50%作为亏损计算,从企业收入中扣除;②承认将对先进国家投资和融资的10%的准备金作为亏损计算,从企业收入中扣除。

(2)不断完善的海外投资保险制度。海外投资保险制度规定:面向由于母公司的海外生产、国际分工的进展等,被迫必须为国外生产等提供国外投资的中小企业给予最高限额为2亿日元的保险。1987年对《出口保险法》进行修改,将其更名为《贸易保险法》,从而形成了新的贸易保险体制。其中,与海外直接投资相联系的业务有三种:一是当日本企业向海外的合资企业、合作企业提前支付资金或物资,并议定对方以产品偿还时,可以申请提前支付保险;二是当日本企业充当海外机构、企业的中间人时,为了防止拒付风险,可以申请中间保险;三是为了防止政治和商业风险而获得的投资保险等。海外直接投资保险业务的扩大,减轻了投资者的后顾之忧,推动了中小企业的对外直接投资。目前,日本政府还设立了"国际投资保证机构"(MIGA),以扩大对企业海外投资的保险。此外,还实行海外投资调查费用的补贴制度。

(3)海外投资的外汇贷款制度。日本政府规定,只要企业在对外直接投资过程中准备10%的日元资金,其余的部分可以通过日本开发银行、日本进出口银行等政府机构和外汇银行进行外汇贷款,这表明对外直接投资的大量外汇资金来源可由政府和金融机构提供。此外,还在1980年12月1日修改了《外汇与外贸管理法》,1984年4月1日修改了《关于外汇管理的省令》。1993年出台了促进中小企业顺利进入新领域的法规,根据这项法

117

规,对于中小企业的海外投资,只要满足一定的条件,将成为支持对象。到1997年末,共通过了 2548 件新领域进入计划,其中海外展开计划为386 件。

(4)海外投资的国际运输系统。随着日本海外投资的急剧扩大,合作生产、来料加工、包销等形式的国际生产体系对运输产生了新的需求。为此,日本在大力发展集装箱货物运输的同时,形成了由公共运输承运公司和从事海外运输业务的运输企业等共同组成的较为完整的国际运输系统,从而为日本企业对外投资提供了很多方便。

在其他一系列促进体系上,通过政府系统中小企业金融机构(中小企业金融公库、国民金融公库、工商公会中央金库)向中小企业对外直接投资所需的资金给予低利率融资。中小企业金融公库、国民金融公库、工商工会中央金库都实行中小企业国际经济调整对策等特别贷款制度,设有国外投资顺利化资金。对因国际环境变化,不得不向国外进行直接投资的中小企业给予低息贷款:最高贷款额度为 2.5 亿日元,偿还期限在 15 年以内。

通过官民联合的对外投资机构——"日本国际发展组织",①对有经济合作关系的发展中国家的制造业建设项目进行投资;东盟投资公司是 1981年由海外经济合作基金和日本经团联 137 家成员公司联合出资成立的,主要把资金作为风险资本投到东盟成员国未被列入重点开发计划的企业。这些官民联合的投资公司作为私人海外投资的补充,对日本中小企业海外直接投资起了加速作用。

此外,完善的中小企业对外直接投资服务机构对日本中小企业对外直接投资起到了一定的促进作用。② 日本政府从财政预算中拿出大量资金,建立了一批官助民办或官办民营的中小企业团体,作为协助各级行政机关实行中小企业政策法令和扶植、指导中小企业的社会力量。这些机构包括:中小企业振兴事业团,它在对外直接投资方面开展中小企业国外投资咨询业务,整理和准备现场管理人才档案的业务,驻日投资招揽机构的信息交流业务,加强各国、各州政府事务所等驻日投资招揽机构负责人与日本中小企业者的信息交流等业务;日本贸易振兴会,该机构充分运用从世界各地收集来的丰富的信息,通过设立在东京、大阪和日本各地的贸易振

---

① 它是由日本海外经济合作基金持股 1/3,98 家私企持股 2/3,在 1989 年成立的海外投资促进机构。

② 陈莉.日本对中小企业对外投资的政策支持分析.现代日本经济.2006(6).

兴会信息中心,由经验丰富的专家向日本和外国的企业提供贸易和投资方面的咨询和商谈,每年大约要接受 2 万件的各种商谈,在海外事务所也接受日资企业关于现地投资、税制和知识产权保护等商谈,而且在亚洲各国还配备了专门的指导员或设置了企业支援中心,并在互联网上设置并运行了自动配对系统 TTPP,使企业能够通过互联网自由地登录并检索关于商品贸易、服务贸易、投资和业务合作等案例,从而能够找到所希望的客户企业并与之联系。

最后,日本政府还采取有力措施,影响投资对象国,为接纳日本企业的投资创造条件。如促使发展中国家实行外向型经济政策。正是由于以上这些配套的投资政策促进体系,为日本中小企业海外投资打开了方便之门,推动了日本中小企业海外投资活动迅速发展。

第四节 东亚新兴市场经济体的促进政策

东亚新兴市场经济体主要是指被人们习惯称之为亚洲"四小龙"的韩国、新加坡和中国香港地区、中国台湾地区以及马来西亚和泰国。长期以来,发展中国家一直被当作跨国公司投资的东道国,它们几乎没有自己的跨国公司。20 世纪 80 年代以来东亚新兴工业化经济体的出现开始从根本上改变着这一局面,据联合国跨国公司与投资司的统计,1995 年发展中国家前 50 家跨国公司中,有 34 家来自东亚,其海外资产占发展中国家前 50 家跨国公司总额的 2/3,海外销售额占到 63%。在东亚跨国公司短短的一二十年内取得如此骄人业绩的过程中,东亚各国或地区的政府充当了什么样的角色呢? 以下我们对此进行了一个简要的考察。

一、韩国

韩国对外直接投资始于 1959 年,1959—1979 年,整整 20 年间发展较慢,累计仅达 1.8 亿美元,1980—2000 年,对外直接投资发展迅速。韩国海外投资的发展与其国家政策有密切联系,从 1975 年开始,韩国对外直接投资逐步扩大。当时的韩国政府认为,制约韩国经济发展的一个首要因素是韩国地域狭小、资源匮乏。因此,在韩国政府的鼓励下,韩国企业在 1980 年以前对外投资主要集中在煤炭、石油、林业和矿业,1968 年—1986 年,韩国资源开发类对外直接投资占到其全部海外投资的 50% 以上。而且当时的韩国政府还十分注意有限的对外直接投资的流向,引导韩国企业将资金投向资源丰富、距离韩国较近的东南亚国家。这样有效减少了投资成本,提高了投资效益。20世纪80年代末,随着贸易保护主义重新抬头,韩国政府开始鼓励企业对北美和欧洲投资以绕过贸易壁垒,这种投资已从资源寻求型转向市场寻求型。90年代以来,东亚地区如中国、越南等国经济的快速发展,形成强大的市场吸引力,韩国政府于是又积极鼓励韩国企业向这一地区投资,以求在韩国经济邻接外层取得优势地位。

20世纪80年代中期之前,由于当时韩国国际收支状况不佳,对外债务较大,韩国政府一直保持着广泛的资本控制制度。20世纪80年代中后期,韩国国际收支出现顺差,政府逐渐放松了对外直接投资的管理控制。管理制度方面简化了申请手续,加快了审批程序;1992年,韩国又颁布了《海外直接投资制度改善方案》和《外汇管理规定修正案》等涉及海外投资的相关法律,支持企业的海外投资;1994年,韩国实行了"限制目录单"制度,除少数政府规定的业务范围外,放开了对外直接投资的行业控制。

韩国财政部颁发的《外汇管理规程》第十五章"海外投资"专门对韩国企业对外投资审批和外汇管理作了规定。按照该规程的规定,韩国政府鼓励下列各项对外直接投资:①为开发进出口韩国国内必需的原材料的投资;②为克服出口障碍的投资;③为确保渔场的投资;④为对国内产业结构而言对外竞争力已经减弱而在国外尚有竞争力的投资;⑤向对确保国内打入国际市场奠定基础且有明显效益的项目的投资;⑥致力于海外尖端技术向国内引进的投资;⑦为经济协作参与投资对象国开发事业的投资。而下列性质的海外投资则被韩国政府禁止:①向对韩国对外关系起重大不利影响的项目的投资;②有损于国威的投资;③对有损于公德风尚项目的投资;④对韩国经济起重大不利影响的项目的投资。

韩国有关海外投资审批与监督由韩国银行负责。韩国银行下设"海外投资事业审议委员会",由韩国银行及其他十三个政府部门的官员组成。对外直接投资的审批标准根据投资数据和相关因素被分为三种情况:①投资额在200万美元以下并具备韩国银行总裁另行规定要点的海外投资,以及用本身利润的保险金进行的投资都以韩国银行总裁受理投资者的申报来代替批准;②投资超过200万美元的项目,韩国银行总裁在审批时,可委托主管部门长官(必要时包括驻投资对象国大使馆负责人)加以研究;③海外投资额超过500万美元以及向未建交国家的投资,除事先政府已决定给予支持的项目,一般均应先经海外投资事业审议委员会审议,而后由韩国银行总裁决定批准。对外投资者应向韩国银行总裁提交经营状况报告,该总裁应作必要的记录和分析,对经营不善者可以禁止其再投资。韩国财政部经常派员对对外投资者进行实地调查,韩国驻韩国企业投资东道国的大使馆也有权对韩国对外投资者是否遵守韩国的有关审批程序以及外汇管理法规进行监督,该大使馆同时承担对东道国投资环境进行调查的职责。

韩国进出口银行既为韩国企业对外投资提供信息服务,又提供海外投资信贷。海外投资信息中心专门负责收集与发布海外投资国别和产业方向的信息,安排促进投资方面的研讨会,接待对韩国投资感兴趣的来访者,提供咨询顾问服务等等。韩国进出口银行对外直接投资提供优惠利率贷款,其贷款总额最高可达项目投资额的90%,它还专门设有经济发展基金,为风险太大或经济收益太低的经济合作项目提供信贷。另外,企业对外投资在财政政策方面也得到倾斜,如韩国财政部提出"外汇政策五年改革计划",并允许国内商业机构接受国外商业贷款。此外,为支持对国外资源的开发,韩国政府制定了专门的优惠措施,为对外直接投资项目提供初始投资和流动资金,并提供税收优惠,具体包括亏损提留、国外收入所得税信贷、资源开发项目、东道国红利、所得税减让,甚至完全免税等政策。

大韩贸易振兴公社创建于1962年,是通过海外市场调研、开拓、促进海内外进出口,振兴韩国贸易的政府机构。为了更利于韩国各个企业在海外的投资和引进先进国家的投资,1995年大韩贸易振兴公社更名为大韩贸易投资振兴公社(简称KOTRA)。KOTRA是一个非盈利性的政府组织,是韩国对外贸易投资的促进机构。其宗旨是促进韩国与世界各国之间的经贸往来与投资合作。40年来,KOTRA通过开展贸易信息传递、市场调研服务和商务联系等多种贸易促进活动,为韩国的经济发展作出了贡献。由于长期的经历和专业技能,KOTRA已完全可以在世界范围内为与韩国通商的所有参与者提供服务和帮助。大韩贸易投资中心(KISC)成立于1998年6月1日,是隶属于KOTRA的国家指定的唯一投资振兴组织,韩国政府授予其制定磋商解决包括投资计划等各方面为海外投资者的一条龙服务方案。自1997年金融危机以来,韩国政府实行了促进出口和鼓励对外投资的战略,人们完全相信这是国家恢复昌盛和经济继续增长的唯一道路,KOTRA成为实施这一策略的重要角色。为了更有效地落实其使命,KOTRA建立了一个外延至世界范围的韩国海外投资贸易工作网,至2002年1月已在72个国家和地区建立了98个韩国贸易馆(KTC)。

在对海外直接投资的法律规制与促进上,韩国于1978年制定了《海外投资开发促进法》,1979 年 5 月颁布了《海外资源开发促进法令》,1987 年 4月制定了《搞活海外投资方案》。在对海外直接投资的政策优惠与保护制度上,韩国政府制定了海外投资损失准备金制度、税收控制制度和海外资源开发项目免征收所得税制度。韩国企业跨国经营可将海外投资金额的 15% 积存起来以防海外投资风险,这笔款项是免税的。韩国政府早在 1976年就设立进出口银行专门负责韩国对外投资的资金筹措,为韩国跨国公司在发展中国家从事资源开发或股权投资。此外,韩国还是建立有海外投资保险制度的少数几个发展中国家之一,主要有经济、政治两方面的措施:经济方面,通过韩国出口保险公司的保险手段为对外投资者承保;政治方面,韩国政府通过建立国际间双边、多边投资保护协定来保证对外投资的安全;由韩国经出口银行专门经营,其最高承保额达投资总额的 95%,保险期限可达 15 年。

1994 年,50 家最大的发展中国家跨国公司中,韩国就占有 8 家。在东南亚金融危机发生后的几年内,韩国政府积极介入韩国前五大跨国公司(现代、三星、LG、大宇、献京)的重整及合并。近五年来,大宇集团旗下的子公司数量大幅缩减,以至于大宇集团几乎宣告解体;韩国前四大财团平均负债率由 469% 迅速降至 150%。1999 年,韩国经济在东南亚金融危机中率先全面复苏,这同韩国政府一直激励本国企业对外投资从而造就了一批具有很强的抗风险能力的跨国公司不无关系。因为韩国跨国公司全球生产经营体系为韩国经济持续发展提供了外部支撑。

二、新加坡

新加坡是一个高度法治化的国家,政府在宏观经济管理中基本上都是通过法律和制度来实现的,新加坡海外投资事业的顺利发展,也是得益于此。新加坡在海外投资法制建设上,可以概括为国内法制建设和国际法制建设。新加坡对海外投资国内法制建设主要包括以下四个方面的内容:

1. 成立专门的海外投资政府机构。为了协助新加坡企业向海外发展,新加坡政府在 20 世纪 70 年代成立的经济发展局内设立了一个专门的国际对外直接投资经济发展部是一个促进外国在新加坡投资的机构,它已在全球建立了广泛的联系网络,因此国际对外直接投资可以充分依托这种信息网络优势,为新加坡企业寻找海外投资机会。一旦获得有价值的海外投资信息,该部不是坐等企业上门咨询,而是主动出击,寻找国内合适的潜在海外投资者。除了信息服务外,国际对外直接投资经济发展部另一重要职责是负责海外投资的财政和非财政方面的支持。新加坡政府在 1986 年《新加坡经济新目标》政策文件中特别强调要抓住海外机遇,积极鼓励对外直接投资。从 20 世纪 80 年代后期开始,政府为了给对外直接投资提供便利,建立了海外投资机会库;1992 年又采取了新的促进对外直接投资措施(特别是对亚洲地区的投资),并制定了 2000 年区域经济一体化计划,鼓励当地企业向国外投资。为了执行这一计划,政府专门成立了国际企业发展战略事务局,分析国外投资潜力,帮助新加坡企业抓住机会,建立与投资项目商的联系等。新加坡政府还于 1992 年成立了海外企业促进委员会,促进新加坡跨国公司的形成。该委员会的职能是找出并消除新加坡企业跨国经营的各种障碍,向政府提出政策性建议,为企业提供咨询服务,协助新加坡企业开拓海外业务。

2. 建立宽松的海外投资审批体制。新加坡宽松的海外投资审批体制是政府营造的海外投资优良法律环境的重要组成部分。与大多数发展中国家的做法不同,新加坡的海外投资审批体制是十分有利于企业海外投资的,绝大多数海外投资项目都无需政府审批。目前,新加坡企业向海外投资只在两种情况下才需向政府申报:一是投资者从事的行业本身按照法律的规定必须受到规制,如本地银行在海外建立分支机构,就需得到金融管理局的批准;二是为了获得政府财政或非财政支持的海外投资。

3. 建立财政或非财政支持制度。目前,新加坡建立的海外投资财政支持制度也就是将税收、金融优惠用于对外直接投资。这主要包括两种形式:一是经济发展局依据《经济发展鼓励法》对从事海外投资的新加坡企业提供财政鼓励措施,1987—1993 年,为对外投资提供的财政优惠总额为3.26亿美元;二是依据《所得税法》,政府向海外投资企业提供海外所得免税的优惠待遇,1988 年最早提供的税收优惠包括海外投资亏损注销和免除某些海外发展业务可以享受 10 年免交所得税的优惠,在发展中国家的投资开发可以享受双重减税优惠。新加坡海外投资非财政支持制度大体上也包括两个方面内容:一是政府为鼓励本地企业获取新加坡所需的国外技术,推行新技术鼓励计划,为派遣技术人员到海外培训的本地企业提供有关费用的补偿;二是政府设立投资研究津贴基金,在特定的研究开发经费数额之内,由政府承担本地企业为推动海外投资项目所进行的研发费用的 50%。

4. 海外投资项目政府参股制度。新加坡政府促进海外投资的发展不仅体现在间接的法律环境提供上,而且体现在直接参与上。这种直接参与并不是对海外投资企业经营的干预,而是通过有效的股权制度安排实现的。政府全资公司与投资东道国企业合资合作,是政府参股海外投资的最直接方式。新加坡政府的两家公司——新加坡技术工业园区和裕廊环境工程公司就与一家印尼公司一起在印尼开发经营一个工业园区。政府的公司参股新加坡本地企业的海外投资项目是另一种政府参股方式。例如,新加坡政府在所有的淡马锡公司中都拥有股份。政府参股海外投资项目的目的并不只限于盈利,更重要的是在于为新加坡企业建立海外商业联络渠道,拓宽新加坡经济发展的外层空间。目前,新加坡政府主要在三类海外投资项目中参股:一是从事以土地为基础的产业如林业和采掘业的投资;二是已经开始实现国际化但仍希望建立更好的海外商业联系渠道的投资;三是涉及已直接投资基金收购现有国外企业的投资。很显然,这三类参股都带有政府的经济社会发展战略意图,而不仅是获得即时利润。

在国际法制合作方面,新加坡政府积极寻求有利于新加坡海外投资的国际法制环境。除了参与东盟和亚太经济合作组织等与新加坡海外投资密切相关的国际合作机制,近年来新加坡海外投资国际法制建设尤其体现在通过与有关国家缔结双边投资条约或多边投资安排来降低本地企业海外投资风险。

新加坡政府为了保障已开展海外投资的新加坡企业在国外获得公平的待遇和资本、利润的自由转移,不断加大力度同有关国家缔结双边投资协定。1980年3月,包括新加坡在内的东盟各国通过了《关于东盟工业项目的基本协定》。这项多边协定对东盟范围内建立大型工业项目的一揽子计划作出了安排。1987年6月,新加坡政府正式签署了《东盟工业合资企业协定》,从而为新加坡跨国公司在东盟区域内发展创造了国际法制环境,在此基础上成长起来的跨国公司就是独特的"东盟工业合资企业"。同年12月,新加坡政府签订了《东盟促进和保护投资协定》,于1990年7月1日开始生效。2001年10月新加坡与日本签署的第一个自由贸易协定,同时它也包括了投资条例,因而为新加坡企业在日本的投资创造了良好的条件。2002年10月17日,在印度访问的新加坡贸工部部长尚达曼说,新加坡正与印度洽谈定制"密切经济合作协议",以促进两国间的经贸往来。这将是一个比传统双边自由贸易协定更全面的经济合作方式,除经济合作外,还包括两国人员的直接联系和接洽,这个协定将把印度与东盟经济体联系起来,彼此实现最大的经济合作效益。

双重征税主要是由于资本输出国和资本输入国实行不同的税收管辖

原则而产生的。资本输出国一般主张税收管辖权采取属人原则,认为自己对本国投资者的海外收入有权征税;而资本输入国则一般主张税收管辖权的属地原则,认为自己有权对外国直接投资者在本国境内的收入进行征税。这样就可能造成海外投资者既要向投资母国又要向投资东道国交纳所得税。目前,新加坡政府已经与新加坡企业主要海外投资东道国政府签订了避免双重征税协定,通过条约对税收管辖权进行安排,避免对新加坡海外企业双重征税。有些国家为了吸引外资,向新资企业授予了一个减免税期。按照通常的避免双重征税条约,居住国只对本国公司在来源国已缴纳的税收予以抵免,也就是说投资者从投资东道国的税收鼓励措施中本应减免的税收在投资母国将不予抵免。然而新加坡政府并没有这样做,而是在缔结的所有避免双重征税协定中设置了一个税收优惠条款。按照这一条款,新加坡对本地公司在来源国本应交纳但因来源国的税收鼓励措施而无需缴纳的税收予以抵免,从而保证新加坡海外投资企业能够从东道国的税收鼓励措施中切实受益。对于有些国家(如美国)尚未与新加坡缔结双重征税协定,新加坡政府一方面积极与这些国家进行缔约谈判,另一方面在所得税法中作了一些制度安排,根据当事人申请和具体情况单方面豁免在这些国家投资的新加坡企业来源于这些国家的所得税。如新加坡《所得税法》第 13 节第 7 部分规定:财政部长可以行使自由裁量权,全部或部分豁免新加坡居民来源于海外投资的所得税。

新加坡国土规模很小,劳动力短缺,自然资源匮乏,但它是一个新兴的工业化国家。自新加坡的经济在 20 世纪 60—70 年代成功起飞之后,新加坡政府就一直积极鼓励新加坡企业进行对外直接投资。新加坡政府提出外层经济概念,所谓外层经济是指鼓励本国企业通过海外投资实现跨国经营和国际化,新加坡政府把发展外层经济作为新加坡经济社会发展的重要战略。由于自 20 世纪 80 年代以来,新加坡的经济增长开始变慢,资源匮乏,生产成本不断攀升,这使得新加坡政府不得不鼓励企业向国外寻找商业机会。新加坡政府指出:学习战后美国、欧洲和日本等发达国家激励本国跨国公司形成与发展的经验,以全世界为空间扩展外层经济是新加坡经济社会可持续发展的关键。新加坡总理吴作栋曾对新加坡企业界说:"建立外层经济是国家的当务之急,投资亚洲市场是我国推动经济进一步发展的长期策略之一。"

同时,新加坡政府还通过其他一些措施来促进对外直接投资,包括组建对外直接投资的企业集团,组团出国访问,协调外国企业在新加坡的子公司与新加坡当地企业有机地结合等等。新加坡将税收、金融优惠用于对外直接投资。1988 年最早提供的税收优惠包括海外投资亏损注销和免除某些海外投资收入、红利和管理金受益的税收;1987－1993 年间,为对外投资提供的财政优惠总额为 3.26 亿美元;1993 年规定企业在海外发展业务可以享受 10 年免交所得税的优惠,在发展中国家的投资开发可以享受双重减税优惠,为国外投资收入汇回提供便利。为了推进外层经济发展战略,新加坡政府于 1992 年成立了海外企业促进委员会,促进新加坡跨国公司的形成。该委员会的职能是找出并消除新加坡企业跨国经营的各种障碍,向政府提出政策性建议,为企业提供咨询服务,协助新加坡企业开拓海外业务。此外,新加坡政府还修改了《海外企业管理条例》。新加坡政府为了适应不断变化的世界经济环境和提高新加坡的国际竞争力,积极进行产业结构调整,将劳动密集型产业相继迁出新加坡,其轻纺、电子、化工等行业的对外投资战略就体现了这一意图。

1995 年 5 月,新加坡总理吴作栋宣布,新加坡经济发展局将在 10 年内协助 100 家具有发展潜力、营业额达 7000 万美元的新加坡企业发展成为亚洲的跨国公司。新加坡政府催生本国跨国公司很快就取得成效,作为一个小小的岛国,新加坡目前已有四、五家跨国公司跻身发展中国家跨国公司 50 强。1988－1997 年仅 10 年间,新加坡对外直接投资流量从 1.17 亿美元增加到 93.6 亿美元。1998 年由于遭受东南亚金融危机的重创,新加坡对外直接投资降到只有 5.6 亿美元。新加坡政府实施的外层经济战略已经成为新加坡经济社会良性发展的一个主要推动因素。

三、中国台湾地区

20 世纪 80 年代以来我国台湾地区对外直接投资的规模不断扩大,尤其是 1987 年以后更为明显。1987 年突破 1 亿美元,1988 年超过 2 亿美元,1989 年和 1990 年分别高达 9.3 亿美元和 15.5 亿美元,年平均增长速度达到 43.2%,大大高于同期发达国家和地区以及发展中国家和地区对外直接投资的增长速度。2000 年"民进党"上台后,台湾地区经济增长不断下降,内部需求相对减缓和不足,岛内投资出现负增长,但对外投资仍逐年增长。为了拓展"国际生存空间"和提高广大台商投资大陆的热度,台湾地区采取一系列引导台商对外投资的政策措施:

1.强化对外投资的主导作用。台湾"外交部"强化对外经贸主导功能,台湾"立法院外交委员会"已经完成审查台湾"外交部"所提"国际合作经济发展基金会"设置条例草案。今后台湾对外贷款工作,将由"经济部"改为台湾"外交部"一手主导。"国际合作经济发展基金会"成立之目的,是希望在"外交部"协调督导之下,统一步调,提供海外贷款。台湾"外交部"鼓励台湾岛内企业与台湾保持"外交"关系的国家进行投资的计划。新的计划还取消了关于向台湾申请投资补贴的限制,准备投资 10 万美元以上的任何公司都可申请"政府"补贴。

2. 放宽企业对外投资汇出款的规定。台湾"经济部"修改的"对外投资及技术合作审核处理办法",放宽了岛内企业对外投资汇出款的规定,凡汇出外汇作为股本投资者,依有关结汇规定办理结汇实行投资,并报"投审会"备案,以利统计。新办法允许台湾厂商每年可汇出 1000 万美元。同时,台湾将建立"全球提款系统",台湾民众只要拿到台湾金融机构发给的金融卡,就可以"一卡在手,畅行全球"。台湾"财政部"就建立区域金融中心,订出短、中、长期目标,其中"金融提款系统"和"国际金融网络"就是一年内希望完成的目标,"无人银行"则是长期(三年以上)目标。所谓"全球提款系统",即通过国际信用卡组织 VISA 和 WASTER 系统,让所有台湾银行的金融卡都可以在海外提款,只要持卡人在台湾有新台币存款,就可以在海外领外币。

3. 加紧在海外设立经贸据点。①台湾"国民党党营事业管委会"加紧在海外设立经贸据点。台湾"党营事业"为协助"当局"整合海外台商力量,建立台商在海外企业形象,已陆续在日本东京和中国香港特别行政区兴建"台北贸易中心"。又在印尼雅加达投资新台币 25 亿元,兴建"台北贸易中心",作为推动"南向政策"的据点。台湾"国民党党营事业管委会"还要求印尼东爪哇省提供 1000 公顷土地,以便台湾建立石化工业区。台湾将和日本三菱商社等厂商研究合作事宜。如该项投资成功,则将是"党营事业"在海外最大的投资。②台湾"公营事业委员会"赴港设立经贸联络据点。台湾"经济部"为突破法令限制,以"公营事业委员会"名义在香港特别行政区设立联络据点,以间接方式拓展两岸经贸业务。另外,该会召集高层负责人会议,协调各事业单位通过技术交流和投资,执行"经济部"所推动的两岸产业分工政策。③在菲律宾建立示范工业区。"台菲经贸协议"称,台湾协助菲律宾开发苏比克湾成为示范工业区,菲律宾在苏比克湾提供 350 公顷土地,50 年长期免租给台商开发"免税加工出口区"。台湾则同意由"海外经济合作发展基金"提供 2500 万美元贷款给苏比克湾开发公司;台湾飞机直航苏比克湾;扩大农渔业合作;加强金融合作。台湾同意未来由台湾银行加强对赴菲投资台商提供融资。④选择印尼邦加岛作为"南向政策"中转基地。迄今为止,在当地投资的台湾企业,大多数都通过新加坡和雅加达开展贸易和金融活动,邦加岛作为中转基地后,来自台湾的投资活动,经由邦加岛将成为主流。⑤积极加强对日经贸拓展活动。为掌握日元升值契机,加强对日出口,台湾"大型电子、金属制品贸易投资技术商谈访日团"赴日访问;台湾"大型贸易投资技术商谈访日团"也赴日访问。

4. 成立海外各地投资合作工作机构,推动对外投资。台湾"行政院"已经成立投资合作专案小组、"台印(尼)"合作开发巴潭岛工作小组,以及台湾地区与新加坡投资合作工作小组,并与新加坡、印尼、菲律宾、马来西亚、越南等国签订投资保证协定,以辅导业者前往东盟五国及越南等重点地区进行投资,达到拓展国际生存空间及分散投资风险的目的。除了推动南向投资政策之外,台湾还积极发展与其他国家的经贸关系。如台湾正积极与东欧各国就有关货品暂准通关、海运、空运、经贸合作、避免双重课税等各项协定进行洽商。

5. 竭力挤入世界各区域经济体。①选定墨西哥作为挤入北美自由贸易区的窗口。台湾"经济部"为抢得先机,已选定墨西哥的四大城市,作为进入该贸易区的窗口。目前台湾"经济部"已与墨西哥谈妥,将提供完整的工业区,供台商上中下游产业投资设厂,以便台商建立投资卫星体系,节省成本。②中国台湾地区、越南河内与菲律宾的苏比克湾经济三角区趋于成型。台湾"经济部"已将菲律宾、越南列为优先推动"南向政策"的重点国家。目前苏比克湾与河内两个台商工业区,已获台贷款融资并陆续动工。台湾、河内和苏比克湾自成经济三角区,将有助于提高劳动力密集产业的竞争力。台湾"海外经济合作发展基金"先后贷款给苏比克湾工业园2357万美元,台资河内工业区1000万元。继苏比克湾工业园破土动工后,由台湾47家中小企业合作的河内工业区也已开始动工兴建。③加强对独联体的双边经贸合作。台湾"经济部"已拟定"驾驭对独联体国家经贸工作计划纲领",以3年为期,扩大"双边"实质关系。该计划要点包括:调查独联体国家贸易概况;加强与独联体国家进出口,扩大"双边"贸易;有效增进"双边"实际关系;研议签署"双边"协定(如货物暂准通关证协定、仲裁协定等);积极培养俄语人才,并协助俄国人来台湾学习中文。"国民党党营事业"也积极推动与俄罗斯从事经贸往来。目前正与台湾"交通部"合作,努力促成与俄罗斯直航,以降低贸易成本。台湾"工研院"将与独联体国家展开大规模的经济技术合作。

6.以港为转投资地,大举进军香港。我国香港特别行政区现时仍为我国台湾地区逆差来源地区、第二大出口地区及第三大贸易伙伴(仅次于美、日),目前台港人民往来,除旅游减少外,其余如经贸、投资、电话电传等均持续增长。预料未来台湾厂商在港投资发展仍将不断扩大,投资领域将集中以国际贸易、航运、金融、证券等为主。未来台商对港主要的进军目标:一是促销房产。近年来,由于台湾岛内房地产市场低迷,促使地产商家致力吸引外商赴台置业投资。同时,台湾地产集团大多看好香港市场,已掀起一股进军香港促销房产热。二是规划收购香港上市公司。借来香港推销台湾房地产之机。台湾力霸集团除了计划在香港设立子公司,作为跨出亚太地区,走向国际化的据点之外,还计划收购香港的上市公司,作为跳板,转入大陆开展业务。三是加强驻港"党营事业"机构。台湾"国民党"早先在香港办有多家企业公司,现仅存少数台港贸易公司,台湾"国民党党营事业"机构已开始策划让其在港公司"复活"。

第五节　民营企业国际化促进政策的借鉴

一、国外中小民营企业的法律支持

国际经验说明,将行之有效的扶植中小企业发展的政策和措施上升到法律层面,有助于帮助中小企业形成合理的投资预期、争取自己的合法权益、避免被不正当竞争侵害的损失。立法的目的在于确立中小民营企业在国民经济中的地位,克服不利于中小企业发展的各种经济、社会因素,为中小企业的发展铺平道路。美、德等国都很重视用法律手段保障中小企业发展,维护中小企业权益。

1.完善法律制度体系

号称"大企业王国"的美国,把支持中小企业发展作为解决就业和启动经济的一项重要国策,制定了一系列促进中小企业发展的法律法规。早在1953年,美国国会就通过了《中小企业法》开始用法律手段维护中小企业的利益。在1980年,美国政府召开了规模空前的中小企业代表大会,制定了在1981—1990年必须实现的6项标准,以便政府在财政、金融、经营管理、创新、信息和市场方面,给中小企业更大的扶持。

日本在第二次世界大战后能迅速恢复经济,成为仅次于美国的第二经济大国,这与日本政府高度重视中小企业发展也密切相关。至今,日本政府先后颁布了 50 余部有关中小企业的法律,形成了相对独立的中小企业法律体系。1948 年就制定了《中小企业厅设置法》,设立了自上而下的中小企业行政管理机构。20 世纪 50 年代日本为了恢复国内经济,一方面大力发展基础产业的大企业,另一方面为促进中小企业经营管理的规范化,给予金融资助和诊断指导,相继制定了一系列基础性法规。20 世纪 60 年代是日本经济高速发展期,也正是以引进新技术为中心的重化工业部门大量生产体系形成时期,为了加快中小企业技术进步,又颁布了《中小企业基本法》、《中小企业现代化促进法》、《中小企业指导法》等。20 世纪 70 年代后,日本经济进入低靡期,政府颁布了《中小企业转产对策临时措施法》、《中小企业经营领域调整法》、《中小企业振兴法》等法律。以上法律反映了日本政府是从宏观管理角度利用法律法规引导中小企业发展,把保护中小企业利益、协调中小企业与大企业关系纳入了法律调整的范围。

德国是一个社会市场经济体制国家,鉴于中小企业在保持德国经济稳定、持久、快速发展中发挥着重要支撑作用,政府极为重视中小企业的发展,始终把发展中小企业政策思路与市场经济条件下的国家宏观政策、社会发展政策紧密相连。在德国,为了使中小企业在市场竞争中能够自由发展,德国政府采取了特殊的法律保护措施。如制定有《中小企业组织原则》、《关于保持稳定和经济增长法令》、《反垄断法》等;1974 年以后,各州市还根据自主立法权相继制定了《中小企业促进法》、《中小企业增加就业法》等,其中包括了政府政策促进、财政支持、培训、技术援助、开拓市场等各项内容。

2.提供融资服务

中小企业融资困难是一个世界性问题。各国为解决此问题,都采取了很多办法。

(1)制定中小企业信用担保法律体系

中小企业信用担保法律体系是以解决中小企业融资问题为主旨,以中小企业信用担保法律规范为核心。从美国、日本和韩国等国家的情况看,在担保机构成立初期,其运作十分规范,同时又有相应的法律法规保护和约束信用担保机构。如美国出台了《中小企业法案》、《中小企业政策法》等,在此基础上成立了小企业管理局,专门为小企业提供贷款担保和经营咨询业务。

日本在第二次世界大战后,中央政府就建议各地方政府建立信用担保体系,以扶持当地中小企业及地方经济的发展。1947—1949 年间,日本 47 个县和 5 个市建立了信用担保公司。为促进信用担保体系的发展,日本政府于 1950 年颁布了《中小企业信用保险法》,于 1953 年专门组建了信用担保公司全国联盟;1958 年,日本对《中小企业信用保险法》重新修改,将信用担保体系和信用保险体系理顺,避免对中小企业金融服务的重复。韩国于 1976 年根据《信用保证基金法》成立了全国性信用保证机构、信用保证基金组织,为了使基金组织发挥更大的作用,先后由基金出资组建了几个公司,主要服务于中小企业。

中小企业信用担保制度仅靠政府及包括银行在内的金融机构扶持是远远不够的。许多国家为了保障信用担保机构的法律地位,建立良好的风险控制和运行机制,与国家现行法律制度相衔接。美国制定了《中小企业投资奖励法》、《中小企业资本形成法》、《中小企业创新发展法》和《公平信用报告法》,使国家对中小企业的扶持政策法律化,从而保证了国家信用管理体系的正常运转。韩国银行颁布的《中小企业银行法》第一条明确规定,设置中小企业银行,确定对中小企业有效率的信用制度。日本由政府推动,通过立法为中小企业信用担保提供良好的法律环境,先后制定了 50 余种具体法律文件,对中小企业信用担保业务操作中的问题,都给予了明确的规定。

为保证担保的正常运作,美、日、韩等国都建立了针对中小企业的银行贷款信用评价制度,将企业信用等级的高低与能否提供担保以及担保金额的大小直接挂钩。美国对受保企业信息披露、财产抵押与处分、争议解决、欺诈处理等内容,都有完备的法律和诉讼渠道。此外,许多国家还允许成立各种类型的中小互助企业基金,确认中小企业内源式融资的合法性,有效地扩展融资渠道。

(2)制定相关优惠政策

加强中小企业发展的政策供给和政策性投入,是世界各国政府扶持中小企业发展,提高中小企业竞争力的通常做法。如英、美、德、日等西方国家均普遍实行税收优惠,制定各种中小企业税收的减免与宽限政策,千方百计地提高中小企业的竞争能力。

为了解决中小企业资金不足的问题,美国实行税收优惠政策。主要包括:减少对企业新增投资的税收;降低公司所得税率;推行加速折旧法;实行特别的科技税收优惠及企业科研经费增长额税收抵免等。如 1981 年制定的《经济复兴税法》对涉及中小企业的个人所得税下调了 25%;1988 年美国国家税务局为中小企业提高了 6 个月的纳税宽限期。为了鼓励金融机构支持中小企业,美联邦政府专门在调查的基础上颁布法案,允许经济条件差的区域银行在给本地小企业贷款时,可以贷大于存;不允许按贫富条件区别贷款,同意给小企业贷款利率适当上浮。这些措施对鼓励银行扩大对中小企业的贷款规模起到了积极作用。

在德国,中央财政中有专门的中小企业专项资金安排。1975 年的税制改革,一方面提高了课税基数,增加了非课税收入的折旧、折扣。另一方面降低了累进税率,所得税率上限降为 53%,下限降为 19%。从 1979 年起,德国政府对中小企业的补贴额达到全部补贴额的 30%;1990 年后,对低于25 万元马克课税收入的免征周转税,50%－60%的手工业企业被免除了营业税。

(3)设立财政专项基金

财政专项基金,是政府为使中小企业在国民经济发展中充分发挥其作用而给予的财政援助。在美国,主要有两类:一是鼓励中小企业产品创新和吸纳就业,如设立产品采购基金、失业人口就业基金;二是帮助中小企业降低市场风险,如设立风险补偿基金、特殊行业的再保险基金等。

二、国外中小企业融资支持的若干经验

20 世纪 90 年代以来,美国的一些新兴科技小企业的蓬勃发展以及在科技板市场的成功上市,引起了世界各地对中小企业的高度关注。虽然发达国家中小企业的作用和地位不断提升,但是融资难问题同样一直是困扰他们的难题。为此,发达国家在支持中小企业融资上下了不少功夫,其中有很多值得我们借鉴。

1.美国"清障铺路型"的中小企业融资支持

(1)强调政府的服务功能。美国政府对中小企业的融资支持模式属于"清障铺路型"。它强调政府的服务功能,而不是融资功能。政府一般不是将资金直接注入小企业,而是鼓励、扶持和督促金融机构向小企业融资。政府对小企业的支持主要表现在:①通过制定支持中小企业发展的法律法规,消除不利于中小企业公平竞争的障碍,如美国联邦政府制定了《中小企业法》、《中小企业投资法》、《中小企业经济政策法》等一系列法律法规;②向商业金融机构提供涉及小企业融资的"最后贷款";③对商业金融机构向小企业融资提供信息及其他服务。美国政府对中小企业的管理归口于小企业管理局(SBA),并在各州设有派出机构。

(2)有效的风险处理机制。美国小企业管理局对中小企业的资金帮助,主要就是担保贷款。即小企业管理局一般担保贷款占总额的75％－80％,其余部分由商业银行承担风险,担保总额不超过75万美元。担保贷款的风险损失,由政府预算列为风险处理。这种担保机构与银行风险共担、收益共享的机制,使银行在选择贷款对象时也要考虑到一定风险,银行就会排除风险过大的小企业,这样就降低了银行贷款的失败率,同时也相应降低了担保机构的担保失败率。

(3)设立民间风险投资公司。美国官方的中小企业投资公司和民间的风险投资公司,也是中小企业筹资的重要来源之一。目前美国中小企业投资公司达300余家,拥有资本35亿美元,累计已向10多万个具有高风险且难以从一般渠道获得资金支持的中小企业提供了130多亿美元的投资和长期贷款。美国民间的风险投资公司有600余家。

2.日本"扶持型"的中小企业融资支持

日本政府支持中小企业发展的模式属于"扶持型"。日本政府在战后相继成立了3家由其直接控制和出资的政策性金融公库系统,包括国民金融公库、工商组合金融公库和中小企业金融公库。日本政府通过设置一整套政策性金融体系,并以较之民间金融机构更有利的条件直接向中小企业融资。在中小企业的长期资金来源中,以政府直接投资比例衡量,日本在发达国家中是最高的。为扶持中小企业的发展,日本政府还制定了《中小企业协调组合法》、《中小企业安定法》、《中小企业基本法》等。日本政府对中小企业的政策性金融支持力度较大,但行政审批程序较复杂,财政成本较高。

(1)信用保险机构。在日本,为中小企业服务的信用担保制度也很健全。日本官方设有专门为中小企业提供资金担保的金融机构——中小企业信用保险公库,为中小企业从民间金融机构借款的债务进行担保。此外,民间还设有52个信贷担保公司,并在此基础上设立了全国性的"信贷担保协会",它们共同致力于为中小企业提供信贷担保服务。日本中小企业担保协会的担保金额不超过贷款的70％－80％。日本的风险投资基金也很发达,目前日本"风险投资企业"已达2万多家。

(2)信用互补制度。据统计,日本金融机构对中小企业的全部贷款中,仅有8.7％是由上述3家系统完成的,另有91.3％的贷款仍需商业银行来完成。而相对于大企业而言,中小企业信贷具有较高的不确定性和风险性,日本的商业性金融机构在经济不景气时期也曾出现慎贷现象,尤其是在中小企业金融方面更加明显。这时日本政府除设立中小企业政策性金融机构外,为进一步促使商业性金融机构能够大胆开拓中小企业金融业务,由政府出面(或引导),建立了解除金融机构信贷风险的强大保障制度——信用互补制度,该制度主要由信贷保证制度和信用保险制度构成。开辟多种形式的融资渠道(除了政府金融机构以外),民间金融机构是中小企业获得资金的另一个重要来源。日本民间金融机构主要有:地方银行、相互银行、信用组合和信用金库等,其绝大多数贷款是提供给中小企业的。

(3)信用保证制度。为了分担对中小企业的融资风险,提高中小企业信用担保能力,促进民间金融机构向中小企业贷款,日本政府实施了信用保证制度,建立了由中小企业贷款担保公司和中小企业贷款保险公司组成的信贷保险系统。日本全国有 52 个信用担保公司,主要职能是负责本辖区内中小企业担保申请的资信评估、处理和批准工作。并且,贷款担保公司凭借在金融机构的存款要求金融机构降低对中小企业担保贷款的利率,扩大对中小企业贷款的数量;贷款保险公司与贷款担保公司、信用保险公司和中小企业之间的担保关系为:一旦中小企业不能按时偿还银行贷款,则由信用担保公司代替中小企业偿还贷款,而信用保险公司对信用担保公司损失总额的 70% 给予赔偿,其余 30% 由信用担保公司自担风险,以强化其担保和经营责任。这样,日本政府的信贷保险系统,极大地扩大了中小企业的融资范围,降低了中小企业的财务负担。日本政府的中小企业融资支持,具有鲜明的"扶持型"特点。

3. 法国"商业化"的中小企业融资支持

法国的中小企业在发展中也遇到一些问题。主要是缺乏资金,银行贷款难,担保难,借贷成本高;企业贷款回笼困难,一些大企业(集团)付款期限较长。为此法国政府 1996 年决定设立发展银行,由政府拨出专款,解决中小企业贷款难等问题。发展银行的主要职能是:

风险基金。设立担保风险基金,旨在鼓励创办中小企业。发展银行以担保人的身份,帮助中小企业向商业银行承担的风险只有 40%。同时发展银行向商业银行收取 1% 的担保风险佣金。

(1)直接贷款。发展银行直接向中小企业贷款是有条件的,如企业发展顺利,有盈利,发展银行将收取营业增长额的 3%－5% 作为红利。1998年发展银行向 4 万家中小企业贷款 470 亿法郎,占全国商业银行向中小企业贷款额的 1/3。

(2)提前贴现。中小企业与政府业务部门和大企业(集团)的期票可以拿到发展银行办理贴现,提前支付,以缓解资金困难。法国政府这种"商业化融资支持"方式,有力地促进了中小企业的发展。

参考文献

[1] 陈凌,曹正汉等.制度与能力:中国民营企业20年成长的解析.上海:上海人民出版社,2007.

[2] 赵伟等.中国企业"走出去"——政府政策取向与典型案例分析.北京:经济科学出版社,2004.

[3] 张其仔,李俊.中小企业国际化经营——面对新经济的挑战.北京:民主与建设出版社,2001.

[4] 汪忠明.关于政府在民营企业跨国经营领域定位的思考.经济前沿,2003(12).

[5] 刘克寅.我国民营企业的跨国投资问题分析.集团经济研究,2006(2).

[6] 曹玉书.民营企业"走出去"的战略思考.中国投资,2005(7).

[7] 赵优珍.中小企业国际化——理论探讨与经营实践.上海:复旦大学出版社,2005.

[8] 张俊喜,马钧,张玉利.中国中小企业发展报告.北京:社会科学文献出版社,2005.

[9] 徐立青,严大中,唐方敏.中小企业国际化经营战略.北京:科学出版社,2005.

[10] 谈萧.中国"走出去"发展战略.北京:中国社会科学出版社,2003.

[11] 黄孟复.中国民营企业发展报告.北京:社会科学文献出版社,2004.

[12] 刘冀生,石涌江.中国企业"走出去"战略.北京:新华出版社,2003.

[13] 蔡根女,鲁德银.中小企业发展与政府扶持.北京:中国农业出版社,2005.

[14] 张帆.中国民营企业对外投资的优势及政策.黑龙江对外经贸,2006(2).

[15] 石方正.台湾地区对外投资、侨外投资的发展探析.国际贸易问题,2004(12).

[16] 徐晓玲,高彩云.台湾韩国新加坡对外直接投资对我国民营企业的启示.宁波职业技术学院学报,2002(9).

[17] 易瑾超.法国对外直接投资自由化政策及对中国的启示.法国研究,2005(1).

[18] 欧阳峣,沈海洋,姜衡舒,欧阳文和,李陈华.欧盟中小企业公司治理及

国际比较. 北京:经济管理出版社,2006.

[19] 王振,孙林,虞震. 中小企业:日本经济活力的源泉. 上海:上海财经大学出版社,2003.

[20] 日本经济产业省中小企业厅. 中小企业施策总览. 日本经济产业省中小企业厅编,2001.

[21] 侯高岚,曹红辉. 美日支持企业国际化经营的经验及其启示. 河北经贸大学学报,2006(6).

[22] 曹昱,甘当善,李强. 小型企业:美国经济的助推器. 上海:上海财经大学出版社,2003.

第六章 中国民营企业国际化的影响因素分析

本章通过梳理文献与比较分析案例,识别出影响中国民营企业国际化的主要自变量和因变量。在问卷调查的基础上,对模型进行了最优尺度回归分析的验证。

企业国际化理论是对企业跨国经营行为的理解和概括,针对企业如何从封闭环境走向开放市场,各国学者都提出了各自不同的理论。在这些理论中,学者们认为有很多因素能够解释企业国际化。就如安德森(2004)总结的那样,要素条件、需求条件、技术进步、产业结构、国内竞争、公司战略、市场不完整或交易费用、心理距离、组织学习能力、企业网络、市场潜力、区位优势、管理决策、企业创立者或企业家的国际化经验、国际化进入和风险管理时的年龄等诸多方面,都被认为是相关的影响因素。这些因素从企业成长方面回答了:是什么促使企业走向国际? 一个国内企业怎么样成长为国际企业或跨国公司? 为什么一些企业能成践实现国际化成长战略,而另一些企业却不能达到预期目标?

与此同时,学者们通过案例研究和问卷调查等实证研究来探讨各种影响国际化发展的因素,这些因素包括组织学习能力(Anderson & Skinner,1999)、社会或商务关系网(Chetty & Holm,2000;Andersson,2002;Chetty & Wilson,2003;Coviello,2006)、社会资源(Yli-Renko et al. 2002)、企业家精神(Anderson,2000)、国际市场导向(Knight & Cavusgil,2004)、资源基础说(Westhead & Wright,2001;Dhanaraj &

Beamish,2003)、集聚(Maitland et al. 2005)、本土化能力(Mariotti & Piscitello,2001)等。安德森(2004)指出,上述任何一个因素是否重要取决于企业的国际化程度和该产业是否已经成熟。

企业国际化阶段论(Process Theory of Internationalization,以下简称PTI理论)和国际新冒险企业理论(Theory of International New Ventures,以下简称INV理论)在所有关于企业国际化的理论研究中最有影响力。经过大量的理论梳理,我们发现绝大多数关于企业国际化影响因素的研究都可以在PTI和INV理论中找到支撑。学者们在回顾或发展PTI和INV理论时,也评估或比较了这些影响因素的作用(Andersson,1993;Forsgren,2002;Chetty & Campbell-Hunt,2004;Autio,2005;Zahra,2005;Zahra et al. 2005;Coviello,2006)。通过对以PTI和INV为主要代表的企业国际化理论的梳理和研究,我们得到了本文研究企业国际化影响因素的分析框架:外部商业环境与国际化时机、企业家对国际商机的认识、国际化初始期的资源要求、心理距离与国际化步骤、国际化企业的竞争战略、国际化时间与企业绩效。

无论是企业国际化的理论研究还是实证研究,传统的研究目光基本上聚焦在发达国家的企业身上,研究工作大多基于欧洲、北美、澳大利亚或新西兰的企业;国内对企业国际化的研究绝大多数还停留在定性讨论,缺乏深入、缜密的理论推导,也缺乏应用计量经济学工具进行模型构建和数据分析,从而作出精确的定量分析。国内外学术界专门针对中国民营企业国际化影响因素的研究更是少之甚少。

中国作为最大的发展中国家,其经济在改革开放以来飞速发展,对世界经济的影响力日趋增大。与此相应,在国家"走出去"战略的指引下,越来越多的中国企业走向国际市场,从而使得中国企业的国际化引起了广泛关注。中国企业近年来姿态鲜明地推出一些国际收购项目,包括联想并购IBM的个人电脑业务、TCL与汤姆森公司(Thomson)合资,以及流产的中海油收购加州联合石油公司(UNOCAL)和海尔竞购美泰公司(Maytag)等。这些中国企业的国际化扩张似乎已经戏剧性地让国内外媒体感受到一种变化,那就是中国正在从全球海外直接投资的"巨大真空吸尘器"转变为拥有大量现金的全球狂热收购者。

与这些明星企业相比,中国民营企业在国内经济中的地位明显上升,在进入国际市场中发挥的作用已经飞速增长。民营部门在非农产业创造的增加值已经超过国有部门,根据国家商务部和统计局的数据,截至2006

年底,民营企业已占中国法人企业的 60% 以上,创造了中国 GDP 总量的约 40% 和中国 GDP 增量的约 60%。民营企业已经成为中国出口和对外直接投资的生力军,当国有企业的出口额持续下降的时候,国内民营企业的出口差不多翻了一倍。对于地位逐步得到认可、实力亦在迅猛增强的广大中国民营企业而言,面对入世带来的中国进一步融入经济全球化的客观形势,没有理由不投身到经济全球化的潮流中去。与此同时,人们已普遍认识到国家竞争力、产业竞争力最终体现在企业竞争力上,而国际化则既是企业获得竞争力的重要途径,也是提升国家或产业竞争力的基础。由于产权清晰、机制灵活等特性,参与国际市场竞争一直是中国民营企业特别是浙江、广东及江苏等沿海地区民营企业经营的重要特征之一。与仍然存在政府干预的国有企业相比,中国民营企业的决策更多地受到市场力量的影响。因此在中国研究民营企业为什么走向国际、如何走向国际,探寻民营企业国际化发展的影响因素就具有更加普遍的意义。

本章的主要内容就是基于上述的分析,对中国民营企业国际化模式的影响因素进行实证研究,一方面验证关于企业国际化的相关理论,另一方面通过全面的实证研究来探讨我国民营企业国际化模式选择的不同影响因素。为了使样本尽可能具有代表性,我们根据行业产业、地理位置、经营年数、国际化程度选择"两极型"企业,在每种类别中都找了案例,实现案例多样性,使研究成果在不同类别间可以通用。

16 个最终样本企业的特性如表 6-1 所示。样本企业覆盖了不同产业,包括机械、电力电子、汽车、化学、农业、通讯和纺织服装;用"Y"和"N"分别表示该企业是否属于所在省的高新技术企业;企业创建年份有长有短;国际化程度从 1 到 100 不等。大多数受访者是企业创建者,其余都是与创建者非常接近的人。

我们主要通过两方数据整理和一手数据收集获得相关数据,访谈的时间在 1.5—2 小时之间。为确保数据的准确性,我们采用交叉验证的方法来观察受访者回答的一致性。

本研究采用质性研究构建理论,即不断地把比较有代表性的企业国际化现有理论的主要命题与多样的、典型的案例作比较,来测试、延伸或精炼现有理论。我们的访谈提纲基于现有理论事先设计好,分为六个部分命题。按照这一访谈提纲进行访谈时,考虑到可能的理论修正,我们经常问些开放式问题。由于现有理论从发达国家的企业经历发展而来,他们可能受到来自发展中国家的企业国际化经历的挑战。

表 6-1 样本企业的基本情况

企业代码	主要产品	是否知识密集型	地域	注册年份	国际化程度	受访者
F1	专用机械	Y	浙江	1997	4	创建者、总裁
F2	电子产品附件	N	浙江	1996	6	创建者、总经理
F3	工业用阀	Y	浙江	1995	9	创建者、总裁
F4	轴承	Y	浙江	1994	1	创建者
F5	汽车部件	Y	浙江	1978	＞50	总经理助理
F6	化学和农业产品	Y	浙江	1986	3	总裁/创建者助理
F7	半导体	Y	浙江	2000	9	总经理
F8	通讯设备	Y	浙江	1987	3	总裁/创建者助理
F9	电子	N	浙江	2000	1	创建者、总裁
F10	度量工具、医药和电信	Y	浙江	1994	＞20	外贸部经理
F11	纺织品	N	江苏	1994	7	副总经理
F12	纺织品	N	江苏	1992	6	创建者、总裁
F13	纺织品	N	江苏	2000	5	创建者、总裁
F14	纺织品和服装	N	浙江	1979	＞100	企业管理部经理
F15	纺织品	N	浙江	1998	5	副经理
F16	专用机械	Y	浙江	2001	＞50	总工程师

第一节 外部商业环境与国际化时机

企业外部商业环境是指国内国际的政治、社会、技术、经济和商务环境。PTI 理论假定国内国际商务环境在语言、文化、商业传统和产业发展等方面是极其不同的,因此,企业需要知识,特别是国际商业环境的经验知识,以便决策是否要在国际化方面投入资源。PTI 将这种知识的缺乏视为国际化经营发展的最大阻碍。企业在初创期不具备国际化的基本经验,这些经验必须在国际化经营期间不断获得①。因此,企业很难在初创期就涉足国际市场。

奥维塔和麦克道格尔(1994,1997)提出,现有经济、技术和社会条件降低了跨国公司的内部交易费用,增强了相隔甚远的很多市场的同质性,所以国际商务行为就更容易被人理解②。在国内商业环境中学到的经验很容易影响国际市场的扩展,企业家亦可能把国内和国际市场看作一个整体,并且在企业初创期就开始国际化进程。

因此,我们得出以下结论:国内和国际商务环境的联系越紧密或越趋于同质化,企业就越早开始国际化。与此相应,如果国内国际市场高度整合和同质化,企业的国内经营的绩效与企业国际市场的经营绩效就会非常相似。

我们用7分Likert度量法来度量创始人对国内国外两个市场异质化程度的认识,1表示受访者认为国内国际市场异质化程度低,即是完全一体化的,7表示国内国际市场异质化程度高。如表6-2最后一列所示,16个企业中有6个完全同意,同样有6个企业表示完全不同意,剩下的4个企业基本同意。

单独考察表6-2第3、6、10列不能确定市场异质化程度与国际化先后是否有明显联系。一些企业同意将国内国外市场视作一个整体,但并没有较早开始国际化活动;而一些不同意将国内国外市场视作一个整体的企业却相对较早国际化,这些企业认为,虽然市场一体化总体上促进企业较早国际化,但还有很多其他因素影响企业行为。比如,20世纪80年代后期之前,出口贸易由国家垄断,F5作为一个民营企业不能在广交会上展出其产品,而只能在广交会外展出,F5最终找到了贸易伙伴,成功建立商业关系,并在1984年第一次自主出口产品。国内的制度性障碍阻碍了F5较早进行国际化,虽然它将整个世界视作自己的一个整体市场。再如F12,从成立年限看该企业似乎不能算是国际新冒险企业,因为他不同意将国内国际市

① Johanson. J. & Vahlne J. E. The internationalization process of the firm: a model of knowledge development and increasing foreign market commitments. *Journal of International Business Studies*,1977,8(1):23-32.

② Oviatt B. M. & McDougall, P. Toward a theory of international new ventures. *Journal of International Business Studies*,1994,25(1):45-64;Oviatt, B. M. & McDougall,P. Challenges for internationalization process theory:the case of international new ventures. *Management International Review*,1997,37:85-99.

场视为一个整体,主动开始早期内向国际化,而是被动进行外向国际化。它主动进口先进机器来生产高品质的产品以适应国内市场的需求;然后被动地将产品出口到亚洲和欧盟,并非常偶然地继续着国际化进程。企业的创始人说,"无论使用什么国际化战略,你最终的目的就是获得利润"。

表 6-2　企业国际化的开始

企业代码	创建者涉足相关业务年份	首次国际化活动	主动/被动	注册年份	此后首次国际化活动	主动/被动	创建者学历	创建者国际经历	市场一体化程度
F1	1985	2004,出口	被动	1997	2004,出口	都有	中学	否	7
F2	1989	1992,出口	被动	1996	1996,出口	主动	中学	是	1
F3	1993	1997,出口	都有	1995	1997,出口	都有	中学	否	7
F4	1987	1995,出口	被动	1994	1995,出口	被动	中学	否	7
F5	1969	1984,出口	主动	1969	1984,出口	主动	中学	否	1
F6	1986	1994,进口	都有	1986	2000,出口	都有	未受教育	否	7
F7	1956	1989,出口	被动	2000	2001,出口	主动	大学	是	1
F8	1987	1993,进口技术许可	都有	1987	1999	被动	中学	否	3
F9	1968	1992,加工	都有	2000	2002,出口	主动	中学	是	3
F10	1970	1998	主动	1994	1998,出口	主动	中学	否	2
F11	1994	1996,进口	主动	1994	1998,出口	被动	中学	是	2
F12	1992	1993,进口	主动	1992	1994,出口	被动	中学	是	7
F13	1986	1998,贸易办事处	主动	2000	2001,出口	被动	中学	是	7
F14	1979	1990,合资	主动	1990	1991,出口	主动	中学	否	1
F15	1998	2000,技术合作	主动	1999	2003,出口	主动	大专	是	1
F16	1966	1980,出口	主动	1975	1985,出口	主动	小学	否	1

表 6-2 还显示,16 个企业中有 4 个是通过对主动上门的出口订单的被动反馈而开始国际化。例如,F2 在 1989 年雇用了 3 个工人开始小电子附件生产,这只是在一个以电子附件生产基地闻名的小镇上专门生产该产品的众多企业中的一家。1992 年,经朋友介绍一名印度尼西亚商人到 F2,该

企业在同年开始出口,并很快使其产品全部出口。F4 和 F7 也以类似的方式被动地开始国际化。4 个样本企业第一次打入国际市场既有主动因素也有被动因素。如国家贸易公司给 F3 提供了出口东南亚的信息,F3 迅速准备传单并秘密在广交会上散发,而当时广交会只允许国有企业展览产品。其余 8 家企业家都主动开始国际化进程,F5 是最典型的主动国际化的企业。

因此,中国实践并不支持上述理论的观点。但我们并不认为该理论有错,而认为中国的实际与有限企业家精神有关。有限的教育水平、国际化经历使民营企业家无法正确认识市场异质化准确程度。即使他们能正确认识,也可能会由于各种其他原因而不愿采取相应行动。

第二节 企业家对国际商机的认识

既然国内国际市场可能存在商机,为何一些新的冒险企业选择从初创期就开始国际化,而另一些企业则选择在国内市场经营? 走向国际是企业领导集体的决策还是企业家个人决策? PTI 理论认为企业家作用微乎其微,因为该理论只是针对决策制定体系而非决策者个人。

INV 理论则认为,国际化必然是企业家个人的决策[①],企业之所以要国际化,是因为企业家在跨国转移可移动资源(如原材料、知识、中间产品),并将该资源与不可移动资源联系在一起时找到了优势,即区位优势。企业在国际市场交易时也有相对于本土企业的劣势,如贸易壁垒,对法律、语言和商业惯例不完全了解等。面对国际化进程中的优劣势,企业家必须决定是否进入国际市场、何时进入国际市场,以及如何进入国际市场。有学者假设企业家是理性的,能够比较成本和收益,并鉴别进入国际市场的战略时机。另一些学者则坚持认为,企业家的认识受到商业环境的影响,是有限理性的,认识上的偏差会影响其决定。企业家的受教育程度、专业技能、成败经历都会在很大程度上影响其风险估计,并决定企业家如何定义和评

---

① Boddewyn, J. J. Foreign direct divestment and investment decisions: like or unlike. *Journal of International Business Studies*, 1988, Winter: 23-35.

估国际市场的机遇(见表 6-3)①。

表 6-3 内部资源和国际化

企业代码	是否认为海外商机信息有限?	内部资源的增长导致了国际化,还是相反?	有无对国际化的战略计划和资源投入?
F1	很少关注国外商机	内部资源→国际化	没有计划,只关注国内市场,将来会走向国际
F2	是	国际化→内部资源	有计划,有研发投入
F3	否	内部资源→国际化	有计划,有人力投入
F4	很少关注国外商机	国际化→内部资源	没有计划,只关注国内市场
F5	从多种来源获得信息	内部资源→国际化	详细计划
F6	是	内部资源→国际化	大致计划,产品特征要求我们只关注国内市场
F7	从多种来源获得信息	内部资源→国际化	有计划
F8	从多种来源获得信息	内部资源→国际化	最初没有,现在有详细的计划,有人力投入
F9	是	国际化→内部资源	没有计划,只有一些口号
F10	是	内部资源→国际化	详细计划
F11	否	内部资源→国际化	有计划,有人力投入
F12	从多种来源获得信息	内部资源→国际化	没有详细计划
F13	是	内部资源→国际化	没有计划,只关注国内市场
F14	从多种来源获得信息	内部资源→国际化	有详细计划、足够的人力和资金投入
F15	是	国际化→内部资源	有详细计划、足够的人力和资金投入
F16	是	内部资源→国际化	有详细计划、足够的人力和资金投入

从上述讨论我们得出:企业家或企业决策体系对国际化优劣势的认识决定了企业是只在国内市场经营还是走向国际,这些认识受到企业家受教育程度、国际化经验和企业所处环境的影响。

---

① Zahra, S. A. A theory of international new ventures: a decade of research. *Journal of International Business Studies*, 2005, 36:20-28.

从表 6-2 可以看出,中国本土企业家多未受过良好教育,平均教育水平只有中学,在开始国际化之前基本没有外语知识或国际经历。此外,他们还被一些制度安排限制着。如此特殊的商业环境和创始人的教育背景,促使我们提出关于中国企业国际化"有限企业家精神"的主张。这与扎哈拉等(Zahra et al., 2005)的观点一致,该观点认为,企业家植根于社会关系中,他们与所处环境之间的互动对其认知和行为方式的形成起重要作用。

当存在有限理性,但又面临一个相对巨大的国内市场时,中国本土企业家倾向于把注意力更多地投向国内。如表 6-3 所示,7 个企业家认为获得国外商机的渠道是有限的,5 个企业家没有任何有关国际化的战略计划,他们都认为不断增长的内部资源将最终导致国际化。这些企业家把目光集中在国内市场的理由是"只要我们努力成为中国第一,那么走向国际将不成问题",他们并没有认识到国际化也可以促进企业内部资源的增长。其他企业认为可以找到关于海外商机充足的信息。大多数企业亦认为内部资源和国际化之间存在双向关系,但他们是在国际化过程中逐渐认识到这一点的。

在这一点上,中国的实践与理论观点一致。由于企业家受教育水平和关于海外市场的知识有限,而国内市场相对较大,中国民营企业家倾向于在国内市场开拓业务。

第三节 国际化初始期的资源要求

约翰逊和威涉恩(1977)指出,国际化活动包括向国际市场投入资源的一系列决策行为[1],这些资源包括人力、物力、财力等,而投入资源的决策制定是根据国际市场上感知到的挑战或机遇,这种感知来源于经验知识。经验知识作为投入市场现有的特殊资源,既影响决策的制定,也影响决策的执行,他们交替改变着市场知识和资源投入。在 PTI 理论中,知识是人力资源的测量尺度,市场知识越准确、越全面,人力资源就越有价值。这些经验知识与特定的市场环境相联系,并且不能转移到其他人或市场上。近年来,学界普遍认为关系网是企业得以国际化的重要资源。约翰逊和威涉恩

---

[1] Johanson. J. & Vahlne, J. E. The internationalization process of the firm: a model of knowledge development and increasing foreign market commitments. *Journal of International Business Studies*, 1977, 8(1): 23-32.

(1990)通过纳入关系网而扩展了原先的 PTI 理论。假设关系网是市场知识的一部分,建立在现有商业活动的基础上,关系网可以成为企业通向另一个网络的桥梁,帮助企业进入国际市场,甚至迫使企业进入国际市场①,我们再假设企业和国家之间存在直接或间接的关系网,这种关系网无论对企业最初走向海外还是以后进入新的市场都相当重要②。他们发现关系网在高科技产业尤其重要。由于企业家有一个从事高科技的同僚网络,一些小型高科技企业更倾向于直接走向遥远的市场,更加迅速地建立分支机构,而不是根据传统的国际化模式③。

基于上述讨论我们得出,PTI 理论关于国际化初创期所需资源的观点是:当企业刚涉足国际化时,用来鉴别国际商机的经验知识和投入到国际市场的其他资源都非常需要。关系网资源对于小型高科技企业走向海外、进入新市场、跨越国际化阶段的重要性更加突出。

国际新冒险企业是一创立就利用多国资源和市场来获得巨大竞争优势的商业组织④。由于普遍缺乏可以通过所有权控制的足够资源,新冒险企业更倾向于只占有其生存所必需的很小比例的资源,而且一开始就制定国际化战略。只要一个企业拥有可以与其他企业交换的资产或资源,它并不一定要等到规模足够大时才开展国际业务。国际新冒险企业的出现挑战了传统理论"国际化企业必须是大型企业"的观点。INV 理论认为,企业家在企业创建前的经历至关重要。由于在早期活动中掌握了诸如关系网、经验知识等资源,他们对是否组合来自不同市场的资源持谨慎态度⑤。只有拥有关系网、经验知识等资源的企业家才能组合一个来自不同国家的独

---

① Johanson, J. & Sharma, D. D. Technical Consultancy in Internationalization. *International Marketing Review*,1987,4:20-29.

② Johanson, J. & Vahlne, J. E. The mechanism of internationalization. *International Marketing Review*,1990,7(4):11-24.

③ Lindqvist, M. Internationalization of Small Technology-based Firms. Three Illusive Case Studies on Swedish Firms, Research Paper 88/15. Institute of International Business, Stockholm School of Economics,1988.

④ Oviatt, B. M. & McDougall, P. Challenges for internationalization process theory: the case of international new ventures. *Management International Review*,1997,37:85-99.

⑤ McDougall, P., Shane, S. & Oviatt, B. M. Explaining the formation of international new ventures: the limits of theories from international-business research. *Journal of Business Venturing*,1994,9(6):469-487.

特的资源集,并组建一个特定的国际新冒险企业。企业家可以自主控制许可证和特权等至关重要的资产,但对新冒险企业的国际化来说,关系网是占有资源并使其内部化的更加有效的选择①。

因此我们得出,INV 理论关于企业国际化初创期所需资源的观点是:只有在早期活动中已经掌握了诸如关系网、经验知识等资源的企业家才能组建国际新冒险企业。只要一个组织拥有经济交易中可以交换的资产或资源,规模并不是国际新冒险企业进行国际化的必需条件。

从表 6-4 可以看出,样本企业规模不等,雇佣人数从 15 个到 2000 个,年销售额从 100 万元到 18 亿元。这意味着规模不是企业进行首次国际化的决定性因素。

除两个创始人外,其余 14 个在首次国际化时均无国际化经历或经验。虽然多数企业家认为创新对国际化很重要,并投入大量资源到研发中,一些企业家也认为其产品技术是国内领先的,但很少有企业家称自己拥有世界标准的领先技术。而产品价格在各自的行业又不是最低。因此,它们既没有差异化优势,又没有成本优势。

至于关系网,F3 和 F8 指出,当地供应链和企业商务联系在国际化中起重要作用。F3 创始人说:“如果我们在白天下订单要零部件,在当地当晚就可以交货。这样就可以跟上航运时间。”有趣的是,F2 和 F8 认为关系网可以说重要也可以说不重要。F2 的创始人首次出口是通过朋友推荐介绍,但是他认为,“社会关系网不如企业家精神重要,因为后者必须会利用这个机遇”。F6 表达了类似的观点:“最重要的是企业家精神,也就是开拓精神,开展工作要靠企业家精神。关系网对于推动公司进步是需要的,但不会凭空而来,因为只有你一直工作,关系网才能慢慢建立起来。”虽然 F11、F12 和 F13 不认为关系网对其国际化很重要,但实际上是没有意识到他们在一个产业集群中经营,这些产业集群为其获得海外市场信息提供了帮助。

表 6-4 显示企业进行国际化并不一定要有前期国际化经历、足够资源或商业关系网,中国民营企业的国际化实践不支持 PTI 理论和 INV 理论。尽管受到经验知识、前期国际化经历、网络关系缺乏的限制,很多中国民营企业的创始人还是通过其他途径获得了海外商机的信息,比如参加展销

---

① Aldrich, H. & Zimmer, C. Entrepreneurship through Social Networks. D. L. Sexton & R. W. Smilor(eds.) *The Art and Science of Entrepreneurship*. Cambridge: Ballinger,1986.

会。因此我们认为:经验知识、前期国际化经历和网络关系虽然很有帮助,但这并不是企业家开始国际化进程时所必需的。

表 6-4　国际化初期的企业资源

企业代码	被雇佣者人数	创建者国际经历	年销售额(百万)	商业网络的重要性	产品技术国内领先	产品技术国际领先	创新对国际化重要性的认识	有无资源分配到最新技术的研发上	是否在同行业中价格最低
F1	120	否	3	否	2	1	1	6	1
F2	15	否	1	否 & 是	1	1	1	1	4
F3	25	否	4.5	是	1	1	1	1	4
F4	300	否	3	否	6	2	6	6	4
F5	NA	否	NA	否	6	2	7	7	7
F6	1200	否	1b	是	7	6	7	7	1
F7	80	否	3.5	否	7	2	7	7	1
F8	200	是	NA	否 & 是	4	3	6	5	2
F9	200	否	10	否	5	3	6	4	2
F10	2000	否	1.8b	否	5	3	6	4	4
F11	1000	否	25	否	2	2	2	2	2
F12	550	否	50	否	1	1	1	1	3
F13	200	否	100	否	NA	NA	NA	NA	NA
F14	NA	否	NA	否	7	7	7	7	1
F15	2000	是	100	否	3	3	7	7	4
F16	NA	否	NA	否	7	5	7	7	6

注:(1)从第 6—10 列,单元格中的值是 7 分 Likert 度量法的数字,1 表示完全不同意或不满意,7 表示完全同意或满意。(2)NA 表示受访者无法或不愿意提供相关信息。

第四节 心理距离与国际化步骤

心理距离(psychic distance)是阻碍信息进出市场的各种因素的总和，如语言、教育、商业管理、文化和产业发展等差异①。这些差异导致国际经营中市场知识的匮乏，构成了国际经营区别于国内经营的主要特征。

PTI理论假设企业进入新的国际市场是关于心理距离的函数，并认为国际化是企业应对内外环境变化、为规避风险所做的勉强调整②。在进入模式选择方面，企业"通过代理开始向一个国家出口，然后建立销售子公司，最终在东道国生产产品"③，或者"从低控制模式到高控制模式相继进展"④。乌普萨斯学派也观察到企业进入国际市场的步骤非常相似，特别是该步骤和本国与东道国之间的心理距离有关⑤，即企业先进入相邻市场，然后随着经验的增长进入心理距离不断扩大的新市场。这样，我们从PTI理论得出：存在心理距离的情况下，企业会逐步发展国际经营，相继进入心理距离不断扩大的新市场，并运用不断扩大控制力的进入模式。

奥维塔和麦克道格尔(1994)挑战了PTI的观点。他们指出，以往两国间通讯和运输渠道不畅制约了国际市场的信息收集，增加了海外经营的风险；但近年来，不断改善的国际通讯和运输条件，简化并缩短了企业国际化过程。这使心理距离的实用性降到最低，企业可以跨越国际化发展阶段，或者根本不必按阶段进行⑥。因此我们得出，INV理论关于心理距离和国

---

① Johanson，J. & Vahlne，J. E. The internationalization process of the firm: a model of knowledge development and increasing foreign market commitments. *Journal of International Business Studies*，1977，8(1)：23-32.

② 同上。

③ 同上。

④ Autio，E. Creative tension：the significance of Ben Oviatt's and Patricia McDougall's article "toward a theory of international new ventures". *Journal of International Business Studies*，2005，36：9-19.

⑤ Johanson，J. & Wiedersheim Paul，F. The Internationalization of the Firm-Four Swedish Cases. *Journal of Management Studies*，1975.

⑥ Chetty，S. & Campbell Hunt，C. A Strategic Approach to Internationalization：A Traditional Versus a "Born-Global" Approach. *Journal of International Marketing*，2004，12(1)：57-81.

际化步骤的观点是：技术和经济的变化可以把心理距离降到最低，并缩短、简化或跨越企业国际化的阶段。

表 6-5　进入市场的时间顺序和进入模式选择

企业代码	创建者首次国际化活动	正式注册后首次国际化活动	第二次国际化活动	第三次国际化活动	第四次国际化活动	是否有秩序
F1	2004，出口，利比亚、日本	2004，出口，利比亚、日本	2005，出口，罗马尼亚	2006，出口，罗马尼亚和中国香港特别行政区	—	否
F2	1992，出口，印尼	1996，出口，埃及	1997，出口，叙利亚	1998，出口，阿根廷	1999，出口，阿拉伯	基本是
F3	1997，间接出口，马来西亚	1997，间接出口，马来西亚、泰国	1999，间接出口，英国	2001，出口，美国、意大利、葡萄牙等国和中国台湾地区	2005，出口，德国	是
F4	1995，间接出口，美国	1995，间接出口，美国	2000—2001，贸易办事处，美国	通过办事处出口，美国	—	是
F5	1984，出口，美国	1984，出口，美国	1992—1994，分支机构，美国	出口，全世界	合资、分支机构，世界各国	否
F6	1994，进口，美国；1996，技术引进，日本	2000—2001，出口，东南亚国家、德国	2002，合资，日本	2004，加工贸易，日本	—	基本是
F7	1989，间接出口，中国台湾地区	2001，通过在美国的代理处出口，美国、加拿大	自 2005，出口，新加坡、美国、日本、韩国、马来西亚	自 2005，原材料进口，美国、日本、德国	—	是
F8	1993，技术引进、合资，日本	1999，出口，美国	2001，出口，北美等国，日本	2004，收购，中国香港特别行政区	—	否
F9	1992，加工贸易，日本	自 2002，出口，日本	—	—	—	是
F10	1998，出口，泰国	1998，出口，泰国	2000，分支机构，泰国	2001，出口，南美等国	2003，分支机构，阿根廷、印度	基本是

F11	1996,机械进口,日本	自1998,出口,中东、东南亚国家	2002,机械进口,日本、德国	2005,技术研发,日本、德国	—	是
F12	1993,机械进口,日本、欧洲国家	自1994,出口,韩国	2005,出口,美国、韩国、日本和中东、欧盟国家	—	—	是
F13	1998,外贸办事处,中国香港特别行政区	2001,出口,越南、韩国、意大利、葡萄牙	—	—	—	是
F14	1990,合资,中国澳门地区	1991,出口	1997,市场开发的商业联系,日本和中国香港地区	2004,合资,日本;分支机构,美国	2005,技术和市场合作,日本和意大利	否
F15	2000,技术合作,日本	2002,合资,日本	2003,出口,日本	2005,出口,美国、印度和中国香港特别行政区	正在考虑,分支机构,巴基斯坦	否
F16	1980,出口,东南亚国家	1981,进口	2000,合资,中国香港特别行政区	2002,德国,技术合作	—	基本是

如表6-5所示,大多数样本企业或多或少顺着心理距离由近及远进入国际市场,或多或少采用逐渐扩大控制力的进入模式,即间接出口、贸易代理、直接出口、海外直接投资。这些企业有序的国际化进程似乎与PTI理论一致。这也反映了中国本土企业家的有限理性。但是,一旦这些企业开始国际化进程,其步伐似乎比理论所建议的要快:他们可以很快在干中学,迅速扩展到不同的国际市场。

但是,一些样本企业并不遵循这一有序进程。如F1进入利比亚市场比香港特别行政区早两年,而对于中国内地来说,香港特别行政区的心理距离明显比利比亚小。F5在建立合资企业前就建立了一个完全独立的分支机构,而一个分支机构的控制力明显比合资企业强。与F5类似,F8、F14和F15在开始出口前就有合资。这些都不是PTI和INV观察到的缩短或跨越国际化过程的例子,他们遵循反向国际化顺序。

我们也注意到,F6、F9、F11和F12是从进口开始国际化的,这似乎与传统的理论一致,因为进口往往被认为是较低水平的国际化。这些企业进口机器设备和原材料并从供应商那获得技术指导。他们先从内向国际化学习技术、管理和营销技巧，然后开始外向国际化。

因此，我们提出：企业既可以有遵循 PTI 和 INV 理论所描述的外向国际化模式的时候，也可以在外向国际化开始之前，先通过内向国际化增强市场知识和资源。这个国际化进程的内向部分对那些只拥有有限的技术知识和管理经验的企业来说至关重要。

第五节　国际化企业的竞争战略

PTI 理论没有明确讨论国际化企业该遵循何种竞争战略，并认为国际化是企业应对不断变化的环境，进行战略调整的结果①。该理论提出，一种海外特定经营活动的开展需要普通知识和市场专业知识。PTI 理论中的市场专业知识一般与不同国家、不同时期的供求条件、竞争状况、销售渠道、支付条件、货币可转让性等情况相关。因此，该理论提倡企业不断更新战略以跟上机遇和挑战的变化②。

INV 理论对技术知识这一国际竞争的特殊资源给予了特殊的关注。企业管理国际业务相对于本土企业有特定的劣势，为同时战胜多个本土企业的优势，企业可以应用独占性的技术知识，创造差异化或形成成本优势③。INV 理论认为独占性的技术知识是差异化和成本优势战略的基本来源。根据波特理论，产品可以基于配送系统、营销方式实现差异化。同时，差异化策略要求企业选择有别于竞争对手的产品品质。另一方面，成本优势还来源于规模经济、独家拥有的技术、原材料的优先获得权等等。据此，我们得到 INV 关于企业战略的观点：企业可以利用技术知识在国际过程中采取差异化竞争战略或成本优势竞争战略。

---

① Johanson, J. & Vahlne, J. E. The internationalization process of the firm: a model of knowledge development and increasing foreign market commitments. *Journal of International Business Studies*, 1977, 8(1): 23-32.

② De Wit, B. & Meyer, R. *Strategy: Process, Content, Context.* London: Thomson Learning, 2004.

③ McDougall, P., Shane, S. & Oviatt, B. M. Explaining the formation of international new ventures: the limits of theories from international-business research. *Journal of Business Venturing*, 1994, 9(6): 469-487.

从表 6-6 的第 2 列和第 3 列可以看出,样本中多数企业倾向于缩小现有规模和新市场之间的差距,只有少数企业通过选择最具成长潜力的市场来主动扩大市场规模。这就表明多数中国民营企业在国际化进程中是规避风险的,而不是主动寻找商机,这与 PTI 理论一致。

表 6-6　国际竞争力的来源

企业代码	风险规避	寻找机遇	产品技术国内领先	产品技术国际领先	产品质量高,别人很难模仿	同行业最低价格	国际化成功主要原因
F1	是	否	部分产品是	部分产品是	部分产品是	否	品牌
F2	否	是	否	否	否	否	声誉、产品质量、商业关系
F3	是	否	部分产品是	部分产品是	否	否	性价比高
F4	否	是	否	否	否	否	性价比高
F5	否	是	部分产品是	部分产品是	部分产品是	否	性价比高
F6	是	否	否	否	否	否	性价比高
F7	是	否	是	否	否	否	性价比高
F8	否	是	部分产品是	否	否	否	性价比高
F9	是,一开始	是,现在	是	否	否	否	性价比高
F10	是	否	否	否	否	否	性价比高
F11	是	否	是	是	是	否	产品质量
F12	是	否	部分产品是	部分产品是	否	否	性价比高
F13	是	否	部分产品是	否	否	否	性价比高
F14	是	否	是	部分产品是	否	否	性价比高
F15	是	否	是	否	否	否	性价比高
F16	否	是	是	否	否	否	性价比高

为观察企业是否应用科技知识来实现差异化,从而保持竞争力,我们向受访者询问了产品科技和质量标准,回答如第 4—6 列所示。多数样本企业应用到产品中的技术在中国是领先的,因为他们有政府颁发的"高新企业"称号。但是,很少企业声称其技术在世界领先,即便世界领先,他们也承认该技术只是用于非常有限的产品中,更有甚者,该产品是发达国家不再有兴趣生产的,如纺织品、服装和塑料机械等。

成本优势是波特(Porter,1985)提出来的另一个竞争策略。但是,表 6-

6第7列表明,仅仅价格低并不是这些企业在世界市场保持竞争力的途径,除非一个企业声称其价格是同行业最低的。相反,多数企业表示,他们最基本的国际竞争力的来源是高性价比。正如F5的受访者指出,"从国际上来说,一些企业提供比我们质量更好的产品,而另一些提供比我们价格更低的产品,但是我们产品性价比最高"。中国企业走出了一条依靠高质量和相对较低的价格在国际市场竞争的路子,而不是纯粹追求产品差异化或成本优势战略。

中国的实践表明:企业可以通过发展技术知识来增强差异化或成本优势而顺利立足于海外市场,也可以根据企业自身的优势和劣势以及市场条件采用其他竞争战略。比如,具有有限技术知识的企业可以追求一个低成本和差异化的综合策略。因此我们认为:为了在国际市场上更加具有竞争力,企业需要选择一个合适的策略,使自己的步伐与不断变化的国际环境保持一致。

第六节 国际化的时间与企业绩效

在评论 INV 理论时,扎哈拉(Zahra,2005)认为国际商务环境表现出不断变化的特征[1]。这对于考察国际新冒险企业如何改变其战略方向,对于研究促使国际新冒险企业改变战略方向的条件以及证明这些变化对企业绩效产生的影响,都非常重要。PTI 理论暗含一个重要观点:国际化起步较晚的企业比起步较早的企业更容易在国际化进程中幸存下来[2]。企业管理者通常会规避风险,随着时间推移逐步积累资源,因此国际化进程起步较晚的企业更容易提高生存机会。此外,INV 理论还认为,较早进入国际化不仅是一个机遇,而且是确保企业绩效增长所必需的[3]。该理论并没有

---

① Zahra, S. A. A theory of international new ventures: a decade of research. *Journal of International Business Studies*, 2005, 36: 20-28.

② Autio, E. Creative tension: the significance of Ben Oviatt's and Patricia McDougall's article "toward a theory of international new ventures". *Journal of International Business Studies*, 2005, 36: 9-19.

③ McDougall, P., Shane, S. & Oviatt, B. M. Explaining the formation of international new ventures: the limits of theories from international-business research. *Journal of Business Venturing*, 1994, 9(6): 469-487.

指出国际化的时间和企业绩效之间的关系。因此,现有文献关于企业国际化时间和企业绩效的观点是:国际化时间可能会以不同的方式影响早期快速国际化企业和起步较迟的渐进国际化企业的生存和绩效。

表6-7清楚地表明,国际化时间与企业绩效之间没有明显联系。较早国际化企业和较晚国际化企业都可能表现很出色或反之。我们问及如何解释这一现象,受访者没有一个将企业绩效和国际化时间联系在一起。访谈所反映的主要信息是企业从国际化中得到了实惠,他们对海外市场的总体绩效基本上是满意的。

表6-7 国际化时间与企业绩效

企业代码	创建者涉足相关业务	首次国际化活动	首次国际化的滞后时间(年)	对海外销售的满意度	对税前利润的满意度	是否从国外市场获得了先进技术和管理知识	对总体绩效的满意度	海外市场比国内市场回报率高
F1	1985	2004	19	NA	NA	7	NA	5
F2	1989	1992	3	4	3	6	4	6
F3	1993	1997	4	5	5	6	6	6
F4	1987	1995	8	1	5	2	4	2
F5	1969	1984	15	6	6	7	7	7
F6	1986	1994	8	1	6	2	7	4
F7	1956	1989	33	7	7	7	7	6
F8	1987	1993	6	5	5	7	6	5
F9	1968	1992	24	4	5	6	6	5
F10	1970	1998	28	5	5	6	4	5
F11	1994	1996	2	5	6	6	5	7
F12	1992	1993	1	6	6	3	7	5
F13	1986	1998	12	NA	NA	NA	NA	NA
F14	1979	1990	11	6	4	7	6	6
F15	1998	2000	2	3	3	5	5	4
F16	1966	1980	14	6	6	7	7	7

注:(1)从第5—9列,单元格里的值是7分Likert度量法的数字,1表示完全不同意或不满意,7表示完全同意或满意。(2)NA表示受访者无法或不愿意提供相关信息。

F4 对其主要产品在海外市场的销售并不满意,原因很简单,海外销售没有达到该企业预期的指标。创始人认为:"我们必须投入足够的精力。此外,条件还没有成熟,我们还需要时间。"由于国际业务有限,创始人并不认为他们从海外市场学到了很多经验知识。F6 也认为其出口量较小,没有形成规模经济。虽然海外市场税前利润比较高,但其整体投资回报与国内持平。F4 和 F6 决定先发展国内市场并做大做强,然后顺其自然走向国际。

我们认为企业绩效受内外部多种因素影响。即,无论这些企业的国际化是较早开始快速发展,还是较晚开始逐渐发展,国际商务环境可能会以不同的方式影响企业的生存或绩效。获得优秀绩效的最好方式可能就是一以贯之地进行战略调整,与外部条件保持协调。

第七节　模型构建与实证检验

一、模型初步构建与数据描述

根据上述案例分析,我们可以顺理成章地得到六组假设:

H1:国内和国际商务环境的联系越紧密或越趋于同质化,企业家会越早开始企业的国际化,从而企业国际化绩效会越好;

H2:企业家年纪越轻、受教育水平越高、国际化经验越丰富,企业国际化绩效就越好;

H3:企业规模越大、创建时间越长、关系网资源越丰富,企业国际化绩效就越好;

H4:心理距离越近,企业国际化绩效越好;

H5:企业采取的竞争战略会影响企业国际化绩效;

H6:企业国际化时间越早,国际化绩效就越好。

本章就根据这六个假设,用浙江 39 家民营企业的调查问卷数据对民营企业国际化的影响因素作计量分析,从而检验国外企业国际化理论在中国民营企业国际化发展中的有效性,同时检验本文第三部分的比较案例研究结果。

从上述六个假设出发,本文构建模型如下:

$$TN_i = \beta_0 + \beta_1 X_1 + \beta_2 X_2 + \beta_3 X_3 + \beta_4 X_4 + \beta_5 X_5 + \beta_6 X_6 + \beta_7 X_7 + \beta_8 X_8 + \varepsilon$$

其中，TN_i表示国际化绩效，作为因变量。考虑到数据的可获得性，国际化绩效采用联合国贸发会议的跨国指数。该指数比较简洁，它是企业海外销售额、海外雇员人数及海外资产分别占企业总销售额、总雇员及总资产比重的加权平均数。其计算公式为：

$$TN_i = (FSTS + FETE + FATA)/3$$

其中：

$FSTS$(Foreign Share in Total Sales)指海外销售额占总销售额的比重；

$FETE$(Foreign Employment in Total Employment)指海外雇员人数占总雇员人数的比重，本文数据采用企业从事对外商务活动的职工人数占总职工人数的比重；

$FATA$(Foreign Assets in Total Assets)指海外资产占总资产的比重，本文数据采用企业投向海外或用于对外商务活动的资产占总资产的比重。

模型的自变量包括：

X_1：国际国内商务环境差异程度（由于心理距离也很大程度上反映了国内外商务环境的差异程度，因此该变量反映了上文第一个假设 $H1$ 和第四个假设 $H4$），数据采用有序分类变量，即把受访企业家对差异程度的判断分为七个等级，1 为国际国内市场完全一体化，7 为完全异质化；

X_2：企业家年龄；

X_3：企业家受教育水平，数据采用企业家接受全日制脱产教育的年数；

X_4：企业家的国际经验，数据采用受访企业开展国际化业务之前企业家参与国际商务活动的年数；

X_5：企业规模，数据采用调查当年企业职工的人数；

X_6：创建时间，数据采用企业创建之日起至 2006 年的年数；

X_7：企业竞争战略，调查问卷设 1 为价格战略，4 为性价比战略，7 为技术战略，2、3 和 4、5 分别居于两者之间；

X_8：企业国际化时间，数据采用企业从事第一次国际化活动到 2007 年的年数。

因此，本文设计的模型为：

$$TN_i = \beta_0 + \beta_1 X_1 + \beta_2 X_2 + \beta_3 X_3 + \beta_4 X_4 + \beta_5 X_5 + \beta_6 X_6 + \beta_7 X_7 + \beta_8 X_8 + \varepsilon$$

即：$TN_i = \beta_0 + \beta X_j + \varepsilon (j = 1, 2, \cdots, 8)$

其中，TN_i 为第 i 个企业的国际化绩效，X_j 为影响企业国际化绩效的因素向量，ε 为随机扰动项。

调查问卷所获数据见本章附表。

二、最优尺度回归与模型修正

线性回归模型要求因变量为数值型,实际上,由于对同一个自变量的回归系数是恒定值,例如自变量 X 从 1 上升到 2 和从 100 上升到 101 被假设为对因变量 Y 数值的影响均为 b,这实际上也就限定了自变量的测量方式也应该是等距的。但是,本文的数据出现了分类资料,如 X_1:国际国内商务环境差异程度,即企业家对差异程度的判断在问卷中被收集为 1—7,如果将其直接作为自变量纳入分析,则实际上是假设这 7 档间的差距完全相等,或者说它们对因变量的数值影响程度是均匀上升/下降的,这显然是一个过于理想和简单的假设,有可能导致错误的分析结论。

另一方面,对于无序多分类变量,如 X_7:企业竞争战略,它们之间则根本不存在数量上的高低之分,不可能为其给出一个单独的回归系数估计值,来表示企业竞争战略每上升一个单位时因变量数量的变化趋势。对于上述分类变量,统计上标准的做法是采用哑变量进行拟合,然后根据分析结果考虑对结果进行简化。但是,哑变量分析的操作比较麻烦,而且当研究问题中绝大多数变量都是分类变量时,这种分析思路实际上是很难实现的。

因此,本文采用最优尺度变换的方法先对 X_1、X_7 的数据进行处理。最优尺度变换专门用于解决在统计建模时如何对分类变量进行量化的问题,其基本思路是基于希望拟合的模型框架,分析各级别对因变量影响的强弱变化情况,在保证变换后个变量间的联系成为线性的前提下,采用一定的非线性变换方法进行反复迭代,从而为原始分类变量的每一个类别找到最佳的量化评分,随后在相应模型中使用量化评分代替原始变量进行后续分析。这样就可以将各种传统分析方法的使用范围一举扩展到全部的测量尺度,如对无序多分类变量、有序多分类变量和连续性变量同时进行回归分析、因子分析等。

采用 SPSS 统计软件进行回归,得到结果为:

表 6-8　回归摘要

复相关系数 R	R^2	调整后的 R^2
0.979	0.959	0.901

被解释变量:TN。

解释变量:X_1 差异 X_2 年龄 X_3 教育 X_4 经验 X_5 规模 X_6 创建年数 X_7 竞争战略 X_8 国际化时间。

表 6-9　方差分解

	平方和	自由度	均方	F—统计量	伴随概率
回归	17.266	10	1.727	16.458	0.001
残差	0.734	7	0.105		
总	18.000	17			

被解释变量：TN。

解释变量：X_1 差异 X_2 年龄 X_3 教育 X_4 经验 X_5 规模 X_6 创建年数 X_7 竞争战略 X_8 国际化时间。

表 6-10　回归系数

	标准化系数		自由度	F—统计量	伴随概率
	β_i	标准差			
X_1 差异	−0.077	0.090	1	0.734	0.420
X_2 年龄	−0.082	0.112	1	0.531	0.490
X_3 教育	−0.202	0.091	1	4.951	0.061
X_4 经验	1.008	0.130	1	60.164	0.000
X_5 规模	0.153	0.151	1	1.027	0.344
X_6 创建年数	−0.524	0.175	1	8.983	0.020
X_7 竞争战略	0.145	0.086	3	2.827	0.116
X_8 国际化时间	0.338	0.146	1	5.329	0.054

被解释变量：TN。

表 6-11　相关系数和容忍度

	相关系数			重要性	容忍度	
	零阶相关	偏相关	半净相关		转置后	转置前
X_1 差异	0.331	−0.308	−0.065	−0.027	0.713	0.714
X_2 年龄	0.644	−0.265	−0.056	−0.055	0.465	0.451
X_3 教育	−0.028	−0.644	−0.170	0.006	0.705	0.587
X_4 经验	0.908	0.946	0.592	0.954	0.345	0.361
X_5 规模	−0.219	0.358	0.077	−0.035	0.256	0.239
X_6 创建年数	−0.455	−0.750	−0.229	0.248	0.191	0.182
X_7 竞争战略	0.035	0.536	0.128	0.005	0.784	0.664
X_8 国际化时间	−0.274	0.657	0.176	−0.097	0.272	0.327

被解释变量：TN。

从表 6-8、表 6-9 可以看出,调整后的 $R^2 = 0.901$,模型整体有效性检验的 $P = 0.001 < 0.005$,所以,模型整体上具有统计学意义。但是表 6-10 显示,在 8 个自变量中,X_1 差异、X_2 年龄和 X_5 规模对因变量的解释力无法通过显著性检验。这个结果与我们的案例分析结果是一致的,即:

(1)由于我们用来衡量国内外商务环境差异程度的数据是企业家对该差异的判断,因此,很可能存在这样一种情况,有限的教育水平、国际化经历使民营企业家无法正确认识市场一体化的准确程度,即使他们可以正确认识,由于各种其他原因,他们或许不能或不愿采取相应行动;

(2)年龄不能作为影响企业国际化的因素之一,民营企业家中的老将和新帅都可以在国际化浪潮中叱咤风云;

(3)规模不是企业进行初期国际化的必备条件,也不是影响企业国际化绩效的重要因素,这也印证了小规模技术理论的观点,比较优势、比较利益是普遍存在的,即使是发展中国家的中小企业,也有可能存在着对外投资、国际化经营的某种优势,对于发展中国家和中小企业而言,对外直接投资和国际化经营也是为了充分利用自己的各种比较优势资源,生产出尽可能多的具有比较优势的产品,获得比较利益。

虽然从表 6-10 也可以看出,X_3 教育、X_4 经验、X_6 创建年数、X_7 竞争战略、X_8 国际化时间中,除 X_4 通过显著性检验外,其余四个也未通过显著性检验,但是考虑到这四个变量的 P 值明显比 X_1、X_2、X_5 小,而且可能因为存在 X_1、X_2、X_5 而对 X_3、X_6、X_7、X_8 的显著性产生了影响。

因此,我们考虑去除 X_1 差异、X_2 年龄和 X_5 规模这三个自变量后再对模型进行回归分析,得到结果如下:

表 6-12　回归摘要

复相关系数 R	R^2	调整后的 R^2
0.977	0.955	0.924

被解释变量:TN。
解释变量:X_3 教育 X_4 经验 X_6 创建年数 X_7 竞争战略 X_8 国际化时间。

表 6-13　方差分解

	平方和	自由度	均方	F—统计量	伴随概率
回归	17.198	7	2.457	30.623	0.000
残差	0.802	10	0.080		
总	18.000	17			

被解释变量:TN。
解释变量:X_3 教育 X_4 经验 X_6 创建年数 X_7 竞争战略 X_8 国际化时间。

表 6-14 回归系数

	标准化系数		自由度	F—统计量	伴随概率
	β_i	标准误差			
X_3 教育	−0.303	0.072	1	17.528	0.002
X_4 经验	0.827	0.074	1	124.432	0.000
X_6 创建年数	−0.396	0.125	1	10.039	0.010
X_7 竞争战略	0.304	0.076	3	16.166	0.000
X_8 国际化时间	−0.007	0.118	1	0.004	0.952

被解释变量：TN。

表 6-15 相关系数和容忍度

	相关系数			重要性	容忍度	
	零阶相关	偏相关	半净相关		转置后	转置前
X_3 教育	−0.014	−0.798	−0.280	0.004	0.850	0.641
X_4 经验	0.875	0.962	0.745	0.757	0.811	0.811
X_6 创建年数	−0.536	−0.708	−0.212	0.222	0.286	0.341
X_7 竞争战略	0.041	0.786	0.268	0.013	0.779	0.725
X_8 国际化时间	−0.463	−0.020	−0.004	0.004	0.323	0.346

被解释变量：TN。

从表 6-12 可以看出，去除三个自变量后的调整后 R^2 大于去除前的调整后 R^2，即 $R^2=0.924>0.901$。而且，从表 6-13 可以看出，模型的整体解释力和统计意义进一步上升。

但是，从表 6-14 发现，X_8 国际化时间这个变量的解释力不高，这也与本文的案例分析结果一致，即国际化时间早晚并不是影响企业国际化绩效的重要因素之一。正如第三章的案例分析结果所示，国际化时间与企业绩效之间不存在明显联系，较早国际化企业和较晚国际化企业都可能表现很出色或很糟糕。

而且，从表 6-15 可以看出，X_8 的影响重要性（Importance）和容忍度（Tolerance）这两个指标都不好。影响重要性是根据标化系数和相关系数计算出的自变量在模型中的重要程度百分比，所有变量的重要性加起来等于 100%，数值越大表明该变量因变量的预测越重要。容忍度表示该变量对因变量的影响中不能够被其他自变量所解释的比例，越大越好，反映了自变量共线性的情况，如果该变量的容忍度太小，则最优尺度回归分析结果可能不正确。

虽然 X_6 创建年数的影响重要性和容忍度都不高,且未能通过显著性检验,但是基于上文同样的考虑,我们只去除 X_8 国际化时间这个自变量以后再对模型进行回归分析,结果如下所示:

表 6-16　回归摘要

复相关系数	R^2	调整后的 R^2
0.977	0.955	0.931

被解释变量:TN。
解释变量:X_3 教育 X_4 经验 X_6 创建年数 X_7 竞争战略。

表 6-17　方差分解

	平方和	自由度	均方	F—统计量	伴随概率
回归	17.197	6	2.866	39.265	0.000
残差	0.803	11	0.073		
总	18.000	17			

被解释变量:TN。
解释变量:X_3 教育 X_4 经验 X_6 创建年数 X_7 竞争战略。

表 6-18　回归系数

	标准化系数		自由度	F—统计量	伴随概率
	β_i	标准误差			
X_3 教育	−0.301	0.067	1	20.232	0.001
X_4 经验	0.831	0.071	1	138.408	0.000
X_6 创建年数	0.394	0.077	1	26.116	0.000
X_7 竞争战略	0.300	0.070	3	18.566	0.000

被解释变量:TN。

表 6-19　相关系数和容忍度

	相关系数			重要性	容忍度	
	零阶相关	偏相关	半净相关		转置后	转置前
X_3 教育	−0.014	−0.805	−0.286	0.004	0.904	0.672
X_4 经验	0.877	0.962	0.749	0.763	0.812	0.812
X_6 创建年数	0.534	0.839	0.325	0.220	0.683	0.740
X_7 竞争战略	0.039	0.792	0.274	0.012	0.836	0.725

被解释变量:TN。

但是从最优尺度回归的第一个结果到最后都显示着这样一个信息:教

育对企业国际化绩效的影响是负的，也就是说，受到正规教育年数越多，企业的国际化绩效越不好。这似乎与传统的理论发生了很大的背离，但我们认为这还是可以理解的：

第一，一个成功的企业家应该是具有发散思维和创新精神的，而本文所选样本民营企业的企业家带领企业闯天下的时代正值中国改革开放初期，那是越敢冒风险、越能赚大钱的年代，因此缺乏正规教育这一劣势一定程度上转化为了优势。一方面，他们有限的教育水平使他们不会瞻前顾后，敢于吃第一只螃蟹；另一方面，有限的正规教育使他们很难在一些传统单位获得发展，他们急于改变自己的现状，改革开放和民营企业这一载体给他们提供了极佳的机遇。

第二，接受正规教育有一定的机会成本，是以放弃在市场经济中摸爬滚打为代价的。这样，接受教育与积累经验就成为一对矛盾，企业家越早结束正规教育，就能越早到市场经济实践中积累经验，特别是国际化经验。而表 6-13 显示 X_4 经验对企业国际化绩效的影响程度最高，而且是正的，这就很好地说明了教育对民营企业国际化绩效的影响为什么是负的。

第三，虽然他们受到正规教育的时间较少，但是企业家所受的正规教育大多数处在中等教育阶段，也就是说他们绝大多数没有接受大学的正规教育。因此，我们可以这样认为：正规的中等教育固然有其提高学生素质的重大意义，但是它对企业家精神的塑造能力远远比不上大学的专业教育。另外一方面，他们在市场经济的风口浪尖搏击一段时间，积累了相当多的实践经验以后，接受了非正规教育——企业管理培训。目前，全国特别是东部沿海地区的管理培训机构遍地开花，组织开展经理人培训班、总裁培训班等，每年都有大量的企业家接受培训。这种"干中学"的模式使民营企业家受益匪浅。

因此，我们接受了第三次最优尺度回归的结果，同时，我们发现计量结果没有常数项，所以，我们的模型修正为：

$$TN_i = \beta_3 X_3 + \beta_4 X_4 + \beta_6 X_6 + \beta_7 X_7 + \varepsilon$$

三、计量分析小结

通过对调查问卷数据的计量分析，我们得到以下结果：

(1)中国民营企业家对国内外市场环境差异程度的判断不能成为影响企业国际化绩效的因素之一，这与我们的案例研究结果一致；

(2)年龄不能作为影响企业国际化的因素之一，民营企业家中的老将和新帅都可以在国际化浪潮中叱咤风云；

（3）教育对企业国际化绩效存在负影响，但是由于我们选取的样本企业的企业家成长在一个特殊的环境，我们并不否认接受正规教育的重要性，特别是高中以后接受的专业教育和国际化实践过程中接受的专题培训（如参加职业经理人培训班、总裁培训班等），随着中国教育制度的进一步健全和市场经济制度的进一步完善，接受正规教育，特别是大学的正规专业教育必然对企业国际化绩效产生积极影响；

（4）经验在企业国际化进程中起到了重要作用，国际化经验越丰富，国际化绩效越好，该因素在本文提炼出的影响企业国际化的所有因素中是最重要的；

（5）规模不是企业进行初期国际化的必备条件，也不是影响企业国际化绩效的重要因素，这与我们的案例研究结果一致，也印证了小规模技术理论的观点；

（6）创建时间对企业国际化绩效有正作用，即创建越早，国际化绩效越好，这验证了传统的国际化阶段理论，该理论认为创建时间越长，企业积累的内部资源越多，它参与国际化竞争的绩效会更好；

（7）企业竞争战略对企业国际化绩效的影响很大，企业越是采用技术战略，国际化绩效越好；

（8）企业国际化时间，即企业参与国际化的早晚不能成为影响企业国际化绩效好坏的因素，这与我们的案例研究结果一致，也印证了国际新冒险企业理论的观点。

第八节　小结

通过上述分析我们发现，中国民营企业国际化经历是独特的：中国民营企业国际化进程的多数独特现象与这些企业的创始人所拥有的特殊的企业家精神有关。当受访者被问到政府政策、商业网络、公司资源、国内竞争、企业家精神何为影响国际化进程最重要的因素时，其回答如表6-20所示。

表 6-20　影响国际化进程最重要的因素

企业代码	最重要	次重要	第三重要
F1	公司资源	国内竞争	—
F2	企业家精神	—	—
F3	企业家精神	商业网络（当地供应链）	运气
F4	了解世界、把握机遇	—	—
F5	企业家精神	—	—
F6	企业家精神	公司资源	商业网络
F7	企业家精神	—	—
F8	企业家精神	—	—
F9	国内竞争	政府政策	企业家精神
F10	企业家精神	政府政策	市场条件
F11	寻找利润	政府政策	
F12	政府政策	企业家精神	—
F13	企业家精神	—	—
F14	企业家精神	—	—
F15	政府政策	企业家精神	—
F16	企业家精神	国际竞争	

　　16 个样本企业中有 10 个认为企业家精神是影响国际化进程最重要的因素，另外 2 个企业认为是第二重要的。此外，F4 和 F11 认为把握机遇和寻找利润也与企业家精神密切相关。在解释中国民营企业国际化时，任何其他因素的重要性都无法与企业家精神相比。

　　把企业家精神应用到企业国际化分析中并不新颖。但是，植根并流行于发达市场经济国家的"正规"企业家精神并不能给中国提供满意的解释。中国民营企业具有的企业家精神是有限理性的，这就有力地解释了这些企业国际化行为的独特性。巴克利(Buckley,2002)曾呼吁通过引入企业家精神理论而使现有国际化理论更具解释力。这个建议与中国的实践非常一致。鉴于其他影响因素如资源和关系网也可以作为相关解释，琼斯和科维罗(Jones & Coviello,2005)建议把多重理论观点整合到一个既多元又系统的方法中。根据这个建议，我们把有限企业家精神纳入到建立在现有理论基础上的企业家精神框架中，使它具有更加普遍的解释力度和灵活性。

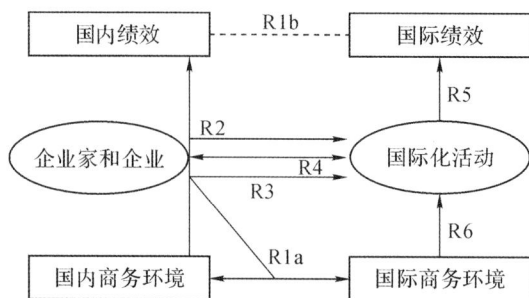

图 6-1　企业家精神与企业国际化

与上述部分响应,我们的模型可以归纳为六个关系。我们从 R1 开始,即外部条件与国际化时机之间的关系。从文献回顾了解到,国内和国际商务环境联系越紧密,或越显同质性,企业家越早开始企业国际化。其次,国内和国际商务环境联系越紧密,或越显同质性,国内和国际市场的经营绩效会越趋于收敛。但从前面的经验论证来看,中国的证据似乎并不支持这个命题。当然我们并不会就此认为这个命题是错误的,而是认为出现这样的差异是与有限企业家精神有关的。因为受制于有限的教育、经历和制度障碍,创建者无法正确认识市场一体化的准确程度。即使他们可以正确认识,也会由于其他多种因素,使得他们可能无法或不愿采取相应的行动。比如,即使国内国外市场之间存在较高同质性,创建者可能就像 F1 一样只是利用他们有限的资源把目光集中在国内市场。

从文献梳理我们得到这样的观点:企业是集中精力于国内市场还是走向国际市场,取决于企业主对国际化相关优势、劣势的认识,这些认识依次受到企业主受教育水平、国际化经验和环境条件的影响。企业主因为教育水平的限制,对海外市场的知识也会非常有限,同时国内市场又相对较大,所以中国本土企业家倾向于在国内市场开始他们的业务。这个结果与社会学观点一致,该观点认为,企业家认知方法和行为是在他们的商业环境中发展的。这个社会学观点现在作为 R2 被并入到图 6-1 中。

从文献分析中我们可以得到这样的观点,即国际化开始时需要经验知识或者前期国际化经历。而且,网络关系对于小型高新企业涉足海外,进而打入新市场很重要,甚至能够缩短或直接跨越国际化阶段。虽然受到经验知识、前期国际化经历、网络关系缺乏的限制,很多中国本土企业的创建者却通过他们商业环境中的其他途径获得了海外商机的信息,比如参加展销会。与 PTI 和 INV 不同,我们的 R3 认为,经验知识、前期国际化经历和网络关系虽然很有帮助,但他们并不是企业家开始国际化进程时所必需的,无论在较早阶段还是在较晚阶段都是如此。

图 6-1 的 R4 表示企业与海外市场选择进入模式之间存在双向关系。这与 PTI 和 INV 理论不同,后者鉴于心理距离,讨论一个企业是遵循逐步增加的模型还是可以缩短或跨越单向国际化的阶段。当企业可遵循 PTI 和 INV 理论所描述的外向国际化模型的时候,他们也可以从事内向国际化,在开始外向国际化之前增强他们国内市场的知识和资源。这个国际化进程的内向部分对那些只具备有限技术和管理知识的企业来说相当有用。

在第五节的分析当中,PTI 理论认为,为了使得企业的步伐与它的商务环境保持一致,国际化进程中的知识是必不可少的。这里的知识主要是指海外市场和运作的信息。INV 也认为,知识在国际过程中是必需的,企业可以利用它们获得差异化或成本优势,但这里的知识主要是指技术知识。虽然从不同方面着眼,但两种知识的定义是相互一致的。我们可以通过发展我们的技术知识来增强差异化或成本优势,让企业顺利立足于海外市场。但是,企业可以根据企业自身的优势和劣势以及市场条件采用其他的竞争战略。比如,具有有限技术知识的企业可以追求一个低成本和差异化的综合策略。根据这样的考虑,我们的 R5 是:为了在国际市场上更加具有竞争力,企业需要选择一个合适的策略,使自己的步伐与不断变化的国际环境保持一致。

图中 R6 是关于国际化时间和企业绩效之间关系的判断。我们认为企业绩效受内部和外部多种因素影响。也就是说,不管这些企业的国际化是较早开始且快速发展的,还是较晚开始逐渐发展的,国际商务环境可能会以不同的方式影响企业的生存或绩效,也可能根本不会有影响。所以说,对企业而言获得优秀绩效的最好方式就是始终如一地进行战略调整,与外部条件保持协调,这也就是在 R5 中所讨论的一个方面。

本章展示了关于 16 个中国民营企业国际化过程的一个比较案例研究和基于 39 家企业问卷调查的计量分析。本章从现有文献中发展了六个主要命题,这些命题都被不断地应用到案例比较当中。基于这些命题所提出的观点,有限企业家精神的观点被纳入到一个更加灵活的企业家精神框架中,以解释这些企业独特的国际化模式和竞争地位。

中国民营企业家正处在一个发展中国家的经济转型期,受到教育水平低、经验较少和制度安排不尽如人意的限制,具有的技术、管理和语言知识非常有限。因此,①中国民营企业家在评估国内国外市场的一体化程度和同质性时是有限理性的;②对国际商机的认识有限,倾向于在国内市场开拓业务;③鉴于商业网络和关于海外市场与运作的经验知识的缺乏,他们不是消极等待机会,就是努力以其他方法获得信息;④鉴于有限企业家精神,一些企业在开始外向国际化之前,实施内向国际化活动来学习技术和管理知识;⑤鉴于有限的技术知识,他们追求差异化和成本优势的综合战略;⑥国际化的时间不足以影响企业绩效,还有很多其他影响因素。

在我们复杂灵活的框架中,我们已经并入了市场不完善论和交易费用理论、网络关系方法、资源基础说和竞争战略理论,使现有理论在面对中国企业国际化时更有针对性。

附表　调查问卷数据汇总表

ID	TN	X_1	X_2	X_3	X_4	X_5	X_6	X_7	X_8
1	0.04	7.00	45.00	16.00	8.00	1,876.00	7.80	4.00	2.00
2	0.36	3.00	50.00	16.00	10.00	60.00	6.70	4.00	5.00
3	0.96	7.00	59.00	12.00	15.00	118.00	1.30	4.00	1.00
4	0.24	4.00	43.00	25.00	10.00	15.00	3.50	6.00	3.00
5	0.04	3.00	49.00	5.00	0.00	71.00	5.30	4.00	1.00
6	0.06	4.00	45.00	3.00	0.00	650.00	5.30	5.00	1.00
7	0.08	4.00	52.00	9.00	0.00	76.00	6.50	4.00	4.00
8	0.25	1.00	31.00	15.00	3.00	200.00	2.20	4.00	1.00
9	0.01	6.00	52.00	12.00	0.00	285.00	7.20	6.00	1.00
10	0.01	1.00	42.00	16.00	0.00	86.00	5.00	4.00	1.00
11	0.09	4.00	35.00	12.00	0.00	30.00	13.00	6.00	11.00
12	0.13	5.00	38.00	12.00	2.00	400.00	10.00	5.00	6.00
13	0.26	5.00	42.00	15.00	0.00	89.00	5.00	5.00	2.00
14	0.11	2.00	41.00	6.00	1.00	100.00	4.00	3.00	3.00
15	0.37	7.00	39.00	9.00	4.00	100.00	7.00	4.00	7.00
16	0.40	1.00	42.00	12.00	10.00	50.00	4.00	3.00	4.00
17	0.15	3.00	42.00	16.00	0.00	150.00	4.00	4.00	3.00
18	0.14	4.00	35.00	6.00	0.00	250.00	10.00	3.00	6.00
19	0.08	4.00	39.00	12.00	0.00	35.00	12.00	4.00	1.00
20	0.08	2.00	33.00	15.00	0.00	43.00	3.00	2.00	1.00

21	0.09	3.00	35.00	12.00	0.00	25.00	2.00	4.00	1.00
22	0.21	5.00	39.00	16.00	2.00	8.00	6.00	4.00	2.00
23	0.05	4.00	38.00	12.00	0.00	20.00	4.00	3.00	1.00
24	0.05	7.00	41.00	6.00	0.00	150.00	9.00	4.00	2.00
25	0.32	1.00	46.00	9.00	0.00	150.00	10.00	1.00	10.00
26	0.27	7.00	37.00	12.00	0.00	260.00	11.00	7.00	9.00
27	0.02	7.00	43.00	12.00	0.00	2,800.00	12.00	7.00	11.00
28	0.43	1.00	61.00	9.00	0.00	31,800.00	37.00	5.00	22.00
29	0.17	7.00	46.00	12.00	0.00	1,800.00	20.00	6.00	6.00
30	0.32	1.00	42.00	16.00	5.00	500.00	6.00	6.00	5.00
31	0.33	3.00	43.00	9.00	0.00	2,900.00	19.00	4.00	7.00
32	0.10	3.00	49.00	9.00	2.00	2,000.00	6.00	4.00	4.00
33	0.28	2.00	42.00	9.00	2.00	12,000.00	12.00	5.00	8.00
34	0.14	2.00	36.00	9.00	2.00	7,000.00	12.00	5.00	8.00
35	0.03	7.00	43.00	12.00	2.00	8,000.00	14.00	3.00	12.00
36	0.05	7.00	41.00	12.00	3.00	1,000.00	6.00	4.00	5.00
37	0.21	1.00	45.00	6.00	0.00	25,000.00	16.00	4.00	15.00
38	0.12	1.00	45.00	15.00	2.00	1,020.00	7.00	4.00	3.00
39	0.33	1.00	70.00	6.00	0.00	3,500.00	31.00	4.00	21.00

参考文献

[1] Anderson, V. & Skinner, D. Organizational learning in practice: how do small businesses learn to operate internationally? *Human Resource Development International*, 1999, 2(3): 235-259.

[2] Andersson, P. Connected internationalisation processe: the case of internationalising channel intermediaries. *International Business Review*, 2002, 11(3): 365-381.

[3] Andersson, S. The Internationalization of the Firm from an Entrepreneurial Perspective. *International Studies of Management & Organ-*

ization. 2000,30(1):63-92.

[4] Andersson, S. Internationalization in different industrial contexts. *Journal of Business Venturing*, 2004,19(6):851-875.

[5] Arenius, P. M. Creation of Firm-Level Social Capital. Its Exploitation, and the Process of Early Internationalization. Helsinki: Helsinki University of Technology, 2002.

[6] Autio, E. Symplectic & Generative Impacts of New. Technology-Based Firms in Innovation Networks: An International Comparative Study. Doctorial Dissertation, Helsinki: Helsinki University of Technology, 1995.

[7] Autio, E. Creative tension: the significance of Ben Oviatt's and Patricia McDougall's article "toward a theory of international new ventures". *Journal of International Business Studies*, 2005,36: 9-19.

[8] Boddewyn, J. J. Foreign direct divestment and investment decisions: like or unlike? *Journal of International Business Studies*, Winter, 1988:23-35.

[9] Buckley, P. J. Is the international business research agenda running out of steam? *Journal of International Business Studies*, 2002,33 (2): 365-374.

[10] Chetty, S. & Campbell-Hunt, C. A Strategic Approach to Internationalization: A Traditional Versus a "Born-Global" Approach. *Journal of International Marketing*, 2004,12(1): 57-81.

[11] Chetty, S. & Holm, D. B. Internationalisation of small to medium-sized manufacturing firms: a network approach. *International Business Review*, 2000,9(1):77-93.

[12] Chetty, S. & Wilson, H. Collaborating with competitors to acquire resources. *International Business Review*, 2003,12(1):61-81.

[13] Child, John, Sek, H. N. & Christine, W. Psychic Distance and Internationalization: Evidence from Hong Kong Firms. *International Studies of Management & Organization*, 2002,32(1):36-56.

[14] Coviello, N. E. The network dynamics of international new ventures. *Journal of International Business Studies*, 2006,37:713-731.

[15] Dhanaraj, C. & Beamish, P. W. A Resource-based Approach to the

Study of Export Performance. *Journal of Small Business Management*, 2003,41(3):242-261.

[16] Du, Y. Haier's survival strategy to compete with world giants. *Chinese Economic and Business Studies*, 2003,1(2):259-266.

[17] Eisenhardt, K. M. Building theories from case study research. *Academy of Management Review*, 1989,14(4):532-550.

[18] Ellis, P. Social Ties and Foreign Market Entry. *Journal of International Business Studies*, 2000,31(3):443-463.

[19] Fletcher, R. A holistic approach to internationalization. *International Business Review*, 2001,10(1):25-49.

[20] Forsgren, M. The concept of learning in the Uppsala internationalization process model: a critical Review. *International Business Review*, 2002,11:257-277.

[21] Glaser, B. & Strauss, A. *The Discovery of Grounded Theory*. Chicago: Aldine, 1967.

[22] Hashai, N. & Almor, T. Gradually internationalizing "born global" firms: an oxymoron? *International Business Review*, 2004,13(4): 465-483.

[23] Johanson, J. & Sharma, D. D. Technical Consultancy in Internationalization. *International Marketing Review*, 1987,4: 20-29.

[24] Johanson, J. & Vahlne, J. E. The internationalization process of the firm: a model of knowledge development and increasing foreign market commitments. *Journal of International Business Studies*, 1977,8(1): 23-32.

[25] Johanson, J. & Vahlne, J. E. The mechanism of internationalization. *International Marketing Review*, 1990,7(4): 11-24.

[26] Jones, M. V. & Coviello, N. E. Internationalisation: conceptualising an entrepreneurial process of behaviour in time. *Journal of International Business Studies*, 2005,36:284-303.

[27] Knight, G. A. & Cavusgil, S. T. Innovation, organizational capabilities, and the born-global firm. *Journal of International Business Studies*, 2004,35:124-141.

[28] Kogut, B. & Zander, U. Knowledge of the firm and the evolution-

ary theory of the multinational corporation. *Journal of International Business Studies*, 1993,24(4): 625-645.

[29] Larson, A. Network dyads in entrepreneurial settings: a study of the governance of exchange relationships. *Administrative Science Quarterly*, 1992,37: 76-104.

[30] Lindqvist, M. Internationalisation of Small Technology-based Firms, Three Illusive Case Studies on Swedish Firms. Research Paper 88/15, Institute of International Business. Stockholm School of Economics, 1988.

[31] Liu, H. & Li, K. Strategic Implications of Emerging Chinese Multinationals: The Haier Case Study. *European Management Journal*, 2002,20(6):699-706.

[32] Maitland, E. , Rose, E. L. & Nicholas, S. How firms grow: clustering as a dynamic model of internationalization. *Journal of International Business Studies*, 2005,36(4):435-451.

[33] Mariotti, S. & Piscitello, L. Localized capabilities and the internationalization of manufacturing activities by SMEs. *Entrepreneurship & Regional Development*, 2001,13(1): 65-80.

[34] Mathews, J. A. Dragon multinationals: New players in 21st century globalization. *Asia Pacific Journal of Management*, 2006, 23: 5-27.

[35] McDougall, P. & Oviatt, B. International entrepreneurship: the intersection of two research paths. *Academy of Management Journal*, 2000,43: 902-908.

[36] McDougall, P. , Shane, S. & Oviatt, B. Explaining the formation of international new ventures: the limits of theories from international-business research. *Journal of Business Venturing*, 1994,9(6): 469-487.

[37] Ministry of Commerce and State Statistical Bureau China's Outward Direct Investment Statistical Report 2004. Beijing:Ministry of Commerce and State Statistical Bureau,2004.

[38] Moen, O. & Servais, P. Born global or gradual global? Explaining the export behaviour of small and medium-sized enterprises. *Journal*

of International Marketing, 2002,10(3): 49-72.

[39] Oviatt, B. & McDougall, P. Toward a theory of international new ventures. *Journal of International Business Studies*, 1994,25(1): 45-64.

[40] Oviatt, B. & McDougall, P. Global start-ups: entrepreneurs on a worldwide stage. *Academy of Management Executive*, 1995,9(2): 30-44.

[41] Oviatt, B. M. & McDougall, P. Challenges for internationalization process theory: the case of international new ventures. *Management International Review*, 1997,37: 85-99.

[42] Peng, M. Firm growth in transitional economies, three longitudinal cases from China, 1989-1996. *Organisation Science*, 1997,18(3): 385-413.

[43] Pettigrew, A. M. Longitudinal Field Research on Change. *Organisation Science*, 1990,3(1): 267-292.

[44] Porter, M. E. Competitive Advantage: Creating and Sustaining Superior Performance. New York: The Free Press,1985.

[45] Shi, J. (ed.)Report on the Development of China's Private Economy, Beijing:Economic Science Press, 2006.

[46] Stevenson, H. H. & Jarillo, J. C. A Paradigm of Entrepreneurship Management. *Strategic Management Journal*, 1990,11(1): 17-27.

[47] Tsang, E. W. K. Internationalizing the Family Firm: A Case Study of a Chinese Family Business. *Journal of Small Business Management*, 2001,39(1): 88-94.

[48] Tsang, E. W. K. Internationalization as a learning process: Singapore MNCs in China. *Academy of Management Executive*, 1999,13(1): 91-101.

[49] Tyagi, P. Export Behavior of Small Business Firms in Developing Economies: Evidence from the Indian Market. *Marketing Management Journal*, 2000,10(2):12-20.

[50] Westhead, P. & Wright, M. The internationalization of new and small firms: a resource-based view. *Journal of Business Venturing*, 2001,16(4): 333-358.

[51] Yin, R. K. *Case Study Research : Design and Methods*, Third Edition. London：Sage Publications, 2003.

[52] Yli-Renko, H. , Autio, E. & Tontti , V. Social capital, knowledge, and the international growth of technology based new firms. *International Business Review*, 2002,11(3)：279-304.

[53] Zahra, S. A. A theory of international new ventures：a decade of research. *Journal of International Business Studies*, 2005,36：20-28.

[54] Zahra, S. A. & Dess, G. Defining entrepreneurship as a scholarly field. *Academy of Management Review*, 2001,26(1)：8-10.

[55] Zahra, S. A. & Garvis, S. International corporate entrepreneurship and company performance：The moderating effect of international environmental hostility. *Journal of Business Venturing*, 2000, 15 (5-6)：469-492.

[56] Zahra, S. A. , Korri, J. S. & Yu. Cognition and international entrepreneurship：implications for research on international opportunity recognition and exploitation. *International Business Review*, 2005, 14(2)：129-146.

[57] Zeng, M. & Williamson, P. J. The Hidden Dragons. *Harvard Business Review*, 2003,10：92-99.

第七章　中国民营企业国际化模式选择的案例分析

第一节　案例选择依据

　　本章选取了六家浙江省的民营企业作为案例进行比较分析,包括万向集团、传化集团、华立集团、天马集团、海天集团和雅戈尔集团。之所以选取这几家集团作为个案分析的样本,主要原因还是在于它们在国际化过程中所表现出来的不同特点,可以比较好地反映出民营企业国际化的不同模式,并且影响国际化的各种因素也可以综合地体现在这些企业的国际化过程中。

　　约翰逊和威涉恩提出企业国际化要经历四个循序渐进的阶段:①不规则的出口活动;②通过代理商出口;③建立海外销售子公司;④从事海外生产和制造。从表 7-1 中可以看出,这几家公司的国际化程度都不一样,也处于国际化发展的不同阶段。传化集团尚处于不规则的出口活动阶段,而万向集团和华立已经开始了直接从事海外生产和制造,通过海外收购兼并等资本运作方式进行国际化经营。这些企业都是浙江省规模比较大的民营企业,在国际化的发展过程中所采用的模式不尽相同,影响它们走向国际化的因素更是由于其所处行业和发展路径不同而呈现出不同的特点。本章通过对这些企业的国际化发展战略和影响因素的分析,探求内

表 7-1　个案样本概况

	行业	浙江百强民营企业排序(2005)	国际化阶段
传化集团	日用化工产品制造业	26	不规则的出口活动
天马集团	机械设备及零部件制造销售	—	通过代理商出口
雅戈尔集团	纺织服装制造	3	建立海外销售子公司
海天集团	塑料加工、专用设备制造	84	建立海外销售子公司、海外生产和制造
华立集团	其他电子设备制造	11	从事海外生产和制造国际化资本运作
万向集团	机械设备及零部件制造销售	2	海外生产和制造国际化资本运作

在的规律,并结合中国民营企业发展的特殊性,寻找中国民营企业国际化发展模式中不同于传统理论的地方。

本章分析的出发点还是基于 PTI 理论和 INV 理论,结合各个企业国际化发展的特点,试图用理论来解释其发展的基本规律。当然,正如前文中所论述的那样,由于中国民营企业中企业家精神的特殊性,这些企业在国际化发展过程中可能会表现出不同于 PTI 和 INV 理论的地方。巴克利(2002)曾呼吁通过引入企业家精神理论而使现有国际化理论更具解释力,这个建议与中国的经历非常一致。所以说通过对这六个集团案例的分析,可以帮助我们更好地理解中国民营企业国际化的特点。

第二节　万向集团:技术铸就了新辉煌

万向是以万向集团公司为主体的企业集团,始创于 1969 年 7 月 8 日。1990 年起为浙江省计划单列的集团,1997 年起为国务院 120 家试点企业集团,1999 年起被列为全国 520 户重点企业。2005 年,实现营业收入252.15 亿元,利税 12.40 亿元,出口创汇 8.18 亿美元。2006 年,实现营业收入逾 300 亿元,名列福布斯中国顶尖企业百强榜单,创造了自 1969 年以来 150 个季度无亏损记录的奇迹。万向主业为汽车零部件业,同时拥有万向节、轴承、等速驱动轴、传动轴、制动器、减震器、滚动体、橡胶密封件 8 大系列,及悬架、制动 2 大系统产品,经历了从零件到部件,再到系统模块供应的发展轨迹。现有专业制造企业 32 家,在国内形成了 4 平方公里的制造基地,拥有国家级技术中心、国家级实验室及博士后科研工作站。自 1969年以来,万向以生产专业化、产品系列化为基础,实现了产品走出去——人员走出去——企业走出去,成为中国最大的汽车零部件制造企业之一,主导产品国内占有率达 65% 以上,在海外 8 个国家分别设立了 18 家公司,产品进入了美国通用、福特等国际级大汽车公司的生产线,覆盖了世界 60 多个国家和地区。目前,万向的综合规模在"中国企业 500 强"中位列第 127位,制造业第 58 位;"中国工业企业 1000 强"第 60 位;机械行业第 15 位,汽车行业第 8 位,汽车零部件业第 1 位。而创造这个神话的,便是万向集团董事局主席鲁冠球。

从万向集团的发展过程来看,在鲁冠球的带领下经历了四个阶段:第一阶段是 1980 年以前,即创业的初始阶段。第二阶段是 1980—1989 年,是万向"生产专业化、管理现代化"的成长阶段,鲁冠球以家产作抵押,承包了当时的杭州万向节厂。1988 年,鲁冠球率先对万向完成了股份制改造。1990—1999 年是万向的第三个发展阶段,鲁冠球通过建立现代企业制度,使万向步入"企业集团化、经营国际化"阶段。万向从原先国内同行业排名50 多位,发展成为业内一枝独秀,产品占国内市场一半以上,并在美国等 8个国家拥有 18 家公司,成为通用、福特等国际一流整车厂的配套合作企业。第四个阶段是 1999 年后,万向集团实施"资本式经营、国际化运作"战略,使万向集团不仅成为中国最大的汽车零部件企业,而且在金融、农业等领域也有不小的业绩①。

一、万向国际化进程

20 世纪 70 年代末,万向集团就开始实行国际化战略,并积极开拓国际市场。1984 年,3 万套万向节第一次出口美国,万向因此成为中国第一家进入美国的零部件产品生产企业;1992 年,万向派人到美国开拓市场,实现了人员走出去;1994 年,在美国芝加哥设立万向美国公司,实现了企业走出去。从单一的产品销售扩大到进行国际资源配置,并先后在 8 个国家建立

---

① 陈蕾,鲁冠球.铁匠富豪的国际化情结.中国投资,2006(6).

了 18 家海外分公司,建成涵盖 50 多个国家和地区的国际营销网络,产品给美国通用、福特等汽车公司配套使用,成为第一家进入国际主机厂配套线的中国零部件生产企业。目前,万向美国公司作为万向国际业务的代表,负责统一运作、统一市场。1995 年万向美国公司在以赛马著称的肯塔基注册成立,几年之后,万向先后收购了世界上拥有万向节专利最多的汽车零部件企业——美国舍勒公司和专业生产销售制动器的纳斯达克上市公司 UAI。如今万向已在国外设立、并购、控股了 31 家公司,构建起涵盖全球 50 多个国家和地区的国际营销网络,成为通用、福特等跨国公司的配套客户,海外业务量占据了集团工业销售额的半壁江山。2000 年 4 月,万向集团收购了美国舍勒公司,而该公司为美国三大汽车零配件经销商之一。有趣的是,舍勒公司正是最早购买万向产品的那家美国公司。通过利用舍勒公司原有的渠道,万向集团加大了对美国和欧洲地区产品的出口。2001 年,万向收购包括美国上市公司 UAI 在内的 9 家企业。到 2002 年,万向美国公司总资产达 1300 多万美元,已成长为美国中西部规模最大的中资公司。2002 年 8 月,美国伊利诺伊州政府命名 8 月 12 日为"万向日",以表彰万向对该州经济发展的贡献;2003 年 10 月,收购全球最大的翼形万向节传动轴一级供应商——美国洛克福特公司。2003 年间,鲁冠球率领的万向集团又屡屡成为新闻焦点。在这一年研制的万向空间太阳能硅片,被神舟五号载人飞船采用。而在国际收购方面也成果丰硕。全球最大的一级供应商"百年老店"洛克福特公司和美国历史最悠久的轴承生产企业之一 GBC 公司,也成为鲁冠球的囊中之物,万向集团由此获得了每年 8000 万美元的订单,为做大轴承产业积累实力。目前,万向的海外布局如下:

1.万向美国公司

2.维修市场分销体系

①万向欧洲公司;

②万向欧洲能动公司;

③万向澳洲公司;

④万向南美公司;

⑤HMS 公司;

⑥ADI 公司。

3.制造体系

①万向 QC 轴承公司;

②DL 公司;

③洛克福特公司;

④PS公司。

4.其他投资公司

①风险资本投资公司;

②草原河高尔夫球场;

③万向石油技术开发公司;

④投资网络公司;

⑤芝加哥中央公园高尔夫球场公司;

⑥万向—霍顿保险经济公司;

⑦万向金融(财务)公司。

二、国际化战略

　　根据前文的INV理论,企业可以通过发展技术知识来增强差异化或成本优势并顺利立足于海外市场,也可以根据企业自身的优势和劣势以及市场条件采用其他竞争战略。首先,万向迈开国门的第一步并没有像其他企业一样,采取先进口后出口的战略,把风险控制在最低。事实上,上世纪80年代初,国内还是计划经济的环境,当时的乡镇企业还进不了国家计划。由于这种政策上的限制,使得生产汽车零部件产品的万向集团在国内所面对的市场极为微小,为了生存,万向集团不得不把目光转向海外。在当时那种环境之下,国家对出口有着很大的限制,一般乡镇企业主很少有意识或意识到但不敢向国外出口。作出向国外出口的决定需要企业领导人具有很大的勇气和魄力。万向集团的核心人物,现任董事局主席鲁冠球在集团走向国际方面就发挥了这种非凡的管理者推动作用,也正是因为他的坚持,让万向的第一笔产品出口到了美国。这种现象可以从前文企业家对国际商机的认识角度上进行解释,该理论认为企业家或企业决策体系对国际化相关优势、劣势的认识决定了企业只关注国内市场还是走向国际,这些认识则依次受到企业家受教育水平、国际化经验和企业所处环境的影响。促成鲁冠球把出口作为国际化第一步的原因就是企业所处的市场以及政策环境让万向不得不把目光转向海外,而优先出口则是鲁冠球综合考虑企业自身产品的成本优势与海外市场的需求状况所采取的最优选择。

　　其次,当万向在海外市场逐渐站稳脚跟后,其国际化战略也相应发生了一些变化。其具体措施是实施"三接轨":一是接轨国际大公司运作,与其建立战略同盟,实现同步发展;二是接轨国际先进技术,在海外研发新产品,实现技术的同步开发;三是接轨国际主流市场,扩大国际主机厂配套份额,在一体化的竞争中赢得更大的生存和发展空间。根据 INV 理论,企业在实行国际化战略的过程中,拥有独占性的技术知识与差异化的本土战略可以促进企业国际化。万向在实施"三接轨"战略的同时也考虑到了这两点,他们在海外市场主导本土化经营策略和全球技术合作,一方面锁定海外市场占有率,一方面提高产品的技术水平,增强产品的市场竞争力。除了这两项措施外,万向还将眼光放远到国际高端市场。这项措施可以从前文中所提及的外部商业环境理论找到依据。该理论认为,海外市场的同质性是影响企业扩展国际市场的关键因素。万向选择国际高端市场一方面可以提高自身产品的技术含量;另一方面可以缩小与高端市场的距离,为下一步国际化扩张做好准备。具体来看这三大策略:

在实施本土化经营策略方面,万向按照国际运营规范,制定了以人员、资本、管理和技术为主要内容的本土化经营策略。鲁冠球认为,全球化既是一体化,同时又是一体化和本土化的矛盾统一体。一方面,全球化正在冲破传统的民族和国家的壁垒,越来越多地接纳和遵守国际性的标准及规模;另一方面,各国又都在努力将国际标准与本国的传统结合,使国际标准本土化①。对此,万向的海外企业采取了"思考全球化,行动本土化"的经营战略。万向倡导的本土化包括管理本土化、市场营销本土化及资本运作本土化。以管理本土化为例,万向集团的海外公司,全部按照国际通用的标准进行管理。公司财务账目、法律事务等,都由当地会计师事务所、律师事务所来承担,以求得到客户的信任,用最短的时间进入角色。万向国内的生产企业和海外公司,分别作为制造商和经销商,于 1998 年初通过了国际汽车行业最高标准 QS9000 体系认证。2001 年 2 月,万向美国公司尝试产权改革,设立经营者基金。在集团投入仍归集团所有的前提下规定,每年利润增长超过 26.58% 的部分划入经营者基金,归该公司经营者所有。同时规定,基金可以通过购买新股的方式,逐步转化为总额不超过 40% 的公司股权。"经营者基金"的设立,不是简单地明晰产权,更不是分配存量资产。鲁冠球称,"经营者基金"的运作,完全建立在创造增量资产的基础之上,可以称之为"激活智慧,分配未来"。对于技术本土化,万向靠销售产品引进技术,得到哪个客户的订单就从引进这个客户的技术开始,逐步消化吸收国外技术,并把技术中心建到国外,以掌握先进技术的发展方向,达到

---

① 鲁冠球.冲向世界的打铁匠.中国金融网.

与国际主机厂同步发展的目的。现在,万向的产品逐渐符合国际汽车行业质量标准,并且随时根据不同市场对产品的不同要求推出相应的产品。对于万向的资本运作本土化,鲁冠球认为,"企业经营管理成功与否,银行和股东的承认是判断标准"。万向海外公司的经营效益和发展速度,引起了当地银行的广泛注意。这些银行不仅在资金上支持,受信额度从500万美元增加到8000万美元,而且还主动为企业出谋划策。目前,当地银行对万向美国公司的投入,是母公司投入的2倍以上。万向美国公司还准备将股票上市,争取真正实现公司资本运作的本土化。此外,在人才建设方面,万向也引领了人才国际化战略。2001年10月起,国家实施允许外资进入国内人才市场的开放政策。鲁冠球称,此举意味着人才"国内竞争国际化,国际竞争国内化"的日子已经来临。如果国内企业不采取国际化的战略,不仅新的人才招聘不到,而且现有的人才也有面临跳槽的危险。万向的人才国际化战略以海外公司为平台,逐步向国内辐射。海外公司从本土化入手,通过当地的银行、律师事务所、会计师事务所、媒体等多种渠道,聘用不同国籍,具有多国文化背景的各类优秀人才。例如,万向美国公司成立初期,很多人建议从国内派"子弟兵"出去。万向经过分析认为,虽然派"子弟兵"出去直接成本不高,但间接成本较高,尤其是机会成本。因为国内"子弟兵"还要过语言关,要过法律关,要过生活关,还要熟悉环境、结交朋友等等,要一两年以后才能独立工作,消耗了时间,更主要的是可能错过很多机会。万向选择了本土化招人,万向美国公司现有480名员工,国内派出的只有6人,其余人员都是在美国当地招聘的。以海外公司为依托,内外一体化用人,为人才创造国际化的流动空间。国内公司大批派人出国,进行工作培训。万向在国外的19家公司,为集团人才国际化流动创造了条件。万向内部的员工,通过自我申报的形式,提出到国外公司工作的要求,经过一定程序的岗位考核,就可以到国外公司工作。与此同时,国外的员工也要到国内进行工作培训,了解中国的国情和万向的文化,熟悉集团的制造能力。

在开展全球技术合作方面,万向通过引进产品再创新、聘请外国专家来华指导、开展实验室对外合作等方式,积极引进国外先进技术和专家人才,增强企业自主创新能力。首先,万向通过与国外厂家产品合作,掌握核心技术,进而实现自主研发。通过引进DELPHI轮毂单元产品,掌握了该产品核心技术并致力于再研发。从第一代轮毂单元至今,万向已经成功开发出第三代轮毂单元,现正着手开发第四代轮毂单元。其次,通过聘请外国专家长驻国内进行新产品开发。万向电动汽车公司引进英国著名汽车专家,协助开发电动汽车。目前,该项目申请专利 56 项,其中发明专利 7 项,承担了 3 个国家 863 项目,电动轿车在 2004 年必比登国际清洁汽车大赛上获得竞赛大奖和国际汽车协会机构认可的四个单项金奖。再次,邀请外国专家技术支持与服务指导。万向多次邀请俄罗斯的减震器专家来公司,以提供减震器设计和制造方面的技术指导,解决了减震器异响、漏油等技术难题,提高了产品设计能力和产品质量稳定性,并将该产品推向俄罗斯市场,为公司带来直接经济效益达 1200 万元。此外,将实验室对外合作、交流技术研发能力也是万向开展全球技术合作的一个重要举措。万向集团国家级实验室成立以来,充分利用外部智力资源,进一步深化产学研联合,积极开展与国外主机厂、试验机构的技术合作,不断提高技术分析和试验能力。万向的国家级汽车零部件实验室出具的实验报告可获得 46 个国家和地区的互认资格。万向集团除了通过与国际上的技术交流提高自身产品的技术水平之外,发展企业的自主创新能力也是一个很重要的方面。万向集团一直把自主创新看成是企业的生命线,坚持核心技术自主研发,不断通过自主创新提升企业核心竞争力,走出了一条独特的发展之路。作为万向集团创始人,鲁冠球强调,集团的发展离不开对自主创新和知识产权的高度重视。为了增强企业知识产权的创造力,1998 年,万向集团设立专利工作机构,对集团专利进行集中管理,并逐步走向规范化、程序化、系统化、专业化。2000 年,集团建立了专利管理体系,使专利技术与市场得到有效结合。近几年,万向集团在"接轨国际先进技术"战略的前提下,以专利竞争战略为核心,逐步探索出了一条技术国际化的新路子。例如,提出了以"外围专利开发、专利引进、专利购买和合作开发专利"为主要方向的专利竞争理念。据统计,万向集团参与或独立起草并被批准发布的行业标准有 11 项,国家标准 1 项,先后申请国内外专利 600 多项,开发新项目、新技术 600 多项,年开发新产品、新品种 1000 多个。万向集团专利产品年创产值已经超过 10 亿元人民币。除了自主研发,万向更是通过收购的方式大举引进先进的技术以及科研团队。2003 年 12 月 11 日,万向美国公司成功收购了美国一家"百年老店"——洛克福特(Rock Ford)公司。万向以 33.5% 的股权成为洛克福特的第一大股东。这是万向在海外兼并收购的第 26 家企业。洛克福特公司,创立于 1890 年,至今已有 113 年的历史,称得上是名副其实的百年老店。它是汽车零部件翼形万向节传动轴的发明者和全球最大的一级供应商,占全美主机配套市场 70% 左右的供货量。除重型传动轴外,洛克福特公司同时生产用于重型非高速公路车辆的机械及液压离合器、动力转向装置等。多年来,洛克福特公司以雄厚的技术开发能力与测试手段,不断将该领域产品推向新的层次。虽然在 1998 年,洛克福特公司开始出现亏损,但其地位仍无法撼动。

在拓展国际高端市场方面,万向根据国际市场运行规则,以项目为突破口,坚持走高端路线,研究确定主要市场、主要项目、竞争对手,主动与全球知名汽车企业进行业务和项目联系;加快整合国际资源,时刻关注国际汽车零部件行业发展动态,选择时机开展低风险收购,扩大万向在海外的影响力①。万向在国际项目选择上,首先与国际一流主机厂合作,打开高端市场大门。1995 年,万向决定向通用汽车生产流水线进军。1997 年 8 月 18 日,美国通用正式向万向美国公司传真下达了新型 1410 万向节总成生产订单,"万向制造"终于得到了代表世界汽车行业最高标准公司的认可,成为第一家进入国际主机件厂配套线的中国汽车零部件生产企业。其次,与全球知名汽车零部件企业合作,利用其销售渠道将"万向制造"销往世界各地。韦世通公司(Visteon)是全球最大的汽车零部件生产商,2001 年 7 月,万向钱潮项目组开始开发韦世通公司最大的冷挤十字轴产品——带有环形槽 4000 十字轴的产品。2002 年开发成功,从年产值 400 万元到 2003 年的 1370 万元,2005 年超过 3900 万元。通过该项目,万向成为韦世通公司的供应商,产品通过它的供应链销往全球各地。再次,主攻国际一级配套市场,提高万向产品质量。DANA 公司产品代表了国际一级配套市场的质量要求,通过加工此产品可明显提高企业加工能力和质量控制能力,提高国际市场竞争力。2002 年,万向钱潮正式开发 DANA 项目,通过提交试验样品及 PPAP 样品,项目组共完成了 DANA 公司 40 多个型号产品的 PPAP 样品提交,其中 36 个型号通过了批准。2005 年销售额达 4900 万元。与全球知名汽车企业进行业务和项目联系提高了万向集团的核心竞争力,但是争取到与这些知名企业进行项目合作的机会并非易事,从某种程度上来说,万向是处在一个比较被动的位置。为此,万向集团除了与高端市场进行项目上的合作之外,通过主动出击,整合国际资源,加强海外并购,扩大万向在海外的影响力。为进一步强化海外市场控制能力,万向的做法是:研究海外企业收购标准;利用全面的市场信息,评估被收购对象的产业结构和市场潜力,对被评估者进行评估及计算投资回报;研究对不同

①　佚名.万向集团公司与国际市场"三接轨".企业管理.2007(9).

被收购对象的成本支出,以及通过销售渠道的协作能够获得多少额外的销售量和利润;与世界主要的供应商、目标公司同行及客户,以及其他国际专家进行咨询。通过这些措施,万向将海外收购风险降到了最低,同时获得了最大收购回报。在谈到收购洛克福特的主要原因时,万向集团副总裁、万向美国公司总经理倪频说:"从万向海外发展的战略来看,这次成功收购并不是孤立的单一行动,可以说,这是成功推进万向国际化战略实施的一部分。'股权换市场、参股换市场、设备换市场、市场换市场、让利换市场'等等以往一系列合资、合作、合营归根到底的内容是资源。找到我们需要的资源,整合配置这些资源是最关键的,同时也是万向国际化战略的核心。"洛克福特最吸引万向的是技术。除了拥有大量的产品专利,先进的检测中心、技术中心,对产品的认证、测试、开发有非常高的专业水平外,它还有一支非常优秀的科技研发队伍。美国国内市场向来认为洛克福特的技术绝对领先。相对现在的规模,万向更看重的是在注入万向的资源后,它所能表现出的增长潜力和空间。这就比如买桃子,一只就是一只,没有增值的可能,但如果买的是一棵桃树,通过浇水、施肥、修剪,桃树会长得更快更大,会有更多桃子。前提是那必须是一棵桃树,如果错把杨树当桃树,那是不会结出一个桃子的。其次是品牌。洛克福特是成熟的一级供应商,而万向在海外仅靠自有资源和能力还达不到这一水平。洛克福特强大的品牌效应对万向的未来有很大的好处。有了技术和品牌,洛克福特向高速公路车辆产品方向发展有无限大的空间。它一直没有做的最大障碍在于规模还不够大,股东分散,凝聚力不够。万向的制造基础有能力帮助它突破从现有单一产品向多元化发展的瓶颈。鲁冠球认为,在全球经济一体化的今天,在这个利他共生的时代,竞争的法则不仅仅是"吃人"与"被吃",竞争更多地表现为共赢。万向与洛克福特公司的合作,目的是实现资源互补,进而更好地拥有、掌握和保持竞争中的持续优势。同时,此举也为中国企业怎样更好、更深地参与世界经济发展提出思考,并进行有益的探索。

三、国际化影响因素

基于PTI理论的心理距离假设,在存在心理距离的情况下,企业小步骤地开展他们的国际经营业务。企业一般会相继进入心理距离不断扩大的新市场,并不断扩大控制力。万向正是在这样的一种心理距离假设下不断拓宽海外市场,但是海外收购的不确定性加大了万向国际化的难度,也成为了万向国际化的隐忧。按照前文所提及的理论:企业家只有拥有了诸如关系网、经验知识等这些不同市场的资源，一个来自不同国家的独特资源集合成了企业家的才能。但是，由于有限企业家精神的限制，使得这种扩张并不是都那么顺利。

首先，海外收购的不确定性是万向国际化的隐忧。1994 年，经国家外经贸部批准，万向美国公司在美国注册成立。集团创办万向美国公司时确定了三大目标，第一，在美国树立万向形象，把产品打入通用、福特、克莱斯勒等主机配套的领域；第二，搜集市场信息，及时反馈给集团，以拓展新的领域；第三，优化组合国际资源，尤其是要让国际资本为我所用。经过这么多年的不懈努力，前两大目标最后都得以实现，但是第三个目标的实现却不尽人意。2006 年 12 月 18 日，即将破产的美国德尔福公司决定将出售 72％的股权给美国一家私人投资集团。这家投资集团是由阿帕鲁萨资产管理公司、博龙资产管理公司、美林和瑞银证券联合组成，提出以购买优先股和普通股的形式向德尔福注资 34 亿美元。德尔福表示愿意接受这个报价。这个消息对国内企业打击很大，其中包括众多来自中国的猎手——万向集团、东风股份、上汽集团、福耀玻璃，甚至包括了刚刚与德尔福建立关系的潍柴动力。由于亏损严重，德尔福 2005 年 10 月 1 日进入破产保护程序，积极寻求新的买家重组，剥离的那些技术含量和附加价值低的业务相继被出售，其中德尔福电子控制以及机械动力系统等资产被瓜分后，印度几家汽车零部件公司也并购了德尔福的操控系统资产。在德尔福处理破产资产快要结束的时候，包括美国约翰逊（Johnson）控制系统公司等在内的众多汽车零部件公司开始谋求介入德尔福重组。万向集团是最早对德尔福重组提出申请的中国公司。万向集团董事局主席鲁冠球 2005 年 12 月 20 日率先向美国媒体披露，万向正在与德尔福就收购其在美部分资产展开谈判，但鲁冠球心里知道万向集团不可能单独并购，"需要联合起来做"。万向钱潮总经理周建群 2005 年 9 月份接受记者采访时坚持声称，万向集团与德尔福之间的谈判进展顺利，到年底就会有一个结果。但是，随着越来越多中国企业加入到德尔福的重组名单中，万向集团与德尔福越发疏远，最终万向集团没能完成收购。就在 2006 年 12 月 18 日当天，鲁冠球对美国《汽车新闻》（Automotive News）表示万向集团正在与福特商谈收购境况不佳的零部件企业的业务资产，但福特却对此表示了足够的谨慎，这与德尔福出售股权有着不期的巧合。事实上，求购福特零部件资产对于万向集团来说是一个退而求其次的方案。另一方面，万向集团一度被视为在北美拓展业务最成功的中国企业之一。1984 年，美国汽车维修市场三大零部件供应商之一舍勒以代工的方式向万向集团定购了 3 万套万向节总成,万向集团也借助舍勒渠道进入北美市场。舍勒 1998 年出现严重亏损,而万向集团此时在美国的销售额已经达到 3000 万美元。两年之后,万向集团与美国 LSB 公司合作,以 42 万美元的价格买下舍勒品牌、技术专利以及专用设备。完成第一单跨国收购后,万向集团一举成为世界上拥有万向节产品专利最多的企业。在接下来的几年中,万向集团如法炮制地收购了另外两家零部件企业 UAI(Universal Automotive Industries Inc.)与洛克福特。目前,万向美国公司先后在美、英、德、加等八个国家成立了 26 家分公司,其中收购的企业达 10 家。虽然万向集团美国的负责人倪频一再声称,万向美国有着 100％的投资受益。但是真实的情况并不为外人所知。随着受阻于收购德尔福的资产,万向集团在国际化道路上的挫折越来越清晰地暴露出来。至少一个确实存在的事实证明了情况并非一如既往的乐观。据《华尔街日报》披露,万向集团 2001 年斥资 280 万美元收购了境况不佳的芝加哥零配件厂商 UAI 21％的股份,但 2005 年 UAI 还是没能避免破产清算的命运,最终倒闭。如同在国内的投资一样,万向集团在美国的投资也是多元化的,涉足的领域纷繁复杂,比如高尔夫球场、油田等。这些涉足行业跨越极大的投资,2005 年带给万向集团 5 亿美元的营收。这些成功案例促使万向集团又收购了芝加哥小型企业 PMM(Paragon Med Management)的部分股权。在底特律三雄举步维艰之后,德尔福、韦世通等美国零部件供应商们相继进入破产保护。鲁冠球当初将参与重组德尔福称之为万向集团的一次"最好的机会"①。在分析人士看来,这个"最好的机会"可能意味着两层涵义:一是万向集团可以借机盘整北美业务,使得北美的投资更加有效率;二是万向集团目前急于拓展汽车零部件业务,这也是突破主业瓶颈最好的机会。其中有传闻认为,万向集团已经在北美市场出现巨大亏损,但是没有具体亏损额度的披露。

其次,盈利能力的下降是万向集团国际化进程中的又一大隐忧。万向集团的主业目前主要集中在转向系统和传动轴等底盘配件,其中万向集团赖以发家的万向节已经在国内占据了主要市场 70％左右的市场份额,但是万向集团的赢利前景仍然存在一个隐忧。德尔福的重组路径是希望通过对在美国国内的 41 家子公司进行大规模重组恢复稳定盈利业务,将力量集中在核心产品即汽车电子以及一些高科技含量产品上,与此同时放弃一

---

① 佚名.万向困境.新汽车.2007(1).

些非核心产品。但是德尔福最终要选择破产清算,这说明全球零部件业不怎么景气。也许正因行内人士意识到潜在的危机,即便是未处在萧条中的企业也开始为今后打算。他们或是强强联手、业务互补;或是在主营业务之外加强高附加值产品和技术的发展;或是收购同业亏损企业,巩固自己的实力和地位。万向钱潮总经理周建群也认同这种做法。虽然入世这5年来,中国市场的整车生产能力扩大了500万辆的产能,是入世前的3.5倍。但是万向钱潮的主业营收和净利润却不升反降。净利润率从1993年上市之初的13.61%下降到2006年前三季度的4.71%,净利润从2004年开始出现下滑,比2004年减少了1400万元,下降了9.3%。实际上,万向集团已经在面临着成本上升、价格下降的局面。随着这些年上游原材料市场的上涨,而产品的价格却只有原来的一半。这与INV理论所谈及的国际化企业竞争战略中的成本优势背道而驰。此外,万向集团面临的是一个更加激烈的国内外竞争格局,产能虽然一度扩大,但是更多的产品只能销售到国际市场。这样,企业的盈利能力自然也就大不如前了。纵观万向的国际化进程,造成如今进不可进,退不可退的尴尬处境的原因就在于企业家的心理距离,传统的观点认为企业应该先做好周边市场,然后再逐步扩张自己的范围。但是,万向过度的扩大自己的领地,没有考虑到成本,以及国际收购中的不确定性,违背了INV理论的基本结论。事实上,万向如今的技术已经达到一定程度,进军其他发展中国家也许会比征战发达国家更有优势。

第三节 传化集团:中日合资的新范式

传化集团创建于1986年10月,是中国知名的多产业管理集团之一,主要经营的领域包括化工、物流、农业、投资。通过掌握各专业领域的关键技术和创新商业模式,旗下10多家企业都在各自的专业领域稳健成长。其历史发展轨迹如下:

表7-2　传化集团发展历程

年　份	事　件
1986	徐传化先生创办企业
1992	杭州传化化学制品有限公司成立
1993	杭州传化日用化工有限公司成立
1995	传化集团成立
1998	杭州传化华洋化工有限公司成立
2000	进入农业领域,成立浙江传化江南大地发展有限公司
2001	浙江传化股份有限公司组建,杭州传化涂料有限公司成立
2002	浙江传化物流基地有限公司成立,杭州传化花王有限公司成立
2004	积极实施"3+1"产业发展战略和"125"计划
2005	控股新安化工,投资8亿打造苏州综合物流园,物流异地发展跨出第一步
2006	提出"5310"工程,全力推进战略发展,"3+1"产业推进取得阶段性突破

　　传化化工,从最初的液体洗涤剂开始,现已发展成为拥有两家上市公司,三家国家高新技术企业,一家国家级技术中心的事业板块,覆盖氟化工、有机硅、表面活性剂等领域,主要产品包括纺织化学品、造纸化学品、塑料化学品、农用化学品、日用化学品、皮革化学品和涂料。在各自的专业领域,技术水平和市场占有率位居全国乃至全球前列。有机硅:单体产能和主要技术经济指标全国第一;纺织化学品:市场占有率全国第一;造纸化学品:主要产品 APC,产量全球第一;塑料化学品:主要产品增白剂,市场占有率全国第一;日用化学品:洗衣粉、洗洁精中国名牌;农用化学品:草甘膦产量亚洲第一、全球第二。传化化工凭借扎实的创新能力,参与多个行业标准的起草,多项产品获得国家发明专利或被列为国家和省级火炬项目,并与国内外著名的高校院所建立了紧密的合作关系。传化物流,深知创新之道不仅在于技术,还在于商业模式,集"管理服务、信息交易、运输、仓储、配送、零担快运"六大中心和完善的配套功能于一体,成为中国物流平台运营模式的创新者和引导者。新型物流平台培育了大批第三方物流企业,在这个平台上,供应链各个环节的资源得到全面整合,形成了社会化分工合作体系,交易成本大幅度降低,提升了物流效率。作为"中国物流实验基地"和中国首家"ITC 师资培训基地",传化物流将以信息化为核心,通过基地连锁复制和电子商务新模式的深层探索,继续引领中国物流基地建设的产业实践。传化农业,以浙江省农业高科技示范园区为起点,将生物技术成

功应用到作物领域,致力于改革传统农业的耕种方式和种植技术,是中国园艺界的重要企业,是华东地区最大的商品种苗、高档花卉供应商之一,产品远销美国、日本、西班牙等国。依托建设创新型省份和长三角经济国际化的强大动能,传化农业正在全力打造国际性农业和生物技术研发平台、创业平台,促进科技企业在杭州湾的战略性集聚,推动浙江进入生物技术国家队,成为亚洲农业生物技术的主要基地。传化集团秉承"开拓进取,永不满足"的企业精神和长期积淀的诚信负责任的企业文化底蕴,致力于建设可持续发展的企业集团,从而促进社会的和谐发展与文明进步。

经过 20 年的不懈努力,2005 年,传化全年营业额收入达 57 亿,总资产达 48 亿,2006 年品牌价值达 54.41 亿元。传化有多家企业成为国家级、省级高新技术企业或是国家行业示范基地,多项技术和产品被列为国家火炬项目或国家重点新产品。传化先后荣获"全国五一劳动奖状"、"全国优秀民营企业"、"全国光彩之星"、"浙江省文明单位"等荣誉称号;"传化"商标被认定为"中国驰名商标",传化产品获"中国名牌产品"称号。

一、传化国际化进程

1996 年,经中共中央统战部批准,总裁徐冠巨作为浙江省私营企业代表东渡日本参加由全国工商联组织的(首批)企业经营管理研讨会。传化制品公司与日本大金公司在萧山金马饭店举行合作签约仪式。传化制品公司产品远销欧洲市场,外贸实现零的突破。2002 年 10 月 11 日,传化集团与世界 500 强企业之一、花王株式会社旗下的全资企业——花王(中国)投资有限公司正式签署合资协议,"传化"和"花王"成功携手。合资后的新公司总投资为 3800 万美元。11 月 4 日,合资公司开业庆典在传化隆重举行。这标志着进入新世纪以来中国洗涤行业最大的一个合资项目在传化启动,新成立的杭州传化花王有限公司通过建立科学的经营管理方式,共同在中国建设先进的日用消费品生产、销售基地,开发让消费者满意的产品,创造中国日用消费品市场新的辉煌。这也是传化进一步加大资本社会化和国际化的进程,在跨世纪战略发展的棋盘上迈出的重大一步。

中国的洗涤用品市场一直是国际巨头心仪已久却又无可奈何的一块领域:虽然外资品牌已在中国洗发护发用品市场上高居霸主地位,但洗涤用品市场却表现平平。2001 年以来,宝洁、联合利华旗下的合资企业纷纷与中方解约,日化行业从此成为外资巨头的软肋。然而,就在 2002 年 11 月,日本最大的日用消费品企业之一日本花王株式会社与杭州市的民营企业传化集团合资。花王株式会社成立于 1887 年,位于东京都中央区,资金854 亿日元,主要业务范围是清洁用品的研发、制造与销售。目前除生产各种清洁洗涤剂以外,还生产包括护发用品和化妆品在内的 300 多种产品①。花王生产的消费产品在全世界范围内销售。在亚洲主要有衣用洗涤剂、洗发水和其他清洁卫生用品,在北美主要集中于生产护肤用品,在欧洲主要提供护发类产品。由于在亚洲、北美、欧洲拥有众多的化学产品生产基地,花王主要致力于扩展在全球范围内不同工业领域中的化学产品业务。事实上,从 1999 年开始,传化董事长徐冠巨就萌生了把日化产业拿出去合资的念头。此后,随着不断的接触,花王慢慢浮出水面。在传化,所有去日本考察的人员都难忘一个细节,那就是花王的物流配送:国内日化行业的配送一般都以件计,也就是一个大箱。但花王川崎物流中心却是以内包装设计的送法。以洗衣粉为例,一个店可以向花王要五件零三袋。这在国内几乎是不可能的,因为这意味着整个管理流程都要改变。这个物流中心要向30 万个门店供应,"物流中心操作工只有三个人,每个人都在不停地奔跑,根据订单数量,把产品放入一个周转箱。我们计算了一下,每个工人在两小时上班时间内奔跑的距离有几万米"。徐冠巨等传化人在日本的六天是感受花王强势的六天:"因为我们想要的是一个未来数十年中在全球都领先的合作伙伴。"最后,在徐冠巨结束对花王的考察以后,双方马上达成合资的共识。日化行业合资失败的案例都有一个共同点——中方都没有控股。但是在"传化花王"传化拿到了 65% 的股权,在董事会中占有三席的多数。传化控股权的获得,来自于日方对传化起草的合资公司未来十年的规划,而其背后则是传化对中国农村市场的战略定位。"在这个规划中,传化在农村和中小城市的市场能力是未来合资公司的一个重要依靠"。确实,中国的农村市场对于跨国公司来说是一个谜。跨国公司知道中国农村现在已经产生了对品牌的需求,因为就在他们的眼皮底下,本土品牌在农村市场上大获全胜并以此为根据地进军城市,但是,要想进入这个广阔的市场,确实需要一个媒介。凭借对农村市场的强劲渗透能力,传化成为了花王的有力支撑。最重要的是在合资公司中,传化拿到了控股权。

与花王的成功合作,再度坚定了传化走国际化战略的道路。2004 年 4月 9 日,传化集团杭州传化大地生物技术股份有限公司与日本国麒麟啤酒株式会社签署《战略合作协议》,这是中国园艺企业第一次与国际大公司开

---

① 佚名.跨国公司介绍:传化花王公司.企业管理.2004(5).

展的全方位、紧密型合作,传化农业由此迈出了国际化道路的第一步。通过合作,传化大地在技术、管理、营销和品种资源的获取能力等方面得到了提升。这也成为传化集团继和日本花王株式会社合作后,又一次与世界500强的战略合作。"与日本麒麟公司合作,是传化农业探索和实践中国农业产业现代化的具体途径。"集团董事长徐冠巨说。传化于三年前进入高科技农业领域,目前农业产业已成为集团四大主要产业之一。麒麟啤酒株式会社社长松岛义幸选择传化有两方面的原因:一方面,传化是中国著名的民营企业,农业方面也有相当的技术水平;另一方面,传化大地——浙江省农业高科技示范园区水准高,通过传化的这个平台,能够转移麒麟的农业生物技术,同时也能提升其生物技术构造和水平。

二、国际化战略

根据企业国际化外部商业环境理论,企业在创立初期不具备国际化的基本经验知识,它们必须在国际化经营期间不断地获得。1990 年,经过近千次实验,徐冠巨利用土法研制出用于印染脱油的"901"——这个获得了国家发明专利的印染助剂,结束了中国印染业脱油灵长期靠进口"171"的历史。而传化就凭着这个产品使销售额一下子从两三百万元一跃到 2000 万元,掘到了第一桶金。核心技术搭建了一个现代化工业企业的雏型,而传化的品牌正是靠"901"打响的。在国内,传化的技术处于领先,但是传化要走出国门,则必须考虑到国外的商业环境。洗涤剂这个行业由于技术水平要求不高,在国际上几乎是一个充分竞争的行业。如果传化最初选择出口,那么在国内的成本以及技术优势在国际市场上势必荡然无存。因此,传化国际化的第一步选择了进口美国"道康宁"的产品技术和硅油技术,用以提高自身的技术水平。依据国际化企业的竞争战略理论,由于传化在国际上没有技术和成本优势,因此,传化采取了内部国际化的战略,即让外资到国内来帮助自己扩大市场份额和提高技术水平,为将来打开国际市场做好准备。具体来看,传化集团国际化的模式有引进技术、在中国建立合资企业、日本的来料加工,这其中最重要的就是如何与外资处理好"合资"关系。

在与花王合资后,传化对国内市场主要实行的是价格战略与差异化战略。从 2003 年传化推出清香牌洗衣粉以来,传化就将这种 320 克装的合资产品定价为 1.7 元,从不降价。但是,之后该产品面临着巨大的压力。2004 年,洗衣粉主要原料的磺酸从 6000 元/吨一路上涨到了 8000 元/吨,另一主要表面活性剂成分也上涨了 20%。从传化花王提供的一份原材料涨价清单看,石油涨价已使其洗衣粉的生产成本提高了 15%。也就是说,一袋净重 320 克的清香牌洗衣粉必须提价到 1.8 元才不会亏损。传化花王公司公关部副部长杨寅说,该产品没有加价,虽然对顾客而言就是一毛钱的差别,但加价很可能丧失多年培育起来的销售渠道。为了摆脱困境,传化花王推出了价格比较贵的超浓缩洗衣粉,然而市场反响平平。日本花王的有关人员在上海市场调研之后,得出结论:中国消费者在选择洗衣粉时仍然首先考虑价格因素。然而,传化花王的竞争对手可不甘示弱。2005年,浙江另一日化新贵纳爱斯也推出了新产品:"雕牌"全透明洗洁精。而宝洁、联合利华和德国汉高等几大高端品牌在占领了大城市以后,逐步向下渗透,准备夺取中国二三线城市和农村市场。传化花王面对强敌,高层颇为无奈,只能静观其变。目前中国洗化行业已进入过度竞争阶段,类似数年前的彩电市场一样,众多厂商的核心竞争力就是品牌和资金实力。因为严格意义上来讲,该行业并无技术壁垒,彼此的竞争完全可以看到,"谁砸的钱多谁的牌子就硬"。2004 年日本花王方面却并没有为合资公司提出应对市场竞争的具体方案,也没有及时推出一些具有高毛利空间的产品。但是,传化刻意求变。此后,传化主导研发出一种天然绿茶洗洁精,并迅速投放市场。据介绍,这种由绿茶萃取物提炼加工而成的洗洁精,不仅具备去油去腥的功能,还可以快速清除果蔬上的农药残留。

传化花王运用"体验式营销"的理念和手段,探测出消费者未被满足的清新体验进而设计清新体验,创造清新体验传播清新体验,劲掀清新之风引起目标消费者的转化与喜爱。体验式营销的假设是消费者不仅是理智的更是感性的,消费是一种整体体验。功能价值不是唯一的。让顾客对企业和品牌产生感觉、感受思维、行动和关联才是最重要的。消费者是有体验要求的活生生的人。消费者要的是娱乐、刺激、受教育、被打动和有新意的挑战。消费体验常常是为了追求幻想、感觉和乐趣。可口可乐的芬达在最近的推广主题是开心看法在芬达,不再仅仅强调芬达的口味、丰富的气体等功能利益,而是鼓励青少年们和朋友一起释放压力、寻找乐趣。推广一种对生活的乐观态度,这也是传化想做的。传化与花王的合作为体验营销提供了可能。其品质已经超越了产品的基本需求,更注重的是带给消费者身心愉悦的清新感觉。传化的产品主要面向华东五省的消费者,衣服、物品对于这些消费者来说已经不光是干净了,而需要更多的精神追求、更多的附加价值。并且洗涤也是有感觉的,泡沫的细腻、清香的散发、过程的轻松愉悦都是一种感觉。所以,传化的感觉就是要给大家新的感觉、新的体验、新的营销美学、新的感官体验。传化以生活水平较高的、已经进入小康时代的家庭为目标对象,它要为她们找到一个标签,寻求一种新的生活主张、一种新的生活方式。其清香洗衣粉自上市以来,以新品类之姿挺进,在其目标和重点区域市场晋升为洗衣粉前三甲品牌,顾客使用转化率(从别的品牌转化到使用传化的百分率)达到38%。清新的香味不仅仅在洗涤过程中漂浮还会保留到晒干和收回来的时候;活性成份能深入到衣物纤维里,有效地去除渗入到衣服的污渍。只留清香、不留污渍的口号响彻全国。与此同时也带动传化洗洁精一起连锁反应式地增长,传化开始令同行刮目相看。具体来看,传化花王从四个方面实现了体验营销①,首先是产品。产品是传播体验的最佳载体。传化的新产品必须体现其品牌核心价值——清新洁净。产品概念必须兼顾和平衡清新的感性价值和洁净的理性价值。在对华东地区数千名消费者的调查中,传化发现消费者对洗衣粉还存在很多新的要求,比如说香味。消费者对留香能力的关注明显高于对头香和洗涤过程中香味的关注,而这种期望在现实中没有得到满足。这一产品特点与清新的定位极为相符。传化为此推出了为中国消费者量身定制的新产品——传化清香洗衣粉。其次是广告。传化清香洗衣粉的广告处处充满了清新的体验和感觉。清新的环境,清新的家庭,清新的人,再加上清新熟悉的儿歌旋律《黄鹂鸟》,一以贯之。传化清香洗衣粉就这样以清新入驻消费者的心田,带给消费者视觉、听觉、嗅觉和触觉的全方位诱惑。户外青绿的园景,阳光下的早餐和嬉戏,色彩清新的家,构筑了一幅清新的画面。清新简洁的文字又带给大家焕然一新的感觉:清新清香的一家人,干干净净我的家,只留清香不留污渍。再次是产品包装。产品包装作为一个重要视觉接触点,在体验营销中是非常关键的。传化的品牌标志采用含苞的花蕾,包装以绿色为主色调,给人们以自然、环保的联想及一种清新自然的感觉,从视觉冲击上表现出品牌本质——清新的感觉。最后是空间环境。在这个案例中,空间环境主要表现为售点环境,包括超市街头和超市海报。通过整洁有序、大气清新的卖场陈列,将清新的体验在购买前传递给顾客。通过这四个手段,传化花王成功实现了体验式营销。

①　谢佩伦,郑丽,李俊霆.传化花王"清新"突围.日用化学品科学.2004(9).

三、国际化影响因素

传化的国际化战略是借助合资的方式,吸收外资企业先进的技术与管理经验,最终在实现与海外市场一体化之后,大举扩张国际市场。在国际化的时间选择上,传化参照了 PTI 理论暗含的一个重要观点,即前文所提及的,国际化起步较晚的企业比国际化起步较早的企业更容易在国际化运动中幸存下来。因为企业的管理通常是风险规避的,随着时间推移逐步积累资源,所以国际化进程起步较晚的企业更容易提高生存机会。这种稳重式的国际化方式有它自身的好处,即风险小,企业可以对市场相机决策;但是,也有它不好的地方,例如与合资企业在共识上的不确定性,包括市场价格策略,产品销售渠道甚至还有技术条款。这些因素在一定程度上会影响企业国际化的进程。

首先,合资企业的不确定性是传化国际化过程中的一大障碍。在与花王合资中,传化显露了这一软肋,双方合资并未实现各自价值最大化。例如,花王没有因为与传化的渠道合作而形成全国性品牌,而随着其他跨国巨头中国市场战略变化,花王在中国市场布局也存在一定风险[1]。一些本土同行甚至将日本花王视为沦落的贵族,这种不利影响未来将逐步显现。不过,传化日化部的营销经理俞顺红却认为,传化选择与花王合作的目的,就是要在维持低价的情况下提高产品质量,有效地开拓和巩固农村消费市场。为此,传化还专门进行过深入的市场调查——2020 年中国城镇人口将首次超过农村人口,达到 50% 以上。也就是说,农村人口将从现在的 70%下降到不足 50%,这意味着 20 年内将有两成的农村人口进入城镇,他们的品牌意识将更容易被培养。而在品牌认知上,传化还想借洋品牌在 2 块钱洗衣粉的农村消费者中创造一点时尚感觉。上海迈迪咨询公司的一份分析报告显示,只要价格足够低,农村消费者肯定更愿意接受国际品牌,因为联合利华旗下奥妙洗衣粉的每一次降价,销售量都会有大幅的上升——农村消费者也喜欢用那些广告打得多的"外国名牌",关键是价格。传化希望借助洋品牌和好产品跳过雕牌的低价泥潭,绕到竞争对手前面去。2002 年11 月 4 日,传化花王共结连理。在中国日化行业的合资案例中,传化第一个拿到了合资公司 65% 的股权,并在这个 3870 万美元的新公司董事会占有三席的多数。传化老总徐冠巨认为,控股权的获得,来自于日方赞同传

---

[1] 佚名.传化、花王合资困局.21 世纪经济报道,2005 年 2 月 5 日.

化起草的合资公司未来十年的规划,而背后则是传化对中国农村市场的战略定位,以及在农村和中小城市的较强渗透能力,传化应该有能力成为花王的支撑。事实上,传化对做大日化业务充满了渴望。1997 年前后,传化的精细化工业务(即现在的传化股份)在业内已经比较领先,而其日化产品在农村市场也具备了不错的品牌和资源优势。但传化并没有把握住机会,而纳爱斯凭借广告和低价优势迅速席卷全国市场。徐冠巨本人也承认,"我们在 1997 年前后很矛盾,没有把握住机会迅速将传化日化做成全国一线品牌。"随后,传化先后介入农业和物流业,并在资本市场进行了一番演练。然而五年后,传化再次决定做大日化业。当时,传化也有隐忧:花王的股份少,在合资公司中的出资也相对较少,它就可以低成本进入传化的营销网络,通过抽取产品技术的使用费来实现低成本高收益。而花王能够提供的主要是研发技术,并且这些技术将是有偿使用的。在这个合资企业中,日方垄断了技术,中方垄断了渠道。这让人不得不想到,中方面临的是在市场渠道建立之后,核心技术提供方提高技术使用费的风险,而日方则要提防的是合资厂翅膀硬了以后,掐断销售渠道。

其次,"农村路线"的乏力一直是传化的隐忧,而与花王市场战略上的差异更是成为传化的心头大患。根据前文对企业家心理距离的描述,一般企业都会先做周边,然后再扩大市场范围,企业国际化被视为对企业内部或外部环境变化所做的以规避风险为目的的勉强调整。传化在市场策略的选择上,突破一般企业家的心理距离,采用农村包围城市的战略,但是结果却不乐观。传化花王杨寅认为,传化在市场开发战略上处处被动,因为花王中国战略不清晰,传化受到了影响。一直以来,花王并未拘泥于进攻中国农村低端市场,它在中国本土化策略再次发生了较大摇摆:重回高端。2004 年 3 月,花王日本总部宣布将在上海投放其高端苏菲娜品牌(Sofina),争取 2005 年在北京等城市铺货。花王曾表示,到 2007 财政年度,在华的销售额力争达到 940 万美元。日本花王是全球著名的日用消费品企业,2003年其全球市场排名位居全球 500 强第 358 位。但不幸的是,虽然日本经济开始复苏,国内收入占其 70% 的花王并没有获得巨大的品牌提升与企业成长,2004 年其排名滑至 385 位,市值 137.82 亿美元。近年来,花王仍将其海外市场重点确定为东南亚地区,但也积极整合全球品牌资源对中国市场进行高端覆盖,并有意识对一部分市场采取低端放弃,对上海等一级市场则精耕细作,力争在主流利润市场占据有利地位。遗憾的是,花王一路走来并没有大红大紫。

最后，花王产品线过长，在中国市场品牌结构也处于相对不利地位。比如，花王诗芬洗发水本意是希望前缀"花王"扩大影响，但花王品牌本身知名度有限，其品牌提升能力微乎其微。更有甚者，由于日本花王在中国市场低端推广以及与传化花王策略性合作，花王在中国市场品牌形象一定程度已经被固化为大众消费品，走高端路线的花王几乎面临着从零开始的尴尬局面。事实上，传化花王所有产品均使用"传化"商标，极少出现"花王"标识。2004年末，"传化牌"液体洗涤剂荣获"中国名牌产品"称号，而该产品正是由传化花王合资公司出品。传化花王公关部杨寅表示，2003年该公司实现销售收入2.55亿元左右，未完成年初确定的3亿元目标，但同比增长了12%。究其原因，首先是作为洗衣粉主要原料的各类石化衍生产品涨价，而其产品未追涨之故；其次，由于该合资公司为有限责任性质，传化与花王均未再追加投资及提供现金流支持，而其产品线过于狭窄，尚缺乏造血机制，在激烈的竞争环境下亏损势出必然。有观察人士同时指出，花王与传化已经貌合神离。在合作方式上，双方仅限于资本层面，上海花王（中国）公司依然保留了运作相对独立性。资本，对于花王来说并不是一个艰难的选择，毕竟花王拥有丰富的全球资本通路。在合作内容上，花王也只是选择物流平台合作，而不是全面的品牌融入。花王没有将核心的、定位于高端的品牌拿出来与传化合作，对其自有品牌仍然具有定位、传播、推广以及扩展权利。因为合资公司采用双品牌模式，事实上对双方合作市场意义并不大。在营销资源相互利用上，传化日化领域渠道优势并不强。由此可见，传化对于改变花王在中国市场竞争状况并不能产生根本性、全局性影响。但杨寅认为，传化有实力代理花王在中国的所有品牌。"没有尝试过，为什么说我们做不到？"他说。"管理社会化，资本国际化。"徐冠巨的这两句口号浓缩了传化发展战略。而选择与花王、麒麟等全球500强企业合作，正是一步步实现其国际化跨区域发展的必由之路。

第四节　华立集团：多元化投资的典范

华立集团是一家跨地区、多元化、外向型的民营股份制企业。从1970年成立至今，华立已有37年的发展历程。目前，华立已经发展成为一家"多元化投资、专业化经营、差异化管理"的跨国界的民营股份制企业，总资产已超过100亿，员工12000余人，控股国内华立药业、华立科技、昆明制药、武汉健民四家 A 股上市公司。产业涉及医药、仪表、信息电子、化工、房地产等领域。主要研发、生产基地分布在浙江、上海、重庆、云南、湖北、四川、广东、海南等地,在香港、泰国、美国、加拿大、法国、以色列、阿根廷、印度和尼日利亚等国家和地区,设有制造工厂、公司、研究机构。2005 年,华立集团共实现营业收入 110 亿元。其中医药大约为 50 个亿,仪表接近 30 个亿,房地产接近 15 个亿,现有员工 12000 人左右。"华立"和"健民"是中国驰名商标;华立牌电能表是"中国名牌"产品和"出口免检产品",华立是全球产能最大的电工仪表制造商,电能表的主要经济指标已连续 14 年名列国内同行首位;"昆药"牌系列天然药物是"中国最具影响力行业十大知名品牌"。经过 5 年的精心培育,2005 年华立医药产业的营业收入已占整个华立集团总销售收入的近 40%。未来几年,华立在发展好仪表及系统等产业的同时,将大力推进以植物药、中药为特色的医药产业的发展。

华立集团有三大战略:技术创新战略、资本经营战略和国际化战略。华立倡导技术创新战略,坚持技术创新是华立持续发展的动力"引擎",通过技术创新战略的实施,确立起华立在各产业领域的技术领先优势,获取产品和服务的最大增值。来自世界各地的 600 多名科研人员组成了华立技术创新的队伍,他们分布在美国、加拿大和中国的杭州、北京、上海、深圳等地,不久,这支队伍将扩大到 800 人以上。华立每年的科研经费占年度销售收入的 5%左右。华立的技术创新体系坚持完善自我学习、自我适应的组织机能,不同的产业结合自身特征制定了不同的技术发展战略。一方面公司通过设立研究所、技术中心,培养研发团队,提升研发能力;同时,积极与国外知名企业、国际科研机构、高等院校开展广泛的技术合作,在多边合作中把握对企业和市场的控制权。利用资本获取技术是华立在技术创新战略上又一突破性的尝试。2001 年,华立集团收购飞利浦 CDMA 手机芯片设计及整体解决方案设计部门,成为中国信息产业中首家通过海外资本运作直接掌握核心技术的企业,高起点切入新产业。

华立的发展与资本经营战略紧密相连,这是华立实现跨越式成长的重要途径。为打破传统制造型企业融资渠道单一、现金流短缺这一发展"瓶颈",从 1994 年开始,华立开始寻找在资本市场上直接融资的渠道。1999年开始,华立先后收购了重庆川仪和恒泰芒果两家上市公司,经过资产重组,分别更名为华立控股和华立科技,负责华立制药产业和电力自动化产业的经营。2001 年,华立控股(美国)有限公司收购重组了纳斯达克上市公司太平洋系统控制技术公司(PFSY)。2002 年,华立集团收购昆明制药,并借助昆药平台,继续资本市场运作整合,通过三年的时间形成了一个达 20 多亿元规模的医药产业平台,创造了中国企业利用资本市场实现跨越式扩张的奇迹。未来,华立将继续推进资本经营战略,将公司主要经营业务放入上市公司进行规范运作,实现资本的全球化配置,充分发挥资本的放大作用,实现产业经营与资本经营的同步发展。随着中国加入 WTO,中国企业都感受到了巨大的挑战,华立并没有采取等待的做法,而是主动出击,以全球的视角完成产业的布局,实施国际化战略。华立的经营理念是"增进社会福祉、实现人生价值","共识、共和、共创、共享"是华立精神。新世纪,华立推进实施技术创新、资本经营、国际化三大战略,全面实现由传统企业向现代企业转变、由传统产业向高新技术产业转变、由带有计划经济痕迹的中国企业向具有国际竞争力的跨国公司转变,力争到 2010 年,实现 300 亿的经营规模,为"创全球品牌、树百年华立"奠定坚实的基础。

一、国际化进程

1998 年,华立将电能表出口到泰国和其他国家,当时的出口额占总销售额的不到 1%,1998 到 2001 年是企业的大发展时期,企业的年收入约为 20 亿。据集团内部人士透露,华立第一次国际化的信息来源主要有两个方面:第一,由于国外市场的需要,从经济全球化格局的角度以及全球各个行业的布局决定了华立要走国际化;第二,为了华立以后更好地发展,以及避免以后的宏观经济低落。2000 年,华立集团在美国加州硅谷地区设立独资企业——华立控股(美国)有限公司。同年 10 月,经过对泰国及东盟市场的周密考察,并经国家外经贸部批准,华立集团在曼谷首期投资 120 万美元独资设立了华立泰国生产基地。基地运行数年以来,凭借自身在产品性能价格比和质量服务上的优势,很快被当地电力部门接受,迅速融入了当地市场,尤其是电力线载波远传自动抄表系统,在当地激烈的竞争中取得了十分明显的比较优势,还辐射到了菲律宾等东盟市场。随后,华立在 2005 年前完成南亚、南美洲、非洲、东欧工厂的投资,建设形成全球性的仪表生产销售体系。这两个投资项目在一年内进行,是华立集团海外投资的第一步。在国际化合作方面,早在 1989 年,华立就与意大利的一家企业合资,生产铜箔板,这是当地第一家合资企业。1999 年,华立与以色列电表生产商尼科斯公司合资成立"浙江华立尼科斯电气有限公司",生产电子式电表。在产品出口方面,华立早在 1990 年成立浙江华立进出口有限公司,负责集团产品的出口业务。1997 年设立海外事业部,成为国际化战略的业务平台。在行业/市场地位上,华立集团的电能表早在20世纪90年代中期开始位居第一位。2001年,华立在美国设立了公司,并迅速收购控股了一家NASDAQ上市公司太平洋系统控制技术公司(PFSY)和太平洋商业网络公司(PACT)。2001年9月,华立(美国)公司正式收购飞利浦集团所属的在美国San Jose的CDMA移动通信部门(包括在美国达拉斯和加拿大温哥华的研发分部),获得了飞利浦在CDMA无线通信方面的全部知识产权(IP)、研发成果、研发设备、研发工具和一大批有经验的研发人员。并在此基础上设立组建了美国华立通信集团公司。华立集团完成了对飞利浦集团在美国加州圣何塞的CDMA移动通讯部门的收购,与其他中国企业的跨国并购明显不同的是,华立集团在这次收购中获得的不仅仅是资产,还包括世界领先的核心技术。

华立已初步形成从国外获取高端技术、在中国实现产业化、面向中国及全球市场的资源配置方式,力争到2010年,将华立发展成一个资源(市场、人才、资金、技术)配置全球化的跨国公司。2005年5月12日,华立集团(泰国)电气有限公司在泰国安美德(Amata)工业区为投资逾1亿泰铢的新厂房举行了隆重的开工仪式。此次开工的新厂房系安美德工业区中由中国内地投资设厂的第一家,负责设计的是具有多年丰富经验的环亚工程顾问公司,承建工程的亦是著名的祥忆工程公司,阵容强大,起点很高,相信定会建设成一流的生产基地。在开工仪式上,华立集团董事局主席汪力成在演讲中表示,通过五年的时间,华立已在泰国站稳了脚跟,接下来要把泰国公司建设成为华立在东南亚实现生产、销售和资源配置的中心。

二、国际化战略

PTI理论认为:存在心理距离的情况下,企业小步骤地发展他们的国际经营。但是奥维塔和麦克道格尔(1994)挑战了PTI的观点。他们指出,过去两国间通讯和运输渠道不畅制约了国际市场的信息收集,增加了海外经营的风险;但是近年来,不断改善的国际通讯和运输、国际市场的同质化,简化并缩短了企业国际化过程。这些变化使得企业国际化心理距离的影响程度降到最低,企业可以跨越国际化的某些发展阶段,或者国际化根本不必按阶段发生。华立的国际化进程就证明了这一点。首先,华立与意大利的一家企业合资,生产铜箔板,这是当地第一家合资企业;之后才陆陆续续向泰国等国家出口电能表。这种先向发达国家直接投资,然后再向发展中国家出口的国际化模式跳跃了存在心理距离的国际化发展阶段,从另一个角度证明了 INV 理论关于心理距离和国际化步骤的观点,即技术和经济的变化可以把心理距离降到最低,并缩短、简化或跨越企业国际化的阶段。华立集团总裁汪力成曾表示:"华立的国际化战略并非只是简单地将产品销往国际市场,而是集市场开拓、技术合作、资本筹措、生产制造为一体的全方位立体化的战略。华立集团国际化的目的是实现整个企业资源的全球化配置:包括市场资源、资金资源、技术资源和人才资源。参与全球分工,化比较优势为竞争优势,真正适应全球化生存。"在题为《WTO 与华立对策》的华立 21 世纪国际化战略纲要中,华立在 21 世纪前 10 年的发展目标之一是:将华立从一个完全中国式的企业发展成为一个国际化的跨国公司,真正实现资源(人力、市场、技术、资金)的配置全球化。华立 21 世纪国际化战略目标是:在全球各地投资建设制造基地,生产和销售华立具有竞争优势的产品,稳定区域性市场,至 2010 年达到两个 50%:50% 在国内,50% 在国外(市场资源);到我们需要获取资源的地方,投资建立窗口,打通接口管道(获取技术、人力和资金资源)。具体而言,华立的国际化战略有四点:

第一,在海外成立控股公司作为发展的母体。依据企业国际化外部商业环境理论,如果国内市场和国际市场高度整合和同质化,企业的国内经营的绩效与企业国际市场的经营绩效就会很相似。而提高国内市场与国外市场同质性的最好手段就是直接投资,华立在海外成立控股公司就是一种很有效的国际化方式。2000 年,华立进入美国,在加利福尼亚州硅谷地区投资设立了独资企业——华立控股(美国)有限公司,并以该公司为母体在美国发展。华立控股(美国)有限公司成立时,华立就对其职能作了一个清晰的定位:根据华立产业发展的整体战略,利用资本经营的手段,在北美地区低成本收购兼并高科技企业,快速整合技术资源,形成"研发基地在北美、产业化基地在中国"的最佳资源配置,为华立快速进入高科技领域提供良好的平台和有效的接口。1998 年华立出口到海外的总值占总销售值的1% 都不到。2000 年,华立在泰国建立了第一个海外工厂,之所以选择这么快的进行直接投资,华立集团国际贸易部部长认为,这一方面和企业家精神有关,另外一方面和世界贸易壁垒有关。1998 年中国进出口贸易很正常,但是 2001—2002 年公司有一批产品出口到智利/巴西之后对方国家不进口,然后只好通过泰国工厂包装才走出去。国外该行业的地方保护主义相当严重,很多国家要求原产地,而且生产标准要求不一样。于是华立在国外投资实现了产地销售,并且建立区域发展平台(如以泰国为中心,仍然以电子仪表为主,然后向周围辐射。而且华立的区域发展平台不止一个,其在尼日利亚有一个销售公司,这个销售公司的作用也相当于平台。

第二,选择合适时机低价购买国外上市公司。2001 年 9 月,华立控股(美国)公司经过数月的艰苦谈判,正式收购了飞利浦集团所属的在美国圣荷塞的 CDMA 移动通信部门(包括美国达拉斯和加拿大温哥华的研发分部),获得了飞利浦在 CDMA 无线通信方面的全部知识产权(IP)、研发成果、研发设备、研发工具和一大批有经验的研发人员,在此基础上设立了美国华立通信集团公司,借助与飞利浦半导体的战略伙伴关系,专业从事手机芯片软件及手机整套技术解决方案的设计开发,并通过浙江华立通信技术有限公司直接面向中国市场,为中国及世界各地的手机制造厂家提供核心芯片及整套技术解决方案。收购 CDMA 项目是在"9·11 事件"发生不久,美国股市大跌的情况下,飞利浦急于找买家。经过近半年的整合,华立在通信业务上形成了三国四方的格局,依托位于美国、加拿大、中国三个国家的研发部门,形成互动的产业链条,其中美国达拉斯的研发部门针对整体解决方案,美国硅谷主要做芯片设计,温哥华则负责系统软件,而杭州研发中心的重点在于外型设计以及产品整合。资源配置方式上形成了研发基地在美国、产业化基地在中国的格局,面向中国及世界各国。

第三,提高收购公司的盈利能力,恢复其在资本市场上的融资能力。华立集团是通过提升核心竞争力的方式来提高盈利能力,资本运作能力以及由此获得的对并购企业的整合和融合能力。并购对于华立核心竞争力的培养有着积极的意义,它站在一个技术的高点,有可能以此为契机获得技术的持续开发能力,从而提升企业的核心竞争力。简单地说,华立的模式可以归结为:企业在国际市场上,以资本并购的方式直接收购国外企业或者国外企业的部门,获取中国企业稀缺的资源如技术、人才等,利用获得的高端资源进入和扩大国内的市场,同时参与国际竞争和合作,提升企业的核心竞争力。正如汪力成所说,"一旦我收购成功,我要做的事情就是和被收购公司的业务结合在一起,这样就能提高这家公司的盈利能力,股价同样会上去,这家企业在纳斯达克的融资功能也就恢复了,就可以用美国的钱在美国做事","如果要直接购买技术,对方就会漫天要价。其实对方缺的是资金和市场,我就和微软一样,用股票和市场去换技术和人才。股票上涨,双方都有利"。

第四,用资本运作方法购买别人的核心技术以及人才配置。主动出击需要技术、人才、资金,许多中国企业在这些要素上跟国际同行的水平相距很远,特别是技术含量高的产业。华立的思路是,到发达国家中去获取自己所需要的东西,实施资源优化组合①。他们首先的目标是美国,去美国并不是办工厂,而是主要瞄向美国的技术资源、人力资源、资本资源或是资金资源。华立避开了一般的企业投资模式,在美国直接进行资本运作的方法,收购了美国的一家上市公司,建立了华立控股的美国公司。汪力成认为,控制和收购上市公司,再由上市公司进行操作,最大的好处是拿去的钱可以变成启动资金。如果配合得好,可以把上市公司在资本市场的融资功能充分利用起来,在美国本土源源不断地直接筹集资金,以达到用美国的人、财来为我所用。2001 年 9 月,华立收购了飞利浦所属的 CDMA 移动通信部门,高端切入移动通信领域。300 万美元成为华立在美国发展的启动资金,这是华立和别人的最大不同点。现在这家公司把资金投在中国的CDMA上来,融资完全按照美国的方式。此外,人才国际化的成功已经在华立集团得到印证,华立集团董事长汪力成说:"企业的国际化不只是搞出口,也不只是到国外办一家公司,而是企业资源的全球配置。目前华立已经初步实现了人才、技术、市场、资本的全球配置。在华立集团的通讯公司,有 50%以上是美国、加拿大人,因为世界通讯的核心技术掌握在这些人手里,尽管这些人力成本较高,但企业实现了最佳的人才配置。"

三、国际化影响因素

华立国际化的成功,其董事长汪力成功不可没。依照本书理论部分对有限企业家精神的描述,企业家在企业国际化中起到了重要的作用。企业在国际市场交易时也有相对于本土企业的劣势,如贸易壁垒,对法律、语言和商业惯例不完全了解等。面对走向国际所存在的优势和劣势,企业家必须决定是否进入国际市场、何时进入国际市场,以及如何进入国际市场。华立最终选择的是海外并购,通过资本运作的方式实现国际化。但是海外并购并不是每次都能成功,其中影响国际化的因素至少有以下两点:

首先,华立收购飞利浦 CDMA 项目,由于没有系统支持的整合而举步维艰。2001 年,华立收购了飞利浦位于美国的 CDMA 项目,媒体纷纷惊呼中国民企开始大步走向世界,打破高通在 CDMA 上的垄断指日可待,就连美国的专业媒体,也相当关注此次收购,汪力成本人还由此被美国《财富》

---

① 施惠萍.企业国际化进程中的资本运作——访华立集团董事长汪力成.浙江财税与会计,2002(6).

杂志评为 2001 年中国商人,并位居榜首。但是之后几年,3G 呼之欲出,而华立的 CDMA 项目却悄无声息。据研究,华立集团当时决定收购飞利浦的 CDMA 研发部门,动因就是希望通过企业的多元化经营保持持续的高速成长。收购完成之际,业界形成了一个错觉,以为华立买下并掌握了 CDMA 核心技术,可以与拥有 CDMA 专利技术的高通公司完全竞争。可是,华立失算了,原因是飞利浦与高通之间关于 CDMA 芯片有一些秘密交叉协议和授权协议,收购后,一开始华立只拿到了 CDMA95A 和 20001X 等阶段的技术,而和 3G 有关的 CDMA 专利还都控制在美国高通手里。这样,形势就十分明了:如果华立 CDMA 项目要往上走,必须通过飞利浦与高通进行新的交叉授权,获取最新的 CDMA 专利。而维持原有的技术团队及其不断更新的体系,付出的代价是非常巨大的,有媒体报道,每年需要千万美元以上的投入。更令人头疼的是,华立研发出来的产品一直落后于高通,而且受到高通专利池的多种限制,华立的 CDMA 技术及其芯片很难成为市场的主流,联通及其国内主流手机、系统厂商均采用高通的技术产品,华立只能剑走偏锋,出击低端的无线固话市场,或者将芯片卖给国外非主流的厂商。由于华立是新来者,过去电表行业所积累的技术资源无法为 CDMA 项目提供必要的技术背景支撑,缺乏系统的技术资源支持的项目运转,每前进一步都是新的,其付出的代价也是惊人的。于是,华立便陷入一个中国企业罕有的困境中:从电能表微薄的利润中,抽取巨额资金,花巨资去雇佣美国的人才,购买美国的机器,在美国,在一个全新的领域里,跟比自己强大得多的美国对手进行技术比拼。四年后,不堪 CDMA 之重的华立开始转向:1 月初,华立信息产业发展有限公司(华立信息产业集团的子公司)与大唐移动通信设备有限公司签署了 TD-SCD-MA 终端合作协议。华立、大唐双方将基于大唐移动的联合解决方案开发 TD-SCDMA 商用终端,并参加信息产业部组织的 TD-SCDMA 准商用测试。目前已经在 TD-SCDMA 上投入了 2 亿元人民币。但是,面向 3G 的研发资金缺口仍然巨大。

　　其次,在跨行业整合方面,华立对核心技术和销售渠道缺乏控制力,加上对竞争对手估计不足,导致国际化困难重重。华立医药是华立集团为一个新的战略——进军医药行业而设立的,这个公司最令外界关注的是从无到有,通过收购、整合,重新塑造并拥有了一个新的产业链——青蒿素产业链。青蒿素是中国唯一被世界卫生组织(WHO)认可的按照西药标准研发的中药。该药主要应用于治疗疟疾。据介绍,由中国植物青蒿中提取的俗称青蒿素类药物,被全球医学界公认为是最安全、最有效的抗疟药物,主要出口对象为非洲。2000年,华立控股开始整合青蒿素产业。四年间,华立在原料生产上下功夫,先后投入巨资,人工培育优质种子,使青蒿素的含量提高到了平均8‰—10‰;期间还收购湖南吉首制药厂,控制中国青蒿素产量的80%以上;组建北京华立科泰医药有限公司,建立起了专业的市场营销队伍等等。投入的数亿资金,终于使华立建立起从种子培育到国际营销的一整条完整的产业链。华立花了四年时间,斥资不菲,辛勤打造的青蒿素在今年碰到的一个重大的机遇:全球的医疗机构终于改变过去的做法,转而采用新的中药制剂青蒿素(Artemisinin)作为治疗疟疾的首选药物。2004年7月底,世界卫生组织表示:计划2005年将在重庆酉阳采购1亿人份的青蒿制剂;过去不赞成采用青蒿素的美国、英国等主要捐助国家以及联合国儿童基金会和世界银行都欢迎这种新药。重庆酉阳就是华立控股的青蒿素种植基地。事实上,去年年底,华立就已经拿到了青蒿素原料的国际订单。可是,在这个重大的机遇面前,走了先手的华立突然遭遇了意想不到的阻击:青蒿素类药上,竞争对手复星医药出现了。2005年1月29日,复星医药发布"控股子公司重大事项"公告称,桂林制药的青蒿琥酯片成为国内唯一通过WHO复查的青蒿素类药生产厂家。相对于华立控股主攻青蒿素类药而言,复星医药进入青蒿素类药在时间和速度上均"落后一拍"。不过,这似乎并不影响复星医药在与华立控股的竞争中后来居上:2003年12月末,复星医药出资7836万元对桂林制药进行增资扩股,并取得桂林制药总股本60%的绝对控制权。而桂林制药,恰恰为青蒿素类药这一中国自主知识产权作过重要贡献。2004年末,WHO官员关于落实"WHO公共药品采购目录"的中国之行,直接引发了华立控股与复星医药的两军对垒:面对复星医药的咄咄逼人,华立控股则表示其复方青蒿素抗疟药"将成为第一个进入WHO公共药品采购目录的中国制药企业"。在青蒿素种植上,一向认为已经控制了上游种植量的80%以上的华立控股,其形势也不乐观:青蒿素是一年生植物,2004年华立在重庆酉阳的青蒿素种植,使当地农民得到了实惠。2005年该县农民的积极性很高,已经打算把种植面积扩展到10万亩,在四川、广西、云南等地,还有不少地方想种植。由于适合种植的地方多,一年就能成熟,所以华立要其控制上游原料的种植环节变得极不可能。在中游青蒿素类药生产中,有复星医药的虎视眈眈,还有不少竞争对手在加入中。下游,并不是一个自由竞争的市场,买家主要是WHO(世界卫生组织)这一类的国际专门机构,而华立要进入

WHO 的采购目录,必须符合 WHO 制定的条件。目前,华立的产品还没有进入 WHO 的采购目录,所拿到的国际订单,无论是昆明制药蒿甲醚原料药,还是华立控股的青蒿素原料,都是给世界医药巨头——诺华进入 WHO 的采购目录的产品提供原料药。也就是说,中国"原料商"能否破茧蜕变为"供应商",从而分食这些国际采购的巨额订单,能否顺利通过世界卫生组织的供应商预认证程序将是关键所在。由于不熟悉联合国采购的规则,中国供应商极少加入到联合国的供应商系统。尤其是抗疟药领域,联合国部分采购的由中国制造的药品大多是通过丹麦、瑞士、法国甚至印度、越南等国的贸易商购买。目前,中国药厂的角色仅仅是原料生产基地。而且合格的"原料生产基地"也只有两家:广西桂林制药有限公司(法国赛诺非公司供应的青蒿琥酯生产基地)、北京诺华公司(瑞士诺华供应的蒿甲醚－苯芴醇的生产基地)。虽然目前我国是世界上最大的青蒿资源国,但利益的大头却控制在跨国医药巨头的手中。这样,华立面临的又是类似于 CDMA 项目那样开创性的工作,开拓青蒿素产业链的"地板"(全球性销售网络)和"天花板"(核心技术),构建"青蒿种植——加工提炼——成药制造——科研开发——国际营销"产业链。

这两件华立在走向国际化的背景下实现的收购案,在收购之后却遭遇了种种困难:前者,使华立陷入用巨额资金比拼技术的局面;后者,则显示即使占有了上游原材料和原料药,由于核心技术和销售渠道依旧掌握在国外公司和机构手里,使华立的定价能力比较薄弱,受制于人。[①] 华立的国际化困境引人深思,不同的国际化方式决定了企业不同的国际化进程,也在一定程度上预言了国际化的困境。

第五节　天马集团:专业化经营的楷模

浙江天马控股集团有限公司创建于 1987 年,现有员工 5000 余人,拥有杭州、成都、北京、贵州等轴承生产基地,以及 15 家遍布国内各大中型城市的销售分公司,产品畅销全国,并远销欧美等发达国家和地区。天马以专业生产圆柱滚子、深沟球轴承、角接触球轴承、关节轴承、铁路轴承等轴承产品为主,品种达 1800 多个,年产量 1200 多万套,产品主要用于汽车、火

---

① 佚名.华立系:国际化冲动下的收购和"试错".浙商网.

车、船舶、机床、电机、农用机械、矿山、工程机械等行业。由于轴承行业整体集中度不高,行业产能较为分散。据中国轴承工业协会统计,2004年,轴承行业共有企业约2000多家,国有及国有控股企业加上销售额500万元以上的非国有企业多达927家,行业竞争激烈。但是,天马避开了低端产品的激烈竞争,定位于进入壁垒高、附加值高的高端产品,凭借灵活高效的管理机制、领先的技术水平和完善的销售网络和售后服务在核心产品短圆柱滚子轴承和铁路货车轴承市场树立了龙头地位,其中短圆柱滚子轴承产品市场占有率达到33.64%,铁路货车轴承产品市场占有率达到33%,在获得铁道部认可的全部6家生产商中位居第一。由于短圆柱滚子轴承市场非常分散,行业内其他竞争对手跟天马差距非常大,而铁路货车轴承有相当高的准入壁垒,因此,天马在这两个核心产品领域的优势地位未来将进一步巩固和加强。天马生产的TMB牌轴承于2005年荣获"中国名牌"、"国家免检"、"浙江省著名商标"称号,最近被认定为"中国驰名商标"、"最具市场竞争力品牌"。为加强生产管理、加强质量控制,天马先后通过了ISO9001、ISO/TS16949及ISO14001国际质量、环境管理体系认证。2006年,TMB牌轴承通过了国家质量认证中心CQC产品认证,并获得两项"中国轴承行业产品跨标杆"认证证书。

目前,天马拥有一支600余人的专业技术人才队伍,建有省级企业技术中心,累计研发投产新产品2000余个,先后获得新产品专利20余项,2006年被评为浙江省专利示范企业,逐步拥有了一批产品的自主知识产权。天马多年来致力于轴承生产工艺的研究与创新,确立了国内领先、国际先进的核心技术。此外,其经营业绩更是逐年大幅递增,综合经济效益指数名列全国同行业前茅,是全国轴承行业中发展最快、潜力最大的企业之一,行业综合排名位居国内前列。曾荣获全国轴承行业十五发展先进单位、全国轴承行业管理先进单位、浙江省AAA级守合同重信誉单位、浙江省工商AAA级信誉单位、杭州市百强企业等荣誉。近几年,公司又先后被评为杭州市重点科技创新企业、浙江省高新技术企业、浙江省100个拳头产品骨干企业、浙江省清洁生产示范企业和绿色企业等荣誉。

一、国际化进程

天马的国际化进程没有其他企业那么轰轰烈烈,但是它却代表了一个最普通的民营企业国际化的方向。1995年,天马经某一国内进出口公司介绍,出口第一笔轴承到美国。由于其产品具有材料和劳动密集型特征,因此这笔轴承显得颇有价格竞争力。这样,天马国际化的路子打开了,从最低档次的溜冰鞋、运送煤的传送带到一些民用品,例如小风扇,再到用于汽车火车轮船以及其他机床的机器,单子一笔接一笔。2000年,天马在美国芝加哥设立了一个销售公司,为此天马特地找到一个懂外语又懂业务的中层去美国分管销售。但是事与愿违,这个人到美国后就消失了。后来,天马又找到一个懂英语的老师,由于业务上的不熟练加上签证到期,这个海外的销售公司被迫解散,一万美金的投资变为沉没成本。2001年,天马改变国际化策略,通过参加展销会、博览会等方式,将轴承卖给美国的经销商,再由他们去销售。这在一定程度上增加了天马国际化的信心,也为以后集团大规模国际化提供了宝贵的经验。到2006年,天马出口近十个亿,出口国家主要是欧洲发达国家。

二、国际化战略

天马的国际化环境与传化有点类似,这两个企业都是在国内市场与国际商家共同竞争,从而提高自身的国际化水平,换句话说就是"国际竞争国内化,国内竞争国际化"。天马遇到的是来自世界八大著名轴承公司,即瑞典的SKF公司、日本的NSK、KOYO、NTN、NMB、NACHI公司、美国的TIMKEN公司、德国的INA公司的竞争,他们占据了大部分的高端市场份额。这些世界级的轴承制造商已瞄准我国巨大的市场,目前世界八大著名轴承制造商都已在我国合资或独资建厂,已形成一定的生产能力,其产品主要面对高端轴承市场。传化面临的是宝洁,联合利华等国际豪门在国内市场的竞争。但是,这两种类似的竞争环境却衍生出不同的国际化战略,传化主要是通过与外资成立合资公司的方式,简称"以外制外",进而扩展国内市场份额;而天马则主要是通过"进口替代"的方式,一方面吸收国际先进技术,运用在国内产品之上,另一方面将重点更多地放在提升自身产品的核心竞争力上。前文中所提到的企业家对国际商机的认识理论可以解释这种差异化的现象。徐传化认为国际洗涤剂市场几乎就是一个完全竞争的市场,因此引入外来竞争者还不如让他们为我所用,合资无疑是最好的选择。而对于天马集团,公司董事长马兴法认为轴承这个行业还存在着较大的技术壁垒,由于我国是一个轴承生产大国,而天马集团在国内市场几乎首屈一指,做到国内第一并不是没有可能,因此通过本土竞争的方式与国际商家对抗也并不是没有成功的希望。马兴法曾对企业的国际化战略作过这样的描述:在经济全球化的今天,天马在立足国内市场的同时,正积极开拓海外市场,而且针对我国轴承行业和企业自身的实际,始终将产品定位为替代进口的"四高精品"——即研发和生产高精度、高可靠性、高技术含量、高附加值的高、精、尖特色产品上,说到底这是对海外市场的另一种开拓行为。具体来看,天马的本土国际化战略大致包括以下三个方面:

第一,将产品定位于"四高三低",通过替代进口的方式提升产品技术。我国不仅是一个轴承生产大国,而且还是一个轴承出口大国,但生产和出口的中小型普通低档轴承居多,而高技术含量、高附加值的大中型轴承、非标轴承等仍然依赖进口,长期处于"低出高进"的外贸格局。天马针对我国轴承行业和企业自身的实际,将企业产品定位在替代进口的"四高三低"——研发和生产高精度、高附加值、高可靠性、高科技含量和低振动、低噪音、低摩擦轴承的特色精品上①。为确保企业产品定位目标的实现,天马充分发挥民企机制的先发优势和地理优势,广纳贤才,成立省级企业技术研发中心,建立新产品开发快速反应机制和激励机制,采用先进的设计理念和生产工艺,按照"设计一代,研制一代,生产一代,储备一代"的要求,积极开发新产品,每年研发投产的新品种达100多个,并做到当年研发,当年生产,当年见效,开发的新产品先后获得专利19项,逐步形成了天马的自主知识产权。现已形成具有天马特色的圆柱滚子轴承、深沟球轴承、角接触球轴承、关节轴承、汽车轴承、铁路轴承、电机轴承等九大类共1500多个品种的系列化产品。高精度滚子轴承、铁路提速轴承、精密大型静音轴承、汽车轮毂轴承以及精密冷辗用轴承钢、精密轴承钢管等产品,每年所创产值占到企业总产值的三分之一,新增利税占到近二分之一。其中,圆柱滚子轴承产销量在全国同行业中名列榜首,市场占有率达到37.5%,铁路轴承产销量已位居第三。

第二,突破工艺装备瓶颈。作为传统产品,做一般的轴承并不难,但要做出"四高三低"的轴承精品,却非易事,关键在装备和工艺。天马以超前思维,高起点、大力度地在技术创新、技术改造上下功夫,从装备和工艺上保证提高产品的含量,提升企业核心竞争力。近五年来,天马累计投入技术创新、技术改造资金3亿多元,围绕"四高三低"的产品定位要求,从材料、毛坯、车削、热处理、精磨、检测等生产全过程,进行了一系列、持续的技术攻关和技术改造,形成了数十条国内领先或同国际同步的自动生产线,

---

① 佚名.天马欲跻身我国轴承行业第一军团.中国工程机械商贸网.

逐步实现了轴承加工数字化、自动化,具有年产中大型轴承万套的生产能力,并保证天马生产的轴承是"四高三低"的精品。在国家质量检测部门历次抽检中,TMB轴承均达100%的精密储备率和100%的优等品。以冷辗设备和成型工艺为例:天马从德国引进当今世界最先进水平的轴承套圈冷辗设备,率先成功地用于中大号轴承套圈精密冷辗成型,并先后与北京钢铁总院、洛阳轴承研究所、浙江大学、杭州轴承检测中心等科研、院校合作,共同开发新材料、新技术、新工艺,配套攻克了冷辗扩成型工艺的三个技术难关:一是冷辗模具的国产化难关。天马在消化、吸收的基础上,对德国引进的冷辗模具进行了大胆的改进、创新,自行研制了适合国产材质的模具,替代并优于进口模具,使天马在冷辗模具的设计制造技术达到国内行业的领先水平,开创了"以管代锻"的行业先河,也令德国人折服。二是冷辗用轴承钢的材料难关。原来使用的GCr轴承钢,实践证明,其成分、性能尚不能充分适应冷变形的要求,少量工件产生微裂纹及热处理后变形量超标等问题,影响了冷辗技术优势的充分发挥。解决这个问题,已成为各国冶金专家和轴承制造专家的共同追求。天马利用长期租赁杭州重型机械厂铸钢分厂的这块阵地,组织了产、学、研联合攻关小组,进行了《精密冷辗用轴承钢的开发与应用研究》的项目攻关。先后经过冶炼轧制、材料性能、制造工艺和用户使用跟踪的试验研究,最后经专家鉴定,证明天马设计、研发的轴承新钢种更适用于精密冷辗用。这一新材料的研发成功,不仅填补了国内空白,成为天马一个新的经济增长点,而且是国家鼓励发展项目。三是将新钢种轧制成钢管的难关。为了解决"以管代锻",使轴承制造企业向上游延伸,天马筹集资金1500万元,新建了钢管生产分厂,经反复试验,如期将新钢种钢坯轧制成钢管,年生产能力达到6000吨,除满足企业冷辗设备的需求外,部分钢管还可投放市场,每年可增加利税500余万元。天马的"以管代锻"又开创一个行业先河。天马这项生产工艺的创新成果及其应用,可节省钢材约20%,并经国家检测中心测试,轴承试验寿命长达计算寿命的10倍以上,达到国内领先和国际同期先进的水平。这不仅为天马带来了丰厚的效益,而且对我国轴承套圈制造工艺的革新、行业的发展产生了重大影响。

第三,联合并购,共促发展。天马自身在建立现代企业制度的变革中,还审时度势、抓住机遇,通过资本运作,实施了低成本扩张的战略。2002年收购成都轴承集团,2003年收购杭州电梯厂,2004年又收购四川齿轮箱厂,从而发展成拥有5个生产型子公司和13个销售分公司的大型民营控股集团。其中轴承规模已升至全国同行业第四位,综合经济效益名列首位。天马认为,影响并购成败的因素很多,但关键在于整合。以收购成都轴承集团为例:该集团是拥有 3000 名员工的国有大型企业,主营铁道轴承,曾在行业中排名第五。天马收购了该集团公司铁路轴承和大型轴承的有效资产,组建成立了成都天马铁路轴承有限公司。公司成立后,天马投入数千万元,实施了第一期技改,实现了当年并购联合、当年扭亏为盈。接着,利用厂区搬迁的机会,又投入数千万元,在开发区新建厂房 2 万多平方米,实施了第二期铁路提速轴承和精密大型静音轴承生产线技改项目,形成年产铁路提速轴承 20 万套、大型轴承 10 万套和精密圆柱滚子轴承 15 万套的生产能力。2004 年,成都天马实现销售收入和利润分别达到 1.04 亿元和2002 万元,同比分别增长 50％和 82％。

三、国际化影响因素

前文对国际化的时间与企业绩效之间的关系作过一番描述,关于国际化时间问题,PTI 理论暗含一个重要观点:国际化起步较晚的企业比国际化起步较早的企业更容易在国际化运动中幸存下来。因为企业的管理通常是规避风险的,随着时间推移逐步积累资源,所以国际化进程起步较晚的企业更容易提高生存机会。天马选择较晚进行国际化的原因与其企业的绩效有着紧密的联系。由于是本土作战,影响天马国际化的因素则主要体现在其自身的竞争优势上面。公司的竞争优势主要包括以下几个方面:一是产品高档化,通过研发和生产高精度、高附加值、高可靠性、高科技含量和低振动、低噪音、低摩擦轴承“四高三低”的进口替代产品。轴承行业整体集中度不高,行业产能较为分散,2004 年轴承行业共有企业 2000 多家,国有及国有控股企业加上销售额 500 万元以上的非国有企业多达 927家,行业竞争激烈。天马避开低端产品,定位在替代进口的高精度、高附加值、高可靠性产品,并凭借灵活经营机制,逐步超越哈瓦洛等传统国有大型企业。另一方面,由于国际八大轴承商及合资企业的产品价格比国内高 2~5 倍,相比之下公司产品又颇具成本优势,左右逢源,公司在轴承这样一个比较传统且成熟的行业迅速崛起,经营规模不断扩大,同时保持了较高的毛利率水平。二是公司一贯注重技术创新和自主研发,在公司销售总额大幅增长的同时,研发经费的投入仍然稳中有升,2006 年已经突破 1000 万元,公司鼓励科技人员大胆创新而为其购置试验机床的做法颇为独特。公司的技术投入取得明显成效,根据铁道部每季度公布的轴承故障发生率统计,近年来公司产品的故障发生率在国内全部有生产资质的 6 家厂商中最低。三是公司一体化生产体系也打造了低成本和高效率的生产能力,与行业内大多数厂商不同,公司在配件、工装模具等方面基本实现了自主研发制造,公司轴承配件的自配率已经达到 95％以上,且大多数配件的生产工艺和技术水平都达到国内或国际先进水平。一体化的生产模式使公司的生产能力和效率远远高于业内同行,从而抢占了更多的市场先机,公司资产运营效率一直相对稳定,并处于业内较高水平。同时,期间费用率在主营业务大幅增长的情况下还略有下降,体现了较高的管理运作能力①。此外,良好的信用及运营历史,从而实现了企业的持续发展。以此为契机,公司积极利用轴承行业面临的较好发展机遇,加大对精密、大型、特种、铁路专用等轴承产品的投入,利用资本市场的融资优势,力争成为国内最强大的滚动轴承制造企业。

第六节　海天集团:同行公认的排头兵

　　海天集团自 1966 年创立发展至今已经历了 40 年的历史,现为国家大型企业、中国塑料机械工业协会理事长单位、中国轻工机械协会副理事长单位,是联合国技术信息促进系统(TIPS)认定的中国优秀民营企业,并率先通过了 CE 认证、ISO9001——2000 版质量体系认证。公司资信状况AAA 级,是中国目前最大的注塑机生产基地。海天公司以其产品的优质、高效、节能、档次高、经济效益好而闻名于全国塑料机械行业,企业整体实力及各项经济指标连续 11 年在全国同行业中名列首位,是国内同行业公认的排头兵。海天牌注塑机已被外经贸部确认为"国家级重点支持和发展的名牌出口商品",外销量年年增长,2004 年荣获宁波市"海外市场开拓先进奖"。目前公司产品批量出口美国和欧洲、南美州、中东、东南亚等几十个国家和地区,产量和销售额居中国同行业首位。2003 年 8 月,为了进一步推动企业改革,优化和组合企业要素,发挥群体优势,以宁波海天股份有限公司为母体联合股份公司下属控股子公司的海天国际股份有限公司成立。2004 年集团公司旗下又成立了宁波海天华远机械有限公司和宁波海天重工机械有限公司,实现了注塑机领域细分市场的战略步骤。2004 年,

---

　　①　韩东坡.天马行空纵横驰骋——天马股份.证券导刊,2007(14).

公司又与中国最强的塑料机械科研机构联手成立了海天—北化研究中心，走上了注塑机生产产、学、研一体化道路。

为了进一步完善外销体系和提高国际注塑机市场占有率，公司拥有了二十多家国际销售代理商后，2002 年又在加拿大、墨西哥、巴西、意大利、土耳其开设了境外公司和组装厂，以五个海外公司为中心，辐射周边国家和地区，从根本上解决了机电产品在国际上交货期晚和售后服务困难的问题。海天历史发展情况如下：

表 7-3　海天集团发展历程

时　间	事　件
1966 年	100 元起家，村办企业，镇海县江南公社衙前村江南农机修理厂，以棉花农机修理为主。
20 世纪 60 年代末，70 年代初	由上海国营企业提供设备，加工塑料凉鞋、农药，农机具加工。
20 世纪 70 年代初	受到给上海国营企业加工的启发开始自己做注塑机制造。
20 世纪 70 年代中期	完全投入到塑机制造。
20 世纪 80 年代初	引进香港地区的塑机图纸。
20 世纪 80 年代中	自己消化吸收，聘请上海轻机公司和北京化工大学做技术顾问。
20 世纪 90 年代初	中国家用电器的发展加大了对塑料的需求，从而加大了对塑料制机的需求，海天趁势发展，与海尔和新飞合作。
2000 年	与香港特别行政区的宁馨公司合资，大跨步发展。

一、国际化进程

20 世纪 70 年代，海天生产的注塑机整机都是使用国内的控制件，产品质量很差。为了提高自己产品的品质，国内企业可以通过北京、上海的外贸公司购进国外的控制件，但是价格很贵。80 年代的出口目的是为了赚外汇，然后用外汇直接购买国外的核心零件，提高自己的产品质量。目前核心部件是用国外的，其他的都是自己企业生产的。出口的注塑机核心控制件都是国外原装进口的，国内销售的注塑机核心控制件是向国外生产核心控制件厂商在中国设立的外资企业购买的，因为产品的制造不单单与技术有关，而且与生产者、劳动者素质有关。到了 90 年代中期，海天做到了注塑机中国老大。之前有先把国内市场做好的想法，之后就开始非常积极地拓展国际市场。2000 年海天合资香港宁馨公司，目的是为了拓展国际市场,增加市场份额,了解国际市场信息。2001年,为了满足欧洲客户的服务需求,海天萌生了境外投资的想法,并在土耳其设立了分公司。海天开拓土耳其市场是从参加境外展销会开始的。海天集团董事长张静章介绍说,注塑机是较为特殊的个性化商品,非常注重"度身定做"和售后技术服务①。由于注塑机的关键零配件也是从境外进口,"两头在外"的海天就在伊斯坦布尔上马了装配工厂,国内的散件运来后在厂内组装成注塑机成品,然后直接在市场上销售,这样不仅降低了关税成本,运费也降低不少。境外工厂建立后,海天集团对土耳其的产品出口连年翻番,目前已占据土耳其国内注塑机市场65%的份额。2004年,海天注塑机在土耳其的销售额已达到1100万美元左右,跃升至海天集团出口总额的两成左右。在进军土耳其的时候,张静章表现出了普通企业家少有的洞察力。"土耳其市场风险较大,普遍做分期付款,企业信誉不是太好。但土耳其人口有6500万,国内市场很大。而且,产品进入欧洲市场关税低,能有效地避开欧盟的贸易壁垒,对中国企业是很有吸引力的。"张静章对土耳其的投资环境作出了这样的评价。据了解,20世纪90年代以来,土耳其经济基本呈高速增长态势,2002年人均国民收入约3000美元,列全球十大新兴市场国家之一。土耳其在政治和经济关系上与欧洲联系紧密,1996年成为欧洲关税同盟成员国,是他国产品进入欧洲的便捷通道。

2002年,海天与德国德玛格(Terex Demag)公司技术合作,目的主要是为了学习他们的技术,由于到国外设立分公司和组装厂主要为了利润,而整机出口与零部件出口成本后者低,这样在国外组装完销售附加值就高了。此外,在国外组装给当地客户一种信任感。2003年,公司外销额达5000万美元,荣获宁波市"海外市场开拓先进奖"。2004年完成外销额8000多万美元,2005年外销近1亿美元,产品批量出口美国和欧洲、南美洲、中东、东南亚等70多个国家和地区,产量和销售额居中国同行业首位。

国际市场调研方面,海天主要是派人出国,到国外设立分公司、办事处,搜集大量国际市场信息,比如在底特律——世界注塑机信息量最大的地方。还有通过代理商到美国芝加哥参加注塑机展览会。国际市场调研的一个例子就是:由于存在竞争关系,其他的国外先进注塑机生产企业肯定不会让海天参观他们的生产过程或产品。但是,国外购买我们产品的客户肯定也有购买其他供应商的产品的,所以海天派人到客户企业去考察,

---

① 佚名.塑机之王:宁波海天.中国科技信息,2004(8).

顺便看他们购买的其他的注塑机,看看那些注塑机的技术水平、工艺等情况。通过这种途径逐步了解国际先进的注塑机制造技术。

二、国际化战略

海天的国际化战略遵循了心理距离与国际化步骤理论:国际化企业一般会相继进入心理距离不断扩大的新市场,并不断扩大控制力。海天正是在国内做到最大之后,才实行全面的国际化战略。随着国际市场对中国产品需求的不断增加,以及集团的发展需要,集团的市场地位正在移位至国际市场。为了配合和适应集团定位的变化,与国际市场接轨,海天正在做出多方面的调整和改善,积极引入国外先进的管理理念、营销理念和服务理念,用以更新海天文化,推动集团国际化进程。国际化人才的加盟不仅证明了海天正在积极推进自我完善,还表明集团有足够的吸引力能够将这些优秀的国际化的技术、管理人才凝聚在集团周围,借以推进自我发展和完善。公司高层认为:在国内称"老大"不算本事,在国际市场上打得响才算为中国人争气。为此,该公司加快技术提升进程,开发高科技新产品,积极实施"走出去"战略。在分析了注塑机行业特点和存在的弱势后,海天集团采取了"分步走"的经营策略:

第一步,技术合作化。海天与国外知名企业建立数家关键部件合资企业(如螺杆、阀等),提高海天塑机的质量与竞争力,并进入塑机关键部件的国际市场,提高海天塑机的地位和形象。注塑机的技术不只是注塑机厂家的专利,好多技术都来源于技术工程公司、模具公司、原料公司、辅机、传感测试厂家等。如与德国的德玛格公司合作,建立中外合资企业德玛格海天塑料机械有限公司,海天要加强同他们的合作。另外,同模具公司、原材料公司合作,实现技术互补,形成战略联盟,将会壮大企业的竞争力。

第二步,销售渠道本土化。在国际贸易方面,海天以"销售渠道本土化"这一求真务实的思想为指导,明确发展方向,大胆果断地融入到文化背景迥异的世界各地。然后在当地寻求销售人员,这样既可以跨越语言、文化等障碍,还可以随时了解当地市场需求,及时与客户及潜在客户沟通联系。

第三步,机械产品的销售一半功劳来自完善的服务功能(包括售前、售后服务)。海天为做好售前、售后服务工作,在重点销售国家租用或购买3000—10000平方米厂房,成立仓储、组装、配件库、销售、服务、培训基地,并根据用户特殊要求进行改装。这样大大增强了当地用户使用海天产品时的信心。为完善售后服务能力，海天集团先后在土耳其、加拿大、墨西哥、意大利和巴西开设了分公司，建立仓储、组装、配件库和销售、服务、培训基地，并且以海外公司为中心，将产品和服务辐射到周边国家和地区。海外公司的设立，大大增强了当地用户使用海天产品的信心，使海天的注塑机产品的海外销售额明显增加，注塑机已远销至 50 多个国家和地区。为了成立国外分公司，早在 1998 年开始，海天就搭建平台，鼓励年轻大学生走出国门，多学外语，多学技术并长期派遣驻外。

海天多年来"走出去"的经验，主要有三条：一是"走出去"要有自主品牌，否则不仅赚不到钱，而且可能还会被人家牵着鼻子走；二是在外面无论是建立营销网点还是办企业，在用人方面一定要慎重，用人不当，就难有发展；三是不追求做世界最好的产品，但要保证做出性价比最高的产品。此外，海天的营销策略也值得一提。海天公司以其产品的优质、高效、节能、档次高、经济效益好而闻名于全国塑料机械行业，海天注塑机如今已遍及全国各省、市，国内市场占有率中大型注塑机在 60％以上、小型注塑机在 20％以上。如今，海天公司为中国家电行业、汽车行业、建材行业等多方面领域的发展节省了大量宝贵的外汇，海天为客户提供的是国际上性价比最好的注塑机，这就是海天的定位和企业生存的价值。与众不同的营销方式是海天角逐国内、国际市场的重要法宝。营销策略上，海天不在广告方面做文章，而是投入大量的资金在国内外设立销售窗口，通过窗口及时了解市场销售情况，反馈国内外市场动态，合理调整产品结构和生产计划，使自己的产品符合市场的需求，从而提高市场占有率。

三、国际化影响因素

国际化企业的竞争战略理论认为，拥有独占性技术是一个企业实现国际化的必备条件。虽然海天的技术在国内是领先的，但是和国际商家相比，还是存在一定的差距。此外，关系网被普遍认为是企业国际化所需要的重要资源，这类关系网包括技术网。海天的国际技术网比较落后，还有待升级。这两类问题在一定程度上阻碍了海天的国际化进程。

首先，核心技术匮乏是海天国际化的一大瓶颈。海天集团是全国乃至全球最大的塑料机械生产企业，2004 年其销售额达到 32.8 亿元，占全国塑机行业总销售额的 20％以上。但是在 2003 年经营中却出现了这样一个问题：2003 年他们接到一份总价值达 1500 万美元的电动注塑机订单，但最终却放弃了，原因是其中有些技术他们还不具备，实在做不了。究其原因在于其核心技术匮乏。全国著名的塑机技术专家、北京化工大学教授王兴天认为,"塑机是整个塑料产业中最能体现核心技术价值的领域,但在这个领域,我们几乎不拥有重要的核心技术"。恰好有一组数据成了他这番话的佐证:2003 年,我国塑机出口量达到 1.08 万套,价值 48.21 亿美元;同时进口塑机 2.14 万套,价值 325.51 亿美元。也就是说,进口产品以不到两倍的数量获得了 6.75 倍的价值。按理说,竞争激烈的塑机产业应该是技术含量很高的领域。但是,国内很多塑机企业走的却是一条以量取胜的路子,把技术创新撇在了一边。日本的日精公司并不是世界上技术最好的塑机企业,但他们却设有五个技术研究中心,技术工程师占员工总人数的46.1%,拥有的专利技术达 1470 项。再看国内,宁波海天集团是国内以技术见长、位居塑机行业前三名的企业,但他们也只拥有 18 项专利技术,最关键的发明专利只有 3 项。在谈及业内自主创新的难处时,王兴天教授的看法是"塑料产业链特殊的结构严重制约了塑机企业的自主创新冲动"。塑机产品的市场在塑料加工领域,而这一领域企业过小,产能过于分散,产业集中度不高,造成市场低水平竞争。相当部分的制品企业只生产基本没有技术含量的日用塑料制品和简单的工业用品,并且依靠劳动力成本低的优势以低价进入市场。这样一来,大部分下游制品企业缺乏使用高技术塑机提高产品档次的能力,只满足于一般的加工设备。制品企业没有需求,塑机生产企业的技术创新难以获得市场回应,塑机企业的创新冲动自然会受到很大抑制。海天集团一直在跟踪国际先进技术,并通过引进消化国外技术培育自己的核心技术。而国内其他的一些企业干脆就紧跟海天集团,形成一种"海天看外国,国内看海天"的畸形技术发展格局,导致国内塑机产品同质化非常严重。

其次,国际化发展研发网络有待升级。[①] 海天公司在进军国际市场,实现产品技术从中端向高端转移时发现了一些问题,在进军德国市场时表现得尤为突出。海天公司在德国已经建立了一个研究中心,为其生产符合当地需求特点的高性价比的产品,产品完全达到欧洲市场的要求,并获得相关产品认证。可是当海天的产品试图推向德国市场的时候,却遭遇诸多挫折。发达国家的客户不只是简单考虑机器的价格、质量等几个因素,而是统筹考虑,如对产品的停机率、运行周期、生产节拍、系统友好性、人员培训、售后维护等均提出了较高的要求,还需要大量的测试数据报告,即发达

---

① 吴晓波.海天机械的创新发展路径——合理分权.企业管理,2007(8).

国家更注重产品的全套解决方案的提供。目前海天已经注意到这些问题并努力解决它，使自己努力往"微笑曲线"的两端上移。此外，海天还发现其在国外的销售总体上虽然成功，但具体到行业上还是有明显差异的。例如在生产家电、汽车零部件的注塑机产品销售上比较成功，而在包装类注塑机产品销售上则表现不佳，其原因在于这类产品对注塑机的生产速度要求较高。限于海天在海外投资的有限性，它聚焦于一些大批量、大规模、通用性的产品，而非那些差异化、市场较少以及高端的产品，通过抢占主要市场来扩大市场份额，并提升品牌影响力。

第七节　雅戈尔集团：中国的皮尔·卡丹

雅戈尔集团创建于 1979 年，经过 20 多年的发展，逐步确立了以纺织、服装、房地产、国际贸易为主体的多元并进、专业化发展的经营格局。2006 年集团实现销售收入 174.05 亿元，同比增长 4.11％，实现利润总额 13.93 亿元，同比增长 36.84％，出口创汇 8.04 亿美元。集团现拥有净资产 50 多亿元，员工 25000 余人，是中国服装行业的龙头企业，综合实力列全国大企业集团 500 强第 144 位，连续四年稳居中国服装行业销售和利润总额双百强排行榜首位。主打产品雅戈尔衬衫连续十一年获市场综合占有率第一位，西服也连续六年保持市场综合占有率第一位，西服、衬衫、西裤、茄克和领带同为中国名牌产品。旗下的雅戈尔集团股份有限公司为上市公司。2001 年 10 月，占地 350 亩的雅戈尔国际服装城全面竣工，集设计、生产、销售、展示、商务等于一体，被中国服装协会认定为国内最大的服装先进制造基地，形成了年产衬衫 1000 万件、西服 200 万套、休闲服、西裤等其他服饰共 3000 万件的生产能力。2003 年占地 500 亩的雅戈尔纺织城全面竣工投产，成为国内高端纺织面料的生产基地。作为中国最大的服装生产企业，雅戈尔不断用高新技术和先进设备提升产业基础，完善产品品质。20 世纪 90 年代初雅戈尔率先在国内采用了"无浆工艺"，1996 年首次独家开发了"HP 棉免熨衬衫"，填补了国内空白，成为中国服装行业有史以来第一个国家级新产品；1999 年成功开发出新一代免熨产品"VP 棉免熨衬衫"，并被科技部、外经贸部、质量技术监督局、环保总局等五部委联合授予"国家重点新产品"称号。2004 年，推出了高科技新品纳米 VP 衬衫、纳米西服，竹纤雅丽呢面料获得"国家重点新产品"称号，雅戈尔衬衫、西服和西裤相继被评为"中国名牌"产品。公司技术中心被国家发改委、财政部、海关部署和国家税务总局认定为国家技术中心;2004年,雅戈尔集团被评为"中国信息化标杆企业"、"中国信息化百强企业",雅戈尔品牌被评为最受消费者喜爱的品牌之一。2005年,雅戈尔DP纯棉免熨精品衬衫面世,经国家纺织服装产品质量监督检验中心检测,其主要技术指标已达到国内外同类产品的先进水平;雅戈尔茄克和领带同时被评为"中国名牌"产品。

产业结构方面,雅戈尔确立了以纺织、服装、房产、外贸板块为主体,多元化并进,专业化发展的格局。1995年,雅戈尔成立了专事创品牌、抢市场、争效益的营销公司,一直致力于构建营销网络体系,提升品牌形象。目前初具规模的营销网络体系已初步形成,已在全国设立了100多家分公司,开设了300余家自营专卖店,共2000多个商业网点,形成了强大的销售能力。2004年成立西部公司和北方公司,进行营销体制的改革和探索。在构筑零售终端的同时,雅戈尔开始进入上游产业,投资1亿美元兴建纺织城,涉足高档面料的开发、生产、色织、针织、毛纺等项目相继投产,标志着纺织服装板块纺织面料、成衣制造、连锁零售一体化的战略构架基本形成,为雅戈尔的发展营造了新的平台。雅戈尔置业经过多年的发展,已成功开发住宅、别墅、商务楼等150万平方米,开发楼盘多个获得"中国区域地产成功开发典范及精品楼盘"、"小康型城乡住宅示范小区"等奖项,在酒店经营、旅游开发等方面也取得了不俗的业绩。雅戈尔国际贸易发展迅速,1999年雅戈尔品牌被外经贸部确定为第一批重点支持和发展的出口品牌商品。同年,雅戈尔控股的中基宁波对外贸易股份有限公司改制成功,实行工贸一体化,纺织服装出口快速增长,2005年集团完成进出口额近13亿美元,"雅戈尔"品牌服饰被商务部确定为十大名牌出口商品。

发展国际贸易,建立国际化的营销体系,带动相关产业的发展,是雅戈尔的着力点之一。雅戈尔先后在宁波、上海、香港和日本设立国际贸易机构,在扩大自身进出口业务的同时,通过控股和工贸联营等途径,与其他外贸企业强强联合。1999年,雅戈尔集团向外经贸部直属的中国出口商品基地宁波公司注入巨资。改制后的中基宁波对外贸易股份有限公司,成为全国首家跨行业、跨地区、跨所有制的新型股份制外贸企业。凭借雅戈尔的资金实力和名厂效应,加上自身的国际商路,中基宁波公司与112个国家和地区有贸易往来,2004年进出口额7.78亿美元,位居宁波第一,为改制前1999年的8.3倍。公司注册资本增加到1.2亿元,为改制前的20倍。房地产是雅戈尔升级换代的产业。1992年,雅戈尔与澳门南光公司合资创办房地产公司,现在房地产公司已增加到 4 家。这么多年来,雅戈尔以其良好的信誉,开发的莱茵堡别墅区、海怡花园、东海花园、东湖花园等无一不是宁波的明星楼盘。雅戈尔在证券投资领域业绩不菲,是中信证券的第二大股东。雅戈尔还投入巨资,涉足基础设施产业、社会公益事业乃至传媒业。如参与投资杭州湾跨海大桥建设。去年一期总投资 2.5 亿元,在东钱湖畔建成占地 1900 亩的雅戈尔动物园,相当于原宁波动物园的 23 倍。2004 年 5 月,雅戈尔参与投资宁波日报报业集团下属的东南商报的经营业务,这是自中央作出深化文化体制改革决策以来,全国率先引入社会资本参股的媒体试点之一。如今,雅戈尔集团已拥有 40 多亿元净资产、40 多家经济实体、2 万多名员工,年产衬衫 1000 万件、西服 200 万套、其他服饰2000 万件,成为中国服装行业的龙头企业和亚洲最大、最先进的衬衫和西服生产基地,综合实力列全国大企业集团 500 强第 144 位。

一、国际化进程

雅戈尔在已有的国外市场上主要是通过增加技术投入,从而加深集团国际化进程。1990 年,中外合资雅戈尔制衣有限公司成立伊始,便一次投入数百万美元,从德、日、美等国引进 300 余套国际先进水平技术设备,品质优良的雅戈尔品牌衬衫迅速获得市场青睐,在中高档服装领域创出了新天地。1994 年,雅戈尔从日本引进 HP 衬衫免熨工艺。该产品面市后,在国内衬衫消费市场掀起一股免熨热潮。当年 10 月,雅戈尔棉免熨衬衫被国家科委等五部委联合评定为我国衬衫行业历史上第一个国家级新产品。此后,国内几十家衬衫厂相继引进 HP 工艺,并使中国 HP 棉免熨衬衫的市场普及率超过日本。4 年后,雅戈尔又独家引进美国专利技术——目前国际上最先进的 VP 免熨衬衫工艺技术。该产品投放市场后以其环保、免熨、舒适等多种功能走俏市场,再次被国家五部委评定为国家级新产品。2004年,雅戈尔又从美国引进世界前沿的纳米技术,独家开发出纳米 VP 免熨。

继衬衫之后,西服是雅戈尔的第二个主攻目标。1994 年,已摘取中国十大名牌衬衫桂冠的雅戈尔,从德、意、日等国家引进现代化西服生产线,并导入当时男装设计和生产最好的意大利一家公司的西服样板、工艺等。一年后,具有意大利宽松风格的雅戈尔西服风靡市场,成为国内西服领域的一匹黑马。此后,为确保西服的选料、裁剪的精度和速度,雅戈尔又相继引进国际一流的全自动预缩定型和 CAD 系统,建立了当时世界上最先进的西服版样中心。这些设备和技术既确保了西服的精度质量,更使新产品的开发周期从 1 个月缩短至 1 周,大大提高了西服在市场的竞争力。经过几年努力,雅戈尔西服已走红大江南北,登上国内西服市场占有率的头把交椅。多年来,雅戈尔每年用于科技投入的资金几乎都在 5000 万元以上,到目前已达 6 亿元,几乎荟萃了世界上最先进的服装制造设备。此外,还有建立现代化营销网络体系、国际一体化质量管理体系。公司依靠灵活的所有制形式例如企业联盟或网络去获得所需资源。雅戈尔集团股份有限公司通过与国际知名企业合作,加快了开拓海外市场的进程。合作定位是建立高端产品的生产基地,以此引进先进的工艺和技术,提高企业的知名度,为进一步开创国际品牌打好基础。

2005 年 2 月份,雅戈尔集团股份有限公司与美国服装销售巨头 Kell-wood 旗下的 Kell-wood Asia LTD 合资成立雅新衬衫有限公司,主要从事衬衫的生产并全部出口海外市场,以进一步巩固雅戈尔的外贸出口市场,为雅戈尔品牌的外销奠定了良好的基础。合资厂总投资 600 万美元,预计三年内达到出口 500 万～700 万件(套)的目标。这次合作是一次全方位、多层次、宽领域的合作,其意义不仅仅是资金的引进,更重要的是借助外资的品牌优势、管理机制、经营理念、客户资源及先进技术和人才,逐步构建海外渠道,为企业发展争取更广阔的空间。2005 年 5 月上旬,雅新衬衫有限公司的第一批衬衫已途经香港出口美国。与此同时,雅戈尔还与日本伊藤忠、日清纺等著名企业合作投建纺织城,其中色织、针织项目已运行投产。

雅戈尔纺织城的目标是成为国内乃至世界一流的高档面料生产基地,以高品质的面料提升雅戈尔产品的品质,同时借助跨国公司在海外的销售网络,为进一步开拓国际市场奠定基础。为了能更快地融入世界市场体系,雅戈尔实行以市场换市场的战略,目前实施换市场的主要途径是"渠道互通"。1997 年雅戈尔在日本受亚洲金融危机的影响,经济一片低迷时收购了一家日本企业,成立了雅戈尔日本分公司,从而迈出了跨国经营的第一步。这也是雅戈尔与日本本土企业的一次成功对接。雅戈尔日本公司不仅是个销售公司,也是宣传雅戈尔品牌与文化的一个桥梁。目前,集团已经在美国、法国、意大利等国设立了办事处。在开拓海外市场上也各有侧重,对国外市场进行了细分。雅戈尔把日本定位为销售市场,是因为日本文化背景与中国相近,容易沟通,且日本的服装 80% 依靠进口,同时日本的资本充足,可尝试进行一些资本合作。在欧美市场,雅戈尔则以引进技术为主,因为欧洲是引导潮流与时尚的发源地,其面料的开发、产品的设计与创新等方面都代表世界潮流,在合作过程中可以消化、学习先进的理念。而在美国,则以开拓消费市场为主。

二、国际化战略

雅戈尔的国际化战略与海天比较类似,都是在国内取得一定成绩之后才开始全面的国际化。为了得到国际市场的认可,雅戈尔提出了二次创业的新目标:创国际品牌,建百年企业。为了这个目标,早在 1997 年,当雅戈尔衬衫、西服在国内市场供不应求时,雅戈尔公司就果断决定扩大外销,拓展国际商路。他们在日本和香港与商界建立紧密联系,聘请当地精干人员负责商路的开拓和经营。当日本经济在亚洲金融风暴冲击下处于低迷状态时,雅戈尔集团日本公司却取得了奇迹般的发展,2001 年销售额超过5000 万美元,创利 80 万美元。为了打造国际品牌,雅戈尔聘请来自世界服装之都"巴黎时尚工作室"的创建人,曾任美国"巴黎服装设计学院"艺术总监的马蒂先生为雅戈尔的品牌顾问,投资 5000 万元建立中国最大的设计中心,邀请了一批中外服装设计大师加盟。同时,投资 5000 万元,与中科院合作实施数字化工程,用现代化管理手段统一管理中外市场,加快新品开发,增强市场竞争力。为增强创建国际品牌的后劲,快速实现成衣质量和风格的国际化,雅戈尔与日本和香港地区的公司合资,兴建世界一流的雅戈尔国际纺织城,以解决目前纺织面料严重滞后于成衣生产的问题,适应服饰生产高品位、高质量、小批量、短流程、多品种的新需求。几番努力,雅戈尔在日本和欧美地区知名度逐渐提高。日本一家权威杂志在预测日本未来 10 年最有发展前景的 1250 家企业时,雅戈尔日本公司名列第 268位。2004 年 10 月,雅戈尔在美国设立分公司,聘请美国人当营销总监,建立自己的海外营销渠道,为创建世界级企业奠定基础。在这些成绩的背后,雅戈尔的国际化战略起到了几乎决定性的作用。中国企业"走出去"是一种趋势,只是各自的条件、时机和方式问题。研究表明,海外扩张主要有以下几种模式:一是在中国生产,用国外品牌;二是在中国生产,用中国品牌;三是在国外生产,用国外品牌;四是在国外生产,用中国品牌。目前,中国企业海外扩张主要以"在中国生产,用国外品牌"模式为主,因为相对而言,它更符合中国企业的现状。雅戈尔主张通过与国际知名服装企业合作的方式来稳步推进企业品牌的国际化进程,总的来说,有五大战略:

第一,以市场换市场战略。雅戈尔与国外的一些知名品牌企业合作,定位是建立一个高端产品的生产基地,原则上不做低价位的产品,不加工比较低档的产品。通过不断与国外有名的企业合作,引进他们的工艺、技术,提高雅戈尔的知名度,为雅戈尔下一步创国际品牌打好基础。就是说,雅戈尔要与国外一些大的同行来共同开发国际市场,雅戈尔帮他们开发中国市场,他们帮雅戈尔开发国际市场,实行以市场换市场的战略,使之能更快地融入世界市场体系之中。目前,实施以市场换市场的主要途径是"网络互借"。中国企业到国外去开拓市场从零开始自筹渠道十分困难,而且要付出很大的成本和时间,国外企业到中国开拓市场也面临同样的难题。雅戈尔的大卖场有一个明确的经营思路:不仅卖自己的服装,还将经营世界各地的名牌服装及其关联商品,并借此提升雅戈尔的品牌形象。同时,以此作为互换条件之一,与世界知名品牌企业的合作互换销售渠道来推进雅戈尔产品和品牌的国际化。这样,把双方的利益点对接上,就可以互借资源,实现资源利用的最大化,可以说是一个双赢的办法。实际上,这是一个"不出国门的国际化"。雅戈尔借此首先要实现的是产品的国际化,因为企业国际化的路一般比较长。雅戈尔曾经与皮尔·卡丹公司具有百年历史的世界顶级男装品牌马克西姆(MAXIMS)合作,成为它的中国总代理,既做加工,又做营销,借此引进世界顶级大师的技术和经营管理。从中建立起相互认同,特别是对技术的引进、消化和为以后做世界级品牌打好基础。国外发达国家毕竟有一两百年的工业化历程,他们积累了很多文化、很多思想,跟他们的接触对我们企业的提高、提升会有很大帮助,他们走过的路我们可以借鉴。做 OEM 给了雅戈尔一个认识世界级品牌和更快融入世界市场体系的机会。

第二,细分国外市场战略。尽管雅戈尔开拓国外市场相对较晚,但做得比较成功。20 世纪 90 年代末,日本经济在亚洲金融风暴冲击下处于低迷之中,雅戈尔借机进军日本市场,第二年便取得了销售额超过 5000 万美元的不俗业绩。雅戈尔在日本设立了一个分公司,它不仅是个销售公司,也是宣传雅戈尔品牌与文化的一个窗口。此外,在美国和我国的香港地区有办事处。现在出口基本上以 50% 的速度在增长。目前,雅戈尔在国际化过程中碰到的主要困难是国际化的流程问题。因为真正能融入大企业到国外去开拓市场的人才还是很少,所以在未来五年内首先是到国外去宣传雅戈尔,扩大雅戈尔的知名度,广泛地结交国外的朋友。知名度提高了,市场的扩大才会水到渠成。现在雅戈尔的出口以 50% 的速度在增长,速度过快也会产生内部管理上的风险,而且调整起来也会比较困难。在开拓国外市场中,雅戈尔在地区上有所偏重。首先是做日本市场。目前雅戈尔的出口中有70％销往日本市场,把日本作为一个销售市场,除了日本与中国都同处于亚洲,与中国的人文背景等有相通之处外,日本的服装80％靠进口,同时日本的资本还是比较充足,跟他们进行一些资本合作,搞些合资企业,而且技术交流也容易沟通。其次主要是欧美市场。欧洲主要以引进面料、技术为基础,因为欧洲是最好的服装发源地,现在全世界都崇尚欧风,其面料的开发、产品的设计与创新等方面都代表世界潮流,所以雅戈尔在合作过程中消化、学习他们的一些理念。而美国是以开拓消费市场为基础,对服装的创新不是很多。

第三,建立现代化营销网络体系战略。2002年,雅戈尔的战略目标由原来的"创世界名牌,建跨国集团"改为"创国际品牌,铸百年企业"。这是雅戈尔经营思想逐步走出自我特色与成熟的一种表现。它不仅把握住了作为一个世界性品牌存在的基础必须是这个品牌有良好而持久的生命力,而且梳理清了本土企业与跨国企业、品牌与名牌、本土品牌与世界性品牌之间的多重内在关系和市场运行的客观游戏规则。雅戈尔"拿来主义"的色彩在逐渐淡化,"走自己的路"已开始真正浮出水面。建立有雅戈尔特色的销售网络体系,构筑雅戈尔的核心竞争力,以大营销铸造大品牌是雅戈尔一以贯之的发展战略。多年来雅戈尔随着商业环境的变化,不断调整营销体制,引进国际先进的营销理论,率先在国内实施超大卖场营销学即MID理论,以卖场为核心构筑品牌战略。强化品牌张力与市场拓展力,并运用信息技术对营销网络进行整合和提升。迄今为止雅戈尔已在全国建立了156个分公司,2800多个销售网点,其中有400余个自营专卖店,1000多个商场的雅戈尔服饰专厅。为保证物流体、内部供应链、信息采集反馈以及企业生产的快速反应系统之间的相互链接和完善,一项总投资达5000多万元的"数字化工程"已在中科院的合作下开始启动,这一数字系统的最终目标是实现批量订制和网上销售。这是雅戈尔用高科技提升产业,以信息化带动工业化,以工业化促进信息化的战略举措。

第四,充分利用国际资源。雅戈尔把"三高"(高起点、高投入、高科技)作为提升产品品质和实施品牌战略的重要内容之一,为此,不断投入巨资引进世界上最先进的设备和技术,仅在"九五"期间,用于引进设备和技术的资金投入就超过4亿元。1990年,一次性投入几百万美元从德、日、美等国引进300多套国际先进水平的技术设备。1994年,在雅戈尔衬衫获得"中国十大名牌衬衫"称号后,又投入巨资从德、意、日等国引进西服生产线,为确保西服的选料、裁剪的精度和速度,引进国际一流的全自动预缩定型和 CAD 系统,建立了当时世界上最先进的西服样板中心,由此使新产品的开发周期从一个月缩短到一个星期,成为整个亚洲规模最大、应用针对软件发挥最成功的基地。同时还率先从日本引进 HP 衬衫免熨工艺,使"HP 免熨衬衫"成为中国服装行业有史以来第一个国家级新产品。1999年,还独家引进世界上最先进的美国专利技术 VP 免熨衬衫工艺。此后,又独家引进了德国全电脑控制吊挂工作站、自动对号仓储系统及后整烫吊挂输送系统,一改服装行业传统的捆扎式作业模式,有效解决了生产过程中搬运时间比例大、生产周期长和质量难以有序控制等问题,提高了快速反应能力。目前,雅戈尔拥有世界一流的生产设备,是国内同行中引进设备和技术的先行者和集大成者,为雅戈尔产品的高品质、高产量提供了有力保证。在引进先进的硬件的同时,雅戈尔还注重对"软件"的提升即对技术及管理人员的培养、深造。雅戈尔一方面高薪聘请中外服装制造的专家进行面对面的传帮授艺;另一方面,在企业内部选派技术人员到国外进行培训,并且吸纳大量机械、电子、纺织等相关专业人员加盟以不断扩大技术队伍。

第五,建立国际一体化质量管理体系。雅戈尔在采用国际标准的基础上,执行了高于国家标准的内控质量标准,有着一套严密的生产管理程序及完善的质量手册,将服装的选料、预缩、剪裁、配布到缝制、整烫、搬运、检测等一整套制造流程细分为数百道工序,仅标准化管理条例就制定了 88 项,规范操作重点 180 个,形成了四级质量监督网络的标准化质量管理体系,保证了影响产品质量和外观效果的每一个细节都得到严格控制。创国际品牌是雅戈尔的发展目标,为了使产品质量再上新台阶,1997 年和 2001年,雅戈尔先后两次通过当时最新版的国际质量管理体系,全面按照国际质量标准进行全方位的产品质量管理,使质量观念深入每位员工的心中。随着质量内涵的不断发展和变更,2002 年,雅戈尔衬衫、西服在同行中首批通过 ISO9001—2000 评审,使产品的生产过程全面纳入新的国际质量管理运作体系,并把对顾客满意信息的监控作为质量管理体系业绩的评价,突出了把持续改进的过程作为提高质量管理水平的重要手段,强化了资源管理的重要性,进一步规范、完善了企业严谨、高效、科学的质量管理体系。

总之,雅戈尔国际化的步骤是:以 OEM 贴牌加工为基础,先熟悉国际市场,寻求海外合作伙伴,积累了一定的经验之后,寻找进入国际市场的契机。目前,雅戈尔对外贸易所具有的优势是:有比较大的生产规模,设备先进,有较强的技术水平和国内知名的品牌形象,以及有良好的国际业务关系。同时也应该看到我们的弱点:加工价格竞争力不强,对小批量的订单适应性较差,由于面料厂还没有建成导致交货期太长,国际网络还没形成等都制约了对外贸易的发展。对于下一步雅戈尔国际化的打算主要会放在以下四个方面:一是针对目标市场开发针对性的产品。当前中国出口服装产品的致命弱点是面料瓶颈,因为缺乏优良的、处于前缘开发的新型面料,导致出口服装的附加值大大降低。雅戈尔现在正在建设中的衬衫面料厂、全毛西装面料厂、针织面料厂和水洗布厂,由于和国际上最先进的面料制造商合作,引进了当今世界上最先进的设备和技术,聘用国外专家提升产品的开发能力,同时和国际最具实力的商社合作,利用其国际网络开拓面料及服装在海外的销路。二是迎接多品种、小批量的国际市场的挑战。在纺织城建成之后,从面料到成衣做到快速反应,做到满足客户的最小批量。三是以市场为导向,做好周全准备,生产市场所需的产品,根据流行趋势进行商品策划,强化国际贸易知识,包括强化关于出口对象国家的市场、流通系统相关知识,培养能够相互沟通的外语能力的人才和对不同文化的了解。四是在现有的雅戈尔日本分公司和美国、中国香港地区办事处的基础上,集团在法国、意大利成立办事处,以此为窗口收集国际上有关服装和面料的最新流行趋势,以及当地服装企业的发展动态和先进的品牌经营资讯,建立完备的国际网络。

三、国际化影响因素

企业外部商业环境理论认为,国内和国际商务环境的联系将越来越紧密或趋于同质化。雅戈尔在国内服装市场占据一席之地后,也开始注重与国际市场的一体化建设。此外,基于 INV 理论,成本优势也是国际化企业在国际市场处于不败之地的一个必要条件。提升成本优势的途径有很多种,雅戈尔选择的是与外资强强联合,发展规模经济。具体来看,以上两点影响雅戈尔国际化的因素如下:

首先,瞄准高端,是雅戈尔多年来不败的核心因素。早在 20 世纪 90 年代中期,雅戈尔多方筹资,从德、意、日等世界服装王国引进现代化的服装生产线,包括国际一流的全自动预缩定型设备、CAD 系统、自动吊挂系统及智能化整烫设备等。中国服装协会的专家来到厂里参观后感慨道,中国引进服装技术不用出国考察,雅戈尔就是最佳"博览会"和实验基地。世界服装大师皮尔·卡丹在参观占地 500 亩的雅戈尔国际服装城之后赞道:"我走遍了各国知名服装企业,你们的设施、规模在世界上首屈一指。"雅戈尔建立了目前世界上最先进的西服样板中心，其推出的薄型、超薄型西装，不仅拥有欧美时尚风格，亦兼具东方民族的着装特点。产品一问世，即成为业界的黑马，销量连年以两位数快速增长。雅戈尔还瞄准国际一流品牌，选派大批员工到国外"留学"取经，按照国际顶尖产品来制定企业的工艺、技术流程和质量检验体系，为企业创造了一个很高的起点。2003 年初，中国雅戈尔集团与世界最大的纺织品销售商日本伊藤忠商社共同出资 4000 万美元，在宁波建设了一座占地 130 亩、建筑面积达 6 万平方米的毛精纺全能企业，并引进了具有世界水准的条染、纺织、织造、后整理等先进装备，很快形成了生产能力，在国际市场上具有较强的竞争优势。2005 年 11 月宁波国际服装节期间，由小林荣三社长率领的伊藤忠商社访问团一行曾经参观了位于宁波城南的雅戈尔工业园区。雅戈尔方面提出要将目前每年3000 万美元的交易额扩展到一亿美元的规模，小林荣三则表示期望进一步拓展与雅戈尔的合作领域和规模。

其次，选择强强合资，实现优势互补。长期以来，中国纺织服装行业尤其是在上游产品高档纺织面料方面，与国际先进水平存在较大差距。2005年雅戈尔主力产品西服和衬衫的出口销售量比 2004 年同期分别递增120％和 70％，而纺织品面料出口净增数量，比 2004 年同期更是翻了五番多，成为国际纺织品市场的一匹黑马。雅戈尔在提高自主开发能力的同时，不断从国外引进新工艺新产品，奉行"拿来主义"为我所用。2004 年初，雅戈尔从美国引进世界领先的面料纳米技术，开发出拥有自主知识产权的纳米 VP、DP 免熨衬衫，最近被授予"国家级重点新产品"。雅戈尔集团已连续四年稳居中国服装行业销售和利润总额双百强排行榜首位。主打产品雅戈尔衬衫连续九年获市场综合占有率第一位，西服连续五年保持市场综合占有率第一位。近年来雅戈尔与意大利、日本、法国等国家的服装业巨头频频接触，在美国、日本等国家和我国香港地区联手兴建合资贸易机构，借船出海，铺设自己的海外销售渠道。观察人士认为，与伊藤忠和玛佐多的合作，就是雅戈尔启动高端市场开拓的战略步骤之一。关于三家公司合作的方式，据介绍，在雅戈尔与伊藤忠原来合资的基础上，玛佐多将以新的注资、技术转让和提供营销渠道的方式，为伊藤忠/雅戈尔毛纺企业提供玛佐多的独家技术与工艺，提升三家公司拓展市场的竞争力。

第八节 小结

一、六家企业集团的国际化模式比较

综观万向、传化、华立、天马、海天、雅戈尔这六个企业集团,他们最终成功地实现了国际化,但是其国际化的方式和程度却各有不同。芬兰学者韦尔奇和罗斯坦内认为,"企业内向国际化过程会影响其外向国际化的发展,企业内向国际化的效果将决定其外向国际化的成功"。国际化的内外向交叉理论倾向于认为内向国际化在很大程度上会影响到外向国际化,或者说进口的模式比出口的模式更为重要。但是,这六家企业在初涉国际化的过程中,首先选择的模式却各不相同。

以万向、传化、华立为例进行分析,在这三家企业中,万向、华立选择的是优先出口,然后再实施进口战略,而传化却以进口为先,在国内形成一定的规模与市场后,才转向出口。这一模式的选择并非是偶然的,根据本文对国际化的内外向交叉理论的理解,企业实施国际化经营是一个循序渐进的过程,从简单的参与国际进出口贸易,到设立国外代理,建立国外分支机构,成立国际营销网络这样一个复杂的系统工程。企业首先往往采取单一进入战略,我国中小企业大多采用这种简单的国际化经营模式,因为这种国际化经营战略实施起来不复杂,容易规避风险,对资源的承诺较低。而进口与出口的选择则取决于企业自身行业的世界竞争力与产品技术的先进水平。万向在1984年,将3万套万向节总成第一次出口美国,因此成为中国第一家零部件产品进入美国的企业。华立在1998年,出口电能表到泰国和其他国家,当时的出口额占总销售额的1%不到。仔细研究这两家企业,发现他们之所以没有把进口作为自己的单一进入战略源于自身的产品技术含量高,在国际上有竞争力与需求。通过出口产品,了解国际上的产品技术与运营模式,从而提升自身的竞争力,最后达到国际化的目的。相反,由于传化的产品技术含量比较低,国际化的第一步重点放在了引进技术上面,通过进口的方式实现。

企业国际化的网络理论认为,产业系统是由众多从事生产、销售、服务等活动的企业组成。企业在网络中的分工,说明企业彼此之间存在着相互依赖的关系。企业之间会发生合作,这种合作是通过企业在网络中的相互作用进行的。这三家企业国际化的进程中,遵循了这一规律,只是各自网络的发展方向有所不同。万向集团虽然体系庞大,但是其主要的精力还是放在汽车零部件市场上。因此,万向的网络是横向的专业化方向。这样有利于提高集团的技术水平,减少对国外上下游企业的依赖程度,增强了万向在国际汽车零部件市场的控制力。传化由于其产品线比较单一,其国际化的网络和万向一样,走横向的专业化发展道路。华立集团的网络模式比较特殊,其国际化战略并非只是简单地将产品销往国际市场,而是集市场开拓、技术合作、资本筹措、生产制造为一体的全方位立体化的战略。目前,其集团产业已涉及医药、仪表及系统、信息电子、化工、房地产等领域。由于集团的国际定位不同,华立在国际网络中选择了纵向的多元化战略,这种方式有利于分担国际化风险,提高集团的综合实力。

科技创新型国际化理论认为,技术创新是企业家抓住市场的潜在赢利机会,以获取商业利益为目标,重新组织生产条件和要素,建立起效能更强、效率更高和费用更低的生产经营系统,从而推出新的产品、新的生产方法(工艺)、开辟新的国际市场、获得新的原材料或半成品供给来源或建立企业的新的组织。技术创新成为经济活动的核心,它不断为系统提供新的变异实体而使企业不断变化以适应不断变化的环境的需要。因此,企业在国际化的工程中需牢牢把握创新这个内生的动力,这个要求对一个企业来说尤为重要。万向的创新之路比较传奇,首先是把展位摆在会场门口,吸引国外商家的眼球;其次集团一直把自主创新看成是企业的生命线,坚持核心技术自主研发,不断通过自主创新提升企业核心竞争力;后来,提出了以"外围专利开发、专利引进、专利购买和合作开发专利"为主要方向的专利竞争理念。但是,始终如一的跨行业的收购模式让万向的国际化道路越来越艰辛,创新还体现在经营模式上。传化的问题也是出在这上面,在与花王的合资过程中,虽然传化掌握了绝对的控制权,但是技术的依赖性让传化举步维艰。自主研发能力的落后与合资项目的技术壁垒压制了传化的创新能力。华立由于产业网络的多样性,其创新的模式与万向和传化不同。目前,华立已初步形成从国外获取高端技术、在中国实现产业化、面向中国及全球市场的资源配置方式。其创新的地方恰恰是万向和传化的软肋,即从事资本运作,收购有增长潜力的企业。但是,智者千虑,必有一失,华立收购飞利浦 CDMA 项目,由于没有系统支持的整合而草草收场,但是其国际收购的模式还是值得国内企业借鉴与模仿的。其他如天马、雅戈尔和海天的发展模式也可以用上述理论进行归纳总结。总体来看,可以用下面的表格来总结以上企业的国际市场运行模式：

表 7-4　个案样本的国际市场运行模式

国际化方式	网络模式	创新模式	内外交叉模式
传化集团	横向专业化	技术引进	先进口,后出口
天马	横向专业化	专利	先出口,后进口
雅戈尔	横向专业化	技术引进	先进口,后出口
海天	横向专业化	技术引进	先出口,后进口
华立集团	纵向多样化	资本收购	先出口,后进口
万向集团	横向专业化	专利	先出口,后进口

二、六家企业集团国际化的影响因素

从本书前面的理论分析和实证研究可以看出,企业国际化的发展,基本上可以归纳为六个比较重要的影响因素,它们是外部商业环境与国际化时机、企业家对国际商机的认识、国际化初始期的资源要求、心理距离与国际化步骤、国际化企业的竞争战略和国际化时间。根据 PTI 和 INV 理论的论述,可以发现企业在国际化发展的阶段当中,可能会有不同的表现形式,不同的企业可能受到这些因素的影响程度不一。PTI 理论注重于分析企业国际化应该被视为一个发展过程,而且这一发展过程表现为企业对外国市场逐渐提高承诺(incremental commitment)的连续(sequential)形式。INV 理论则加强了对企业家作用和企业资源的分析,弱化了心理距离的作用。对于中国的民营企业而言,国际化的发展模式和影响因素可能更为复杂,表现出更多的特征。另外不可以忽视的是,从前面的案例中,国际化时间与绩效的关系好像并没有很明显地体现出来,所以本部分主要是对其他五个因素的分析。

综合前面六个民营企业国际化的案例,可以看出,中国的民营企业基本上符合以 PTI 理论和 INV 理论为代表的国际化模式的研究结论。只是由于民营企业从创建到成熟所经历的时间并不是很长,而其扩张的速度又都很快,和国外的企业国际化呈现出不一样的特点,所以很难忽略本书第六章所提到的有限企业家精神,这种植根于国内商业环境下的企业家精神,可能在企业国际化的某个阶段起到了关键作用。

1.PTI 理论的通用性

作为创建时间普遍都不是很久的中国民营企业来说,都面临着企业资源不足的问题,而且企业对外部商业环境和国际商机的认识也经历了一个逐步发展的阶段,这与中国整个经济发展相吻合,企业在国际化的过程中肯定也遇到了心理距离等因素的影响,所以说这些企业在国际化战略中一般是采取逐步进入的战略。从这个意义上看,PTI 理论在解释中国民营企业国际化模式的时候还是比较具有说服力的。

(1)外部商业环境与国际化时机的影响作用。PTI 理论认为在创立初期企业很难开始它的国际化进程,因为它把国际商业环境的经验知识的缺乏视为国际化经营发展的重要阻碍。

从这几个民营企业的案例分析来看,除了万向集团,其他企业在创建初期并没有急于进入国际市场,而是采取不同的方式巩固国内的市场,逐步适应外部商业环境的基础上才进一步实施国际化战略。传化集团是先成为全国性品牌,再与外资合资,在此基础上才进一步走向国际市场;华立集团在 1998 年出口电能表到泰国和其他国家,当时的出口额占总销售额不足 1‰ 的水平;天马与海天也是先把国内市场做好才开始开拓国际市场;雅戈尔则是在集中精力创建品牌,充分引进国外技术的前提条件下,才加快国际化的步伐。比如从德、意、日等世界服装王国引进现代化的服装生产线,包括国际一流的全自动预缩定型设备、CAD 系统、自动吊挂系统及智能化整烫设备等。雅戈尔在提高自主开发能力的同时,不断从国外引进新工艺新产品,奉行"拿来主义"为我所用。雅戈尔还瞄准国际一流品牌,选派大批员工到国外"留学"取经,按照国际顶尖产品来制订企业的工艺、技术流程和质量检验体系,为企业创造了一个很高的起点。

(2)心理距离与国际化步骤。基于 PTI 理论的心理距离假设,在存在心理距离的情况下,企业小步骤地开展他们的国际经营业务。企业一般会相继进入心理距离不断扩大的新市场,并不断扩大控制力。除了华立集团以外,其他几家企业都受到这个因素的影响。万向正是在这样的一种心理距离假设下不断拓宽海外市场;海天首先是通过产品批量出口美国、欧洲、南美洲、中东、东南亚等五十多个国家和地区,并在此基础上进一步完善外销体系,发展了二十多家国际销售代理商,2002 年又在加拿大、墨西哥、巴西、意大利、土耳其开设了境外公司和组装厂,以五个海外公司为中心,辐射周边国家和地区。雅戈尔的国际化战略与海天比较类似,都是在国内取得一定成绩之后才开始全面的国际化。尽管雅戈尔开拓国外市场相对较晚,但做得比较成功。雅戈尔国际化的步骤是以 OEM 贴牌加工为基础,先熟悉国际市场,寻求海外合作伙伴,在积累一定的经验之后,再寻找进入国际市场的契机。现在在日本设立了一个分公司,在美国和中国香港地区也有办事处,是宣传雅戈尔品牌与文化的一个窗口。

(3)国际化初始期的资源要求。PTI 理论认为当企业开始国际化时,用来鉴别国际商机的经验知识和投入到国际市场的其他资源都非常需要。这一点基本上可以从这些企业集团的国际化过程中得到验证,这几家企业基本上都是在积累了足够的企业资源基础上实施国际化战略的,但是万向集团可以算是个例外。20 世纪 80 年代初,国内还是计划经济的环境,在国内所面对的市场极为微小,促成万向把出口作为国际化第一步的原因就是企业所处的市场以及政策环境,让万向不得不把目光转向海外。

(4)国际化企业的竞争战略。PTI 理论认为国际化过程是企业对其所处环境的不断变化进行调整的结果。万向的国际化过程就是一个佐证,当万向在海外市场逐渐站稳脚跟后,其国际化战略也相应发生一些变化,在一体化的竞争中赢得了更大的生存和发展空间。其他几家企业在企业发展的不同阶段开始国际化,也是为了适应企业外部环境而作出的调整。传化是在与花王成功合作的基础上进一步开拓国际市场,海天和天马则是随着国际市场的变动而采用不同的竞争战略。但是华立的国际化战略挑战了这一论点,华立的战略更为主动。

2. INV 作为中国民营企业国际化的补充解释

(1)企业外部商业环境:与 PTI 理论不同的是,INV 理论认为企业家就很有可能把国内和国际市场看作一个整体,并且在企业创立初期就开始国际化。比如说 20 世纪 70 年代末,万向集团就开始实行国际化战略,并积极开拓国际市场。促成万向把出口作为国际化第一步的原因就是企业所处的市场以及政策环境让万向不得不把眼光转向海外,而优先出口则是万向综合考虑企业自身产品的成本优势与海外市场的需求状况所采取的最优选择。

(2)心理距离:近年来,不断改善的国际通讯和运输、国际市场的同质化,简化并缩短了企业国际化过程。这些变化使得企业国际化心理距离的影响程度降到最低,企业可以跨越国际化发展某个阶段,或者国际化根本不必按阶段发生。华立的国际化进程就证明了这一点。华立并没有采取等待的做法,而是主动出击,以全球的视角完成产业的布局,实施国际化战略。

（3）国际化企业的竞争战略：根据 INV 理论，企业在实行国际化战略的过程中，拥有独占性的技术知识与差异化的本土战略可以促进企业国际化。企业管理国际业务相对于本土企业管理有着特定的劣势，那么要战胜诸多本土企业存在的优势，就必须拥有独占性的技术知识，从而应用到创造差异化或成本优势上，所以说 INV 理论认为独占性的技术知识是差异化和成本优势战略的基本来源。比如说华立倡导技术创新战略，坚持技术创新是华立持续发展的动力"引擎"，通过技术创新战略的实施，确立起华立在各产业领域的技术领先优势，获取产品和服务的最大增值。

（4）企业家对国际商机的认识：INV 理论认为，企业家在企业国际化中起到了重要的作用。面对走向国际所存在的优势和劣势，企业家必须决定是否进入国际市场、何时进入国际市场，以及如何进入国际市场。这样的情况在中国的民营企业中最为明显，企业家的作用可能被最大限度地放大，这一点在上面的六家民营企业的企业家身上都可以清晰地体现出来。

3.有限企业家精神在企业国际化中的影响作用

在 PTI 理论中，企业家只发挥很小的作用，因为该理论只对决策制定体系而非决策者个人感兴趣。INV 理论则认为，企业家在企业国际化中起到了重要的作用。这两个理论好像都无法解释中国民营企业的企业家所表现出来的某些特征，而这些特殊的气质可以从另外的角度来解释民营企业国际化过程中不同于国外的特点。所以说可以通过引入企业家精神理论而使现有国际化理论更具解释力，这个论点与中国的经历非常一致。

比如说万向集团，在上世纪 80 年代初，国家对出口有着很大的限制，一般乡镇企业主很少意识到要出口，或者已经意识到但不敢向国外出口。做出向国外出口的决定需要企业领导人具有很大的勇气和魄力。万向集团的核心人物，现任董事局主席鲁冠球在集团走向国际方面就发挥了这种非凡的管理者推动作用，也正是因为他的坚持，让万向的第一批产品出口到了美国。另外，比如说华立采取先向发达国家直接投资，然后再向发展中国家出口的国际化模式，直接跳跃了存在心理距离的国际化发展阶段，其国际化的成功，董事长汪力成功不可没。包括海天、天马、雅戈尔和传化的国际化发展，背后都有企业家的强大意志作为支撑。

整体而言，民营企业的企业家受制于低水平的教育、贫乏的经验，依赖于有限的技术、管理和语言知识，表现出来的其实是一种有限的企业家精神。第六章提到，当存在有限理性，但又面临一个相对巨大的国内市场时，中国本土企业家倾向于把注意力更多地投向国内。但是，中国的民营企业家通过一些其他的方式来获取国际化经验和管理知识,在企业迅速扩张的环境下,民营企业家的个人意志有时候可能会主宰企业的发展战略,这是某些企业国际化发展过程中呈现出来的明显特征。

参考文献

[1] 陈蕾,鲁冠球.铁匠富豪的国际化情结.中国投资,2006(6).

[2] 佚名.鲁冠球:冲向世界的打铁匠.工商时报.

[3] 万向集团公司与国际市场"三接轨".企业管理,2007(9).

[4] 万向困境.新汽车,2007(1).

[5] 郑磊.万向集团:"反向 OEM"国际化.新财经,2006(11).

[6] 佚名.万向集团的国际化经营战略.轴承工业,2002(10).

[7] 鲁冠球.万向集团跨国经营之路.浙江经济,2002(1)

[8] 佚名.跨国公司介绍:传化花王公司.企业管理,2004(5).

[9] 佚名.花王高调出场,传化重新定位.日用化学品科学,2005(3).

[10] 谢佩伦,郑丽,李俊霆.传化花王:"清新"突围.日用化学品科学,2004(9).

[11] 费常泰.传化、花王合资困局.21 世纪经济报道,2005 年 2 月 17 日.

[12] 施惠萍.企业国际化进程中的资本运作——访华立集团董事长汪力成.浙江财税与会计,2002(6).

[13] 汪力成.不确定环境下的成长战略.北大商业评论,2006(4).

[14] 小玛,邵捷.华立系:国际化冲动下的收购和"试错",浙商网.

[15] 李昂.华立资本运作成就大业.世界机电经贸信息,2004(4).

[16] 佚名.天马欲跻身我国轴承行业第一军团,中国工程机械商贸网.

[17] 韩东坡.天马行空纵横驰骋——天马股份.证券导刊,2007(14).

[18] 佚名.塑机之王:宁波海天.中国科技信息,2004(8).

[19] 吴晓波.海天机械的创新发展路径——合理分权.企业管理,2007(8).

[20] 佚名.海天收购德国塑机设备研发公司.橡塑技术与装备,2007(11).

第八章　中国民营企业国际化的发展模式选择

企业国际化的诸多理论以及中国民营企业国际化的实证研究表明,国内和国际商务环境的联系越紧密或越趋于同质化,企业家越早开始企业的国际化,从而企业国际化绩效也会越好。另外,包括企业家素质、企业规模、企业的竞争战略以及企业国际化时间等在内的企业本身的特点,也会显著影响国际化绩效。因此,促进中国民营企业国际化发展必须从分析企业外部环境以及企业自身两方面入手。前文对国内企业国际化以及发达国家企业国际化成功经验的分析进一步印证了这一结论。本章将着力分析政府在构建民营企业国际化的外部环境中所承担的角色,并探究民营企业渐进型国际化和跨越型国际化这两种不同模式的创新机制与发展路径。

第一节　政府营造企业国际化的外部环境

中国民营企业要走出国门、走向世界,要在国际化过程中不断积累和强化竞争优势,不可避免地面临着诸多障碍。要绕过障碍,抑或是剔除障碍,需要民营企业本身充分发挥主观能动性,需要民营企业家不断发扬其敢于冒险和勇于开拓的精神。然而,竞争优势不仅仅是一个经济领域的概念,而且还是一个社会范畴的名词,它在很大程度上反映了一个国家政治体制优势对经济运行规律的适应能力和组织协调能力。母国的优势对民营企业国际化经营的成功起着至关重要的作用:一是政府通过制定政策,帮助本国企业提高国际化经营的竞争能力;二是政府与东道国谈判,为本国企业国际化经营争取比较好的待遇和条件(李占祥,2003)。因此,克服民营企业国际化过程中的诸多障碍,获取国际化竞争优势,仅仅依靠企业自身是无法完成的。

纵观世界各国尤其是发达国家和地区企业国际化的发展历程,不难发现,政府的扶持发挥了不可磨灭的历史作用。借鉴西方发达国家的成功经验,从我国国情出发,政府应充分认识其在民营企业国际化中所处的地位和扮演的角色,并不遗余力地扮演好这一角色,为民营企业的国际化经营创造条件。通过不断改善宏观经济环境以形成母国的体制优势,将为我国民营企业实施国际化经营和构建国际化经营竞争优势提供重要保障。具体来说,我国政府必须从资金环境、人才环境、技术和信息环境三方面着手推动民营企业国际化的发展。

一、资金环境

企业国际化的速度和程度主要取决于企业的国际竞争力,具有一定的资金规模是其中一个很重要的因素和资源条件。企业通过内源融资和外源融资两种融资方式获取企业发展及国际化所需的资金,其中外源融资又包括间接融资和直接融资两种类型。内源融资是指企业通过一定方式在自身内部进行资金的融通;间接融资是指货币资金供给者与货币资金需求者之间的资金融通通过各种金融机构中介来进行;直接融资是指货币资金供给者和货币资金需求者之间直接发生的信用关系,双方可以直接协商或在公开市场上由货币资金供给者直接购入债券或股票。在企业的发展尤其是国际化过程中,内源和外源两种融资方式都是不可或缺的。理论上来说,当两种融资方式可以无成本地进行转换时,就应从各自的融资成本出发做出最优选择。即当运用内源融资的成本大于外源融资的成本时,企业应减少内源融资增加外源融资;反之,则应减少外源融资增加内源融资。然而,民营企业(多数为中小企业)的融资并不是以实现最优资本结构为目的的,由于担心控制权的稀释和丧失,企业更倾向于选择对企业干预程度最小的融资方式。因此,根据融资方式的特点,中小民营企业的融资次序倾向于先内源后外源,外源融资也一般是从债权形式的间接融资过渡到股权形式的直接融资。

国内外企业的国际化实践几乎都遵循上述融资次序,从国际上来看,民营企业在创业初期,其资金主要来源于内源融资。当民营企业发展得越来越大,单纯依靠内源融资无法满足企业的持续增长时,就必然要求借助于金融市场开展外源融资。同样,我国多数民营企业在发展初期主要依靠内源融资,随着企业规模的扩大,当民营企业内源融资的资金数量逐渐不能满足其自身需要时,外源融资的重要性便逐渐显现出来。同时由于民营企业自身的管理水平以及信誉度不断提高,使得外源融资的成本相对下降,从而使外源融资的可能性增强并逐渐超过内源融资。

1.民营企业的融资困境

如上文所述,外源融资包括间接融资和直接融资两种方式。然而,现阶段的中国民营企业在开展外源融资过程中,遇到了一个严重的发展瓶颈——"融资难"。由于融资渠道及市场的特点,我国民营企业无法有效地使用间接融资和直接融资获得企业国际化所需资金。

首先,间接融资渠道不畅通。在我国目前的金融体制下,政府明示或暗示着信贷资金的发放,以支持国有企业或政府关联企业的发展,政府的规制毫无疑问会产生大量的权力租(张维迎,2001)。由于权力租的存在,国有商业银行不会轻易放弃手中的贷款权力和既得利益。虽然我国已经对国有商业银行进行了一定程度的改制,但商业银行仍然没有建立起完善的公司治理机制,激励机制也没有到位,而约束机制又有些矫枉过正,从而使得信贷人员更加珍惜手中的权力。如果民营企业不向信贷人员支付融资的高额寻租成本,就可能得不到贷款。但是民营企业的资金需求通常是一次性量少且频率较高,高昂的寻租成本使得民营企业望而却步,于是不向银行融资成为理性的选择。民营企业要想取得银行贷款,就必须支付权力租,但这并不是说,民营企业在支付了权力租成本就一定可以取得贷款。面对民营企业的融资问题,作为金融中介机构的商业银行仍然处于尴尬的两难境地。一方面,银行拥有大量的资金可以为民营企业排忧解难,提供贷款支持;另一方面,由于民营企业与金融机构之间存在着严重的信息不对称问题,大银行为民营企业提供融资服务的成本费用过高,以至于较高的贷款利率可能仍不足以补偿这些成本,因而大的金融机构一般不愿意为民营企业提供贷款。同时,出于成本的考虑,我国的商业银行不会对每一笔贷款尤其是小额贷款进行监督,因此,只要企业不违约,银行就不会介入企业治理,对企业进行控制或干涉企业的经营。另外,为降低贷款风险,我国《商业银行法》规定,借款人应为商业银行贷款提供担保,"信贷责任终身制"、"零风险贷款"使民营企业向银行借贷变得更加复杂和困难。也就是说,我国商业银行对民营企业贷款的首要目的是保证贷款的可回收性,而不是贷款的效率和效益。可见,造成民营企业融资困难的根源在于我国的金融制度。

其次,直接融资也行之无效。这主要是因为我国股票市场对民营企业上市的制度性缺陷,我国具有发展中国家和计划经济体制的双重背景,股票市场的发展轨迹呈现出明显的行政化和赶超式发展特征。我国股票市场建立的初衷,并不是出于民间金融家规范资本市场的要求,而是作为国有企业改革的重要方案之一——股份制改造的尝试。也就是说,最开始建立的股票市场,主要是出于企业制度改革的目的,而不是筹资的目的。但是随着国有商业银行逐步沦为"二财政",并在不断积累不良贷款和金融风险后,股票市场也转变为解决国有企业高负债与资金困难问题、降低国有银行体系积累的信用风险的工具。由此政府的意图就由企业改革演变为使市场资金流向那些急需资金的国有企业,具体表现为设立的股票上市标准都是为国有大中型企业量身定制的,形成民营企业和大量中小高新技术企业难以跨越的市场门槛。为了保证这一目的的顺利实现,政府沿用了计划经济的行政审批制度,先后通过证券配额制和审核制的形式,确保资金流向国有大中型上市公司。这样股票市场就在国家强制性制度变迁的安排下,纳入行政化轨道,成为"有计划的资本市场"。除计划经济的惯性之外,赶超式发展战略也对我国股票市场产生了重要影响。政府建立和发展股票市场的意图不仅仅是改革国有企业,还包括快速赶上发达国家。股票市场是一种有效动员全社会资源,为经济快速发展提供高效资本支持的形式。但我国资本市场起步太晚,存在着信用不发达、投资者不成熟、产权制约较弱、潜在风险大等弱点,如果依靠市场的自发力量去发展股票市场,则大多数投资者会因风险太大而不敢涉足,从而起不到资源动员的作用。政府为了弥补这种缺陷,以国家信用为股票市场发展作担保,以打消投资者的疑虑,促使他们将资金投入股票市场。上述两种特征使我国的股票市场演变为一种"隐性担保契约"[①]。也就是说通过国家信用的形式为股票市场发展作担保,不过这种担保并未采取明确的契约形式,而是体现在国家对股票市场的战略意图与市场管制之中,以及政府对股票市场的利益偏好

---

① 邵金萍,吴元波.试论我国民营企业上市融资的制动性障碍.西北工业大学学报,2006(6):54—59.

上。在政府对股票市场实行隐性担保契约的条件下,我国股票市场上出现了逆向选择现象:大量绩效很差的国有企业进入股票市场,而绩效优良的民营企业反而难以进入,市场资金持续向并非优质的国有企业集中,出现"绩劣国有企业驱逐绩优民营企业"的现象。

2.政府缓解民营企业融资困境的主要途径

民营企业本身的特性及缺陷在短期内很难有所改善,为了有效地推进民营企业国际化,政府须采取以下措施帮助民营企业缓解和解决融资问题。

第一,建立和完善创业投资体系,解决民营企业上市困难的问题。一方面可以建立和完善创业投资基金体制,为民营企业尤其是科技型中小民营企业提供创业资本,从源头上支持科技型中小民营企业的融资,通过提供启动资金帮助其开展后续生产和经营。当前,国外大型跨国企业纷纷通过建立创业投资公司,直接支持中小企业的发展。在德国,西门子等一批企业拥有自己的创业投资公司,这类跨国公司数量甚至已经超过美国,并且增长势头显著。中国的大型跨国公司相对较少,所以依靠跨国公司设立创业投资公司为中小民营企业提供创业资本的可行性不强,需要另辟蹊径。有学者认为,可以由一些企业联手建立创业投资公司,为科技型的中小民营企业提供资本支持,我们认为这种方式不失为可循之径。从更长远来讲,中国应致力于拓展创业投资基金的来源,建立一个包括国外机构投资者资金、富有的家族财团、公司资金、政府财政资金、银行等金融机构资金等在内的创投基金。另一方面,政府还要进一步健全和完善国内二板市场,并放宽二板市场的进入限制,以利于高科技中小民营企业更方便地实现股票上市,为创业投资基金提供畅通的退出渠道。这不但可以有力地推动民营企业的持续发展,而且能够保证创业资本的快速高效流动,从而使之成为民营企业融资的持续推动力。

第二,建立和完善以中小民营企业为主体的社会化信用体系,帮助民营企业走出融资担保困境。社会化信用体系是帮助中小民营企业走出融资难的一种有效措施。中国可以借鉴发达国家由政府出面建立信用担保机构并实施信用担保政策的一般做法,由各级政府出面设立民营企业贷款担保中心。担保中心可采取会员制形式,参加贷款担保中心的成员企业须有一定数额的出资,同时由同级财政拨付一定数额的资金与之共同组成中小民营企业信贷担保基金。早在 1993 年,国务院就批准设立中国经济技术投资担保公司,之后一些带有试点性质的担保机构在各地方省市纷纷设立。1999 年 6 月 14 日，国家经贸委发布了《关于建立中小企业信用担保体系试点的指导意见》，标志着政府以扶持中小企业发展为意图的中小企业信用担保体系正式启动。2002 年 4 月底，全国人大常委会通过了《中小企业促进法》，第十九条明确规定："县级以上人民政府和有关部门应当推进和组织建立中小企业信用担保体系推进对中小企业的信用担保，为中小企业融资创造条件。"据国家发改委中小企业司统计，截至 2003 年 6 月，全国已有 30 个省（自治区、直辖市）共建立担保机构 966 个，其中，政府完全出资的 340 家，有 18 个省市初步建立了再担保机构。到 2006 年，全国 3366 家担保机构全年实现收入总额 257.74 亿元，担保业的可持续发展能力进一步提高，为企业提供了 3114.57 亿元担保服务支持。在所有的担保机构中，公司制担保机构已达 2785 家，占总数的 82.74%。在全国担保机构的出资总额 1232.58 亿元中，非政府出资已达 875.12 亿元，占担保资金总额的 71%。担保机构已从初期主要由政府出资为主，发展到以企业、民间组织和自然人等非政府出资为主，越来越多的担保机构通过市场化运作、企业化管理正促使我国担保业的发展由政府主导型逐步向市场主导、政府引导型方向转变。这在一定程度上解决了中小民营企业融资无担保的问题，然而还远远无法满足民营企业对融资担保的需求。所以，政府加强信用担保机构的建设，继续完善社会化信用体系建设的举措有必要进一步推进。另外，政府可以考虑设立民营企业贷款担保保险公司，通过再保险的方式降低贷款担保机构的风险。

第三，鼓励和支持民营企业的海外上市。海外上市可以在一定程度上缓解民营企业在国内资本市场的融资困境，弥补企业发展及国际化所需资金，中国民营企业应首先考虑在香港创业板上市。香港创业板的上市门槛相对较低，加之其高效的审批程序和透明的运作机制吸引了众多民营企业的目光。在 2006 年中国海外上市企业的近百家企业中，民营企业占据了 87% 的比重，在 99 家民企中有 75 家选择了香港或新加坡作为上市目的地。2007 年在美国各证券交易所上市的外国公司中，中国公司最多。其中，在纽约证券交易所（简称"纽交所"）公开发行上市的中国内地企业有 19 家，全部为民营企业，上市的中国企业平均每家筹资约 2.7 亿美元。但是，民营企业自身存在众多的不足，这在很大程度上限制了其在海外上市的前景。因此，民营企业必须从规范运作程序着手，重新塑造企业形象，提高上市的竞争力，同时国内券商、政府也应积极致力于为企业海外上市提供支持和服务。

第四,鼓励和引导地方性中小金融机构支持民营企业国际化。在国有商业银行等金融机构无法满足民营企业融资需求的情况下,地方性中小金融机构在支持民营企业国际化中可以发挥重要的作用。机制灵活是地方性中小金融机构的一大特点,而且他们多数与民营企业共生共长,从而很大程度地减少了信息不对称。他们之间是相互促进、互惠互利的双赢关系。一方面,中小金融机构为民营企业的发展提供资金支持,有力地促进其国际化进程;另一方面,民营企业的发展反过来也会促进中小金融机构的发展,并引导他们逐步开展国际化。但是目前我国的地方性中小金融机构数量很少,为此,政府应花大力气发展和培育专门为民营企业提供部分融资服务的民营金融机构。有学者提出的一个颇具影响的政策建议就是我国应降低金融市场准入门槛,大力发展民营银行。民营银行一般规模小,数量多,分散在各地,对当地的中小企业情况比较熟悉,取得信息的成本低,运作比较灵活,因此能够有效地填补大银行留下来的市场空白,为中小民营企业提供新的融资渠道。

第五,进一步拓宽其他融资渠道。民营企业国际化中,除了银行贷款、发行证券这些传统的融资渠道之外,还应积极争取其他的融资方式,如国际金融组织信贷、国际商业银行贷款、国际政府贷款、补偿贸易、项目融资、租赁等。国际金融组织、国际政府贷款这类融资方式一般期限较长,利率较低,一旦申请到,在获得贷款的同时更有利于提高民营企业的声誉。另外,对企业规模较小的民营企业来说,金融租赁也是一种比较有效的融资方式,租赁以融物的形式达到融资,从而在民营企业国际化中发挥着重要作用。首先,金融租赁对企业的资信状况和担保的要求相对较低,因此可以保证民营中小企业更容易获得融资。其次,通过金融租赁方式融资,民营企业只需支付少量租金就可以获得所需的先进设备,大大缓解了民营企业进行设备更新时面临的资金紧张问题,从而有助于中小民营企业及时完成设备的更新换代和技术进步。

第六,设立民营企业国际化专项资金。政府可以针对相关部门或企业,设立专项资金支持民营企业的国际化。具体来说,政府部门可以对民营企业的境外展览会、各项认证(包括质量管理体系认证、环境管理体系认证以及 CMMI 认证等)、国际市场的宣传推进、开拓新兴出口市场、境外投标等方面给予专项资金支持,提高民营企业的国际竞争力,推进民营企业的国际化。浙江省政府建立了专门的中小企业国际市场开拓资金,出台了《浙江省中小企业国家市场开拓资金项目申报审核暂行办法》(2001),规范资金的发放和使用,并通过政府网站公开资金的发放和落实情况;浙江省外贸厅已筹备 3150 万元专项资金,实施重点支持 2004 年度浙江中小企业国际市场开拓资金计划项目,总共有 8086 家企业受惠于此方案。浙江省中小企业局拨出 1000 万元资金,用于扶持中小企业信用担保机构。积极推进商业银行向民营企业发放贷款的步伐,为民营企业走向国际提供金融支持。近年来,商业银行对民营企业的贷款比例不断上升,浙江已有一批民营企业获得了广发银行杭州分行的授信;建行浙江省分行与杭州 32 家中小民营企业签订了银企合作协议;浙江省中小企业局与中国民生银行杭州分行共同推出中小企业成长计划,计划用三年时间,提供 100 亿元贷款重点扶持 1000 家最具成长性的中小企业,其中 2004 年计划提供 30 亿元专项信贷资金,使 100 家中小企业受益。浙江省外汇管理局出台规定,取消了企业境外投资的购汇限制:只要不超过 2 亿美元境外投资购汇总量,浙江省企业购汇境外投资不再受限制,通过上述一系列举措,帮助解决民营企业国际化发展的后顾之忧。浙江地方政府相关制度的创新促进了浙江民营经济的国际化进程,推动了浙江民营经济的繁荣,创造了举世瞩目的"浙江现象"。但是,一个地方政府的制度创新,其范围和作用总是有限的。为了有效地推动民营企业的国际化进程,必须从整个国家立法层面上推进民营企业国际化进程。

构筑各种融资支持系统以及拓宽融资渠道是民营企业国际化的一个必不可少的条件。应该强调的是,在市场难以发挥作用的时候,政府的作用是不可替代的。当前政府的首要任务是要及时制定《对外投资法》,作为规范民营企业跨国投资经营活动的基本法律依据。还应当实行外贸及对外投资管理体制创新,放宽对民营企业走出去的各种限制。同时,政府需要依据各地区的民营企业融资状况以及经济环境采取相应的措施,合理地处理好市场化运作与政策性支持之间的关系,这是一个长期、渐进的调整过程。

二、人才环境

从第六章的实证分析中,我们已经明确中国本土企业家多未受过良好教育,他们的平均教育水平只有中学。企业家素质偏低对企业国际化的阻碍是显著的,在加强企业家继续教育培养的基础上,吸收高素质的国际化人才是企业的必然选择。人才作为一种重要的资源,对生产力发展起着决定性的作用,对企业经营战略的实施起着保证作用,对企业国际化的决定作用更是毋庸置疑。当全球化成为世界经济发展不可阻挡的趋势时，我国的民营企业要发展，要在国际竞争中占据有利地位，必须面向世界，依靠国际化人才，致力于国际化人力资源的开发和利用。国内部分民营企业已经捷足先登，站在了国际化人才战略的前沿。像联想、用友、盛大等一批著名的民营企业都先后从海内外高薪聘请了一批高级管理人才。然而，与此相对的是更多的民营企业陷入了人才缺失的瓶颈之中，企业经营管理及持续发展受到了严重的阻碍和制约，国际化进程受到阻碍，为此民营企业家们可谓一筹莫展，这样的例子不胜枚举。

1. 国际化人才缺失的原因

民营企业难以找到国际化人才，找到了引不进，引进了留不住，人才缺失已经成为民营企业国际化的一个严重瓶颈，为什么会出现这种现象？本文从人才的供给、需求及企业用人理念三个方面进行分析。

第一，民营企业的人才供给不足。供给不足首先源于人才的稀缺性，总体上来说，国际化人才的总供给永远会小于总需求，对于单个企业的人才配置数量来讲，其影响或许不大，但是却必然会影响到人才资源的配置效率，企业常常需要投入大量的资金、时间等资源去寻找人才。民营企业要发展及国际化必需依赖大量的国际化人才，人才资源的稀缺性必然导致需求和供给不平衡现象的出现。华立集团董事长汪力成说："职业经理人，尤其国际化的职业经理人相当缺乏，无法满足企业的高层次人才需求。职业经理人已经成为企业最稀缺的资源。"人才供给不足的另外一个原因是国际化人才对民营企业的不适应性，主要表现为国际化人才与民营企业的文化、机制、制度、管理方法和方式不相容。比如，国际化人才往往要求其所在的公司具有一套完整、规范的企业制度，民营企业从国内外其他大企业引进来的国际化人才一到公司就希望立即建立一套规范的制度，用国际大公司惯用的管理方法来管理公司，这显然与国内的民营企业的不规范管理发生了很大的冲突。中国的很多民营企业都是从家族企业开始创建的，具有一定的所有权优势。在创业初期每个家族成员可以"同甘苦共患难"，表现出极强的创业优势。但当企业逐渐做大到一定程度，其一直延续的家族式管理方法的不规范性及缺陷便会越来越明显，从而导致企业在国际竞争中丧失竞争力。吉利集团总裁徐刚曾说："一个家族的素质再高，也高不过家族以外的所有人才。"民营企业现有的运行机制和管理制度很难适应于国际化人才的开发和培养，也不利于国际化人才开展工作，正如华立集团董事长汪力成所说："人才缺乏是浙江民企进一步发展的'瓶颈'，其根本原因是传统的管理模式制约人才能力的发挥。"很多优秀的人才都是由于科技型民营企业传统管理模式的束缚而离去。另外,如果国际化人才已经预见到其对民营企业的难适应性,在择业过程中就不会将民营企业作为优先选择,甚至会产生习惯性的排斥心理。这便大大减少了人才的供给,出现了有人才引不进来的现象。

第二,民营企业对国际化人才的现实需求不足,这主要源于引进这类人才所需要的高成本。人才是一种人力资本,更是一种特殊的、高质量的人力资本。人力资本是指体现在劳动者身上的、以劳动者的数量和质量表示的非物质资本,表现为劳动者具有一定的健康体魄、操作技能和劳动熟练程度。人力资本及人才的形成需要通过人力资本投资来完成。较早的人力资本投资定义是加里·贝克尔在《人力资本》一书中提出的。他认为,所有用于增加人的资源并影响其未来货币收入和消费的投资为人力资本投资,并指出"对于人力的投资是多方面的,其中主要是教育支出、保健支出、劳动力国内流动的支出或用于移民入境的支出等形式的人力资本"。企业引进人才时,一方面需要支付薪酬以补偿先期的人力资本投资,另一方面还要继续进行人力资本投资,使人才不断增值。人才的稀缺性及其所蕴含的丰富的人力资本决定了企业要想获得人才需要垫付高昂的成本,从而引发较高的投入。民营企业尤其是中小民营企业资金实力一般都不够雄厚,这决定了民营企业家一贯精打细算的风格和低成本观念。许多民营企业将员工看作打工者,拼命压低工资和福利,更不愿意投资进行员工培训和人才增值。这种做法对企业发展来讲是严重的错误,更会成为民营企业国际化的巨大障碍。由于平时不注重储备和培养人才,缺少对企业所需人才的战略性规划,需要的时候只能临时抱佛脚,结果是一流的人才进不来,只能是二三流的人来凑数。这样就人为地把现实的需求转化为潜在的需求,以至于大大降低了民营企业对国际化人才的现实需求。

第三,民营企业用人理念与人才特性冲突。人才能够为企业带来无可估量的经济效益,但其收益性也就是其价值具有滞后性,需要一个适应、培养、提升的过程。任何生产要素的产出都不是独立的,需要满足一定的条件,人才的产出也不例外,需要提供一个施展才华的舞台,给他们一个宽松的环境,这样英雄才有用武之地。然而,很多民营企业在人才使用上都存在着急功近利的短视行为,要求人才一进来就立即创造价值,要求效果立竿见影。这种短视的用人理念与人才产出的滞后性之间存在着根本性的冲突,因此成为导致民营企业人才流失的一个重要原因。民营企业只有通过实施现代企业人力资源管理机制，以人为本，有效激励，最大限度地增强员工的满意度，充分发挥员工的潜能，使员工成为企业发展、创新的动力，才能在激烈的市场竞争和国际化进程中处于不败之地。

2.政府的人才策略

民营企业要解决人才短缺的问题，必须从自身出发，改变人才观，增强对人才的渴求欲望，并通过企业经营方式、管理制度的改革和完善吸引人才。同时，政府也要在人才建设上充分发挥作用，通过扩大人才的供给，提高人才质量为民营企业提供人力资源。政府的人才政策需要抓好吸引人才、培养人才和用好人才三个环节。

第一，加大吸引留学和海外高层次人才工作力度，这是解决人才短缺问题较快捷的方式。留学和海外人才对国际市场有较多的了解，并且接受了国外管理经营方面的先进教育，通过引进这些人才，为国内企业所用，可以有效地推进企业国际化的进程。2003年，中共中央国务院在《关于进一步加强人才工作的决定》中提出，政府在吸引人才时要做到"继续贯彻支持留学、鼓励回国、来去自由的方针，鼓励留学人员以不同方式为祖国服务；按照拓宽留学渠道、吸引人才回国、支持创新创业、鼓励为国服务的要求，制定和实施留学人才回归计划，重点吸引高层次人才和紧缺人才；采取团队引进、核心人才带动引进、高新技术项目开发引进等方式，建立符合留学人员特点的引才机制；建立全国统一的留学人才信息系统和留学人才库，完善留学人才的评价认定制度，提高吸引高层次留学人才工作的针对性和实效性；加大对高层次留学人才的回国资助力度，切实解决留学回国人员的实际困难和问题；制定鼓励和支持留学人员回国创业政策，大力加强留学人员创业基地建设。健全留学人才为国服务的政策措施，鼓励他们以多种形式为国家建设作贡献"。这些政策都需要中央和地方政府在人才引进中不断地进行完善。

第二，政府应该将培养与引进国际化人才并重，在实行国际化人才战略时应该既重视外部国际化人才的引进，也要重视自身国际化人才的培养。从长远的战略眼光看，培养人才、挖掘人才潜力是企业国际化人才战略的重要途径。因此，在推进民营企业国际化的过程中，应充分发挥政府人力资本投资力度，培养高素质人才。通过增加人才供给为民营企业国际化提供有效的支持。人力资本投资包括人力资本的形成和人力资本的维护。在人力资本投资中，存在着政府、企事业单位和社团、个人或家庭等不同的投资者，不同的投资者有着不同的投资目的。政府从事人力资本投资具有非盈利性。其目的是培养简单劳动力,向企业和社会提供普遍适用的一般性人力资源,并为社会各单位根据自身的需要培养复杂劳动力奠定基础;提高人民综合素质,促进社会进步;弥补市场机制在人力资本投资领域中的缺陷和不足。教育是政府人力资本投资最主要的项目,政府在开展教育投资中应该注意下面的一些问题:

(1)政府的教育支出不应被认为是福利性或生产性支出。教育本身就是一种生产性经济活动,教育投资的收益越来越大于物质投资的收益,是现代社会发展的趋势。资本积累的重点,应从物质资本投资转移到人力资本投资上来。发展中国家人力资本投资量不足,远远低于实物投资,在宏观上影响物质投资的吸收和经济增长,在微观层面上,造成企业难以获得所需的人才资源,对于民营企业来讲,少量的人才大部分流向了实力雄厚的国企等,剩下的只能是退而求其次的选择。

(2)政府应关注教育投资结构的合理性。发展中国家人力资本投资结构不合理,稀少的资金投向了高层次的教育,致使发展中国家人才结构严重失调:人才不足与人员过剩的状况并存,某些专业人才奇缺与另一些专业人才过剩并存。由教育投资成本收益分析可知,在接受学校教育的最初几年,学校教育的收益是超过成本的,即基础教育投资具有高收益性。因此,要改进人力资本投资结构,通过投资结构引导教育结构的改变。

(3)政府要承担人力资本投资的主体责任,尽可能从宏观调节着手增加教育投入,同时应挖掘现有人力资本培养设施的潜力,并通过广开渠道动员社会力量投资人力资本建设。在人力资本投入的财政政策措施使用上,政府可以直接增加投资或提供税收优惠刺激,甚至用财政补贴的方式来鼓励企业增加人力资本的投资。

(4)政府的教育投资应以市场供求关系为依据,以人力资本价格的浮动为衡量信号。我们正处于一个多变的年代,一个国家企图对所需的各种人才作出长远的规划,然后按计划执行,实际上是办不到的。对高等学校各阶段、各专业的投资,只能遵循"有需求就供应"的原则,根据市场需求进行调整安排。但是又必须明确,把教育与经济之间的关系过分狭隘地固定化是危险的。整个经济始终是在平衡与不平衡的矛盾中发展,教育投资就应当适应这一动态特征,作出灵活的安排。

第三,无论是引进的人才,还是培养的人才,要使他们发挥最大的效用,如何采取适当的措施用好人才是我国政府制定人才策略时需要关注的重要问题。要充分发挥最大的效用,政府在制定政策的时候就要坚持下面几点：

（1）建立以能力和业绩为导向、科学的人才评价机制。克服人才评价中重学历、资历,轻能力、业绩的倾向。根据德才兼备的要求,从规范职位分类与职业标准入手,建立以业绩为依据,由品德、知识、能力等要素构成的各类人才评价指标体系。改革各类人才评价方式,积极探索主体明确、各具特色的评价方法。完善人才评价手段,大力开发应用现代人才测评技术,努力提高人才评价的科学水平。对企业经营管理人才的评价应重在市场和出资人认可。发展企业经营管理人才评价机构,探索社会化的职业经理人资质评价制度。完善反映经营业绩的财务指标和反映综合管理能力等非财务指标相结合的企业经营管理人才评价体系,积极开发适应不同类型企业经营管理人才的考核测评技术。

（2）建立和完善人才市场体系。根据完善社会主义市场经济体制的要求,全面推进机制健全、运行规范、服务周到、指导监督有力的人才市场体系建设,进一步发挥市场在人才资源配置中的基础性作用。建立和完善人才市场机制。遵循市场规律,进一步发挥用人单位和人才的市场主体作用,促进各类企业单位通过市场自主择人和人才进入市场自主择业。针对人才资源的特殊性,按照人才的市场供求关系,通过实现人才自身价值与满足社会需求相结合,有效解决人才供求矛盾。推进政府部门所属人才服务机构的体制改革,实现管办分离、政事分开。努力形成政府部门宏观调控、市场主体公平竞争、行业协会严格自律、中介组织提供服务的运行格局。消除人才市场发展的体制性障碍,使现有各类人才和劳动力市场实现联网贯通,加快建设统一的人才市场。健全专业化、信息化、产业化、国际化的人才市场服务体系。

（3）促进人才合理流动。进一步消除人才流动中的所有制限制,疏通公有制与非公有制组织之间的人才流动渠道。发展人事代理业务,改革户籍、人事档案管理制度,放宽户籍准入政策,推广以引进人才为主导的工作居住证制度,探索建立社会化的人才档案公共管理服务系统。鼓励专业技术人才通过兼职、定期服务、技术开发、项目引进、科技咨询等方式进行流动。加强对人才流动的宏观调控,采取有效措施,引导人才向民营企业流动。制定人才流动和人才市场管理的法律法规,完善人事争议仲裁制度。加强人才流动中商业秘密的保护,依法维护用人单位和各类人才的合法权益,保证人才流动的开放性和有序性。

（4）完善分配激励机制。完善以按劳分配为主体、多种分配方式并存的分配制度,坚持效率优先、兼顾公平,各种生产要素按贡献参与分配。针对各类人才的特点,建立健全与社会主义市场经济体制相适应、与工作业绩紧密联系、鼓励人才创新创造的分配制度和激励机制。加强对收入分配的宏观管理,整顿和规范分配秩序。建立健全现代产权制度,探索产权激励机制。鼓励有条件的企业对作出突出贡献的经营管理人才、专业技术人才实行期权、股权激励。依法保护知识产权。探索建立人才资本及科研成果有偿转移制度。

三、技术和信息环境

"科学技术是第一生产力"早已成为每个中国人耳熟能详的一句话,伴随着历史的脚步迈入 21 世纪,世界经济越来越多地被计算机、信息技术渗透影响。本世纪的经济被称为"信息经济",科技和信息已经成为推动生产力发展的重要因素。民营企业要走向世界,必须紧随世界潮流,不断地寻求技术和信息优势,形成企业核心竞争力。没有先进的技术,没有全面准确的信息,势必会处于竞争劣势,其国际化进程必然会遭到阻碍。在这个过程中,政府要助民营企业一臂之力,为其创造良好的技术、信息环境,尽可能提供更多的技术和信息支持。

1.以创新为目标,创造良好的技术环境

技术、资金等条件的严重缺乏,心有余而力不足,没有能力进行创新。技术创新是民营企业发展壮大,最终实现国际化的原动力和核心载体。只有持续不断地进行自主创新,提高产品的知识含量和技术含量,企业才能不断向市场推出新产品;也只有技术创新可以帮助企业改进生产技术,降低成本,提高产品价值,从而获得消费者的青睐,占领市场并不断扩大市场份额。我国部分中小民营企业的生产技术先进,其水准已经达到国际水平。比如,万向集团开发电动汽车项目,申请专利 56 项,其中发明专利 7 项,承担了 3 个国家 863 项目,电动轿车在 2004 年必比登国际清洁汽车大赛上获得竞赛大奖和国际汽车协会机构认可的四个单项金奖。然而,技术力量薄弱是我国中小民营企业存在的普遍问题,这主要源于以下几个方面:首先,多数民营企业自主创新意识薄弱甚至无意创新。我国大多数民营企业属于小型、微型企业,维持生计是企业的第一要义。根据国家知识产权局统计,民营企业申请的专利中发明专利只占 13%,企业更多的是采取引进和仿制的方法。从短期来看,引进和仿制可能是提高企业技术优势的"捷径",但是假如企业长期没有创新的意识,不能提高自身的技术创新能力,那么就会很快陷入"引进——落后——再引进"的恶性循环,不仅要付出昂贵的代价,还要受制于人,企业将很难做大做强;其次,普遍不足的人才、技术、资金条件导致多数企业无力创新。人才、技术和资金是技术创新的基础与条件,近年来虽然越来越多的民营科技企业逐步树立起自主创新的意识,但大都苦于人才、技术、资金等条件的严重缺乏,心有余而力不足,没有能力进行创新;再次,融资难、赋税重、国家直接支持少,导致多数企业难以创新。尽管近年来国家有关中小企业信贷政策有一定改进,中小企业融资环境也有了部分改善,但融资难仍然是以民营企业为主的中小企业发展中最主要的问题。我国的现行税制也在相当程度上限制民营企业自主创新。内外税制不平等,外资税率明显低于内资。对民营企业自主创新,政府直接支持也很少;最后,知识产权保护力度不够,市场风险大导致多数企业不敢创新。虽然目前国家明显加大了知识产权保护的法规制度建设和管理力度,但仿冒他人技术、专利、商标、品牌现象普遍的状况并未根本改观,知识产权纠纷案数量在近几年还呈加速上升趋势。特别是在原始创新和发明专利方面,企业为此都投入大量的人力、财力与时间,一旦被他人仿冒,要么为侵权纠纷耗尽精力,要么任人仿冒,自己则前功尽弃。知识产权保护风险现已成为民营企业专利进步、特别是发明专利进步的重大制约因素。

民营企业要实现技术创新,除了提升自身的创新意识和创新能力之外,还需要政府创造良好的外部环境。中国的大部分民营企业因受制于自身的经济实力和科研力量,技术创新能力在短期内难以很快提升。要解决其"技术瓶颈",政府应从间接和直接两个角度入手:

第一,从资金、人才和制度层面出发间接优化技术创新环境。①政府应该花大力气为其创造良好的资金环境和人才环境,帮助民营企业走出资金和人才困境,为技术创新解决源头和前提问题,从而间接解决技术创新问题;②要进一步完善国家知识产权保护制度,加大知识产权保护力度,依法严厉打击侵犯知识产权的各种行为。强化科技人员和管理人员的知识产权意识,建立健全有利于知识产权保护的从业资格制度和社会信用制度,为民营企业大胆技术创新营造尊重和保护知识产权的法制环境;③要不断完善科技市场建设,科技市场在民营企业发展科技竞争力过程中担任着重要的科技中介服务,为了完善我国科技市场,使其更好地为民营企业发展科技竞争力服务,政府必须致力于加强对重大科技成果的计划管理,市场经济并不完全排斥计划管理。为保护我国国家利益,政府有必要对涉及国家安全及重大经济利益的研究成果进行计划指导和控制,这类科技成果的推广和转让,应纳入国民经济中长期发展计划之中。合理选择科技发展的战略重点,加强科技体制改革,提高科技成果利用率。改革传统的管理体制,建立适应市场经济发展的新体制,推动科技市场的进步,促进民营经济发展。

第二,政府应致力于民营企业技术创新环境的直接优化,迅速、有效地向民营企业提供技术方面的支持,这对民营企业的技术创新将起到最直接的作用。民营企业发展离不开科研机构、高校等创新源地、知识库、R&D投入等构成的研究开发环境。研发环境包括企业内外的科研机构和支撑着技术创新的技术基础设施等辅助力量。科研机构主要包括公益性和盈利性的科研机构以及高校、民营企业内部、企业集群的科研机构,它们主要从事知识生产活动,是为民营企业提供创新科技成果,发展科技竞争力的主要成员;技术基础设施、技术标准化等是技术环境中的重要部分,它们一般为民营企业开发技术、发展科技竞争力提供技术创新的平台,起到关键的支撑作用。政府技术支持的具体做法可以从以下三方面着手:

(1)鼓励和帮助有实力的民营企业建立自己的R&D机构,这是企业长期立足国际市场的必由之路。拥有自己的研发机构,民营企业才可以有持久的技术创新能力,才有可能取得技术的先发优势和竞争力。政府应在政策上引导,资金上给予适当支持。

(2)鼓励民营企业寻求外部资源支持,与企业、研发机构和高等院校之间合作进行技术开发,实现合作创新。我国民营企业可以与国际优势企业合作,通过引进资金和先进技术缩小与世界先进水平的差距,在消化吸收的基础上提高自身的技术能力;也可以与高等院校、科研机构合作,企业具有较强的市场把握能力和将技术商业化的能力,高校和科研机构有较强的研究开发能力以及高层次的技术人员。因此,大学和企业在合作技术创新中通常扮演不同的角色,处于互补地位;民营企业还可以选择与国内企业合作,国有企业拥有较雄厚的资本,民营企业与他们合作,通过产、学、研合作创新,不但可以通过提高规模效率提高技术效率,还可以通过技术创新提高技术水平。

(3)在可能的条件下,建立技术创新风险投资机制。风险投资机制是解决民营企业融资困境的重要出路,同时也间接影响着企业的技术创新能力,由政府出面不断完善我国这一金融体制,对民营企业来说意义深远。

2.政府资源协助,创建有效的信息环境

民营企业在国际化过程中遇到的另一大难题是不能快速、准确地获得国外市场具有时效性的信息。加之很多民营企业都具有明显的"家族制"的特点,其决策权往往就掌握在关键的几个人手里,他们常常在不了解或仅仅是片面地了解一些信息后就作出决策,导致由于信息把握不准很可能造成惨重的损失。从这个角度来看,民营企业对信息的实际渴求实际上是非常迫切的,只是迫于某些因素的限制往往无法满足其信息需求。

究其原因,我们发现主要有两方面的因素导致民营企业难以获取有效信息。一方面,是民营企业自身的缺陷。目前我国多数民营企业的信息化工作还非常薄弱,相当多的企业仍然在依靠原始的方法获取信息,市场触角非常有限。中小民营企业一般通过设立办事处或其他民间渠道来收集信息,其传统的信息来源是客户、同行、报刊、广播电视及市场调查,信息渠道比较闭塞,所能获取的信息量很有限。而不少企业出于自身实力以及资金等资源方面的考虑,无法或不愿意投资建设网络信息系统,这实际上放弃了利用先进的信息技术开展国际化经营的机会。在海外经营的国内企业之间又缺乏有效的沟通渠道,无法实现信息共享,导致企业拥有的信息很不充分。另一方面,是我国信息服务系统的不完善。国外市场信息主要包括两个关键的部分,一是国外的相关法律法规以及投资环境的信息;二是与之合作的国外企业、代理商、银行及中介机构的资信状况。这些资源和市场信息通常是可以共享的,但长期以来,我国政府还没有建立可以专门提供国外商情信息的官方或者半官方机构,造成国内的优势产品或项目很难及时获得有效的对外投资机会。中小企业对外国市场的了解有限,对国外有关法律、政策、投资环境等方面的知识不多,在当前我国国际化经营咨询服务系统欠缺的情况下,中小民营企业难以得到国际经营所需的信息和知识,而这些问题在很大程度上增加了民营企业"走出去"的盲目性,从而阻碍了其国际化进程。

信息在民营企业国际化中起着重要作用,能否有效、及时地获取信息,直接关系到国外投资的成功与否。为民营企业提供信息和培训服务是许多国家支持民营企业的一项重要工作,同时也是社会化服务体系中的重要内容。为了有效地帮助我国民营企业获得各种所需的信息,减少民营企业信息收集的盲目性和降低信息收集成本,避免和减少投资风险,提高投资的成功率,大大提高民营企业发展科技竞争力的效率,政府应努力建立和健全民营企业的信息服务系统。

第一,政府应鼓励民营企业积极使用新的信息技术,引导和推动民营企业开展"电子商务",网上招商引资,开展对外经济合作。信息技术的实质就是以最低的成本、最快的速度获取信息的能力,市场竞争在某种程度上表现为对信息捕捉能力的竞争。目前,以电子商务为代表的信息技术的应用,使得所有的企业在收集信息方面站在了相同的起点上,我们一定要抓住机会,尽快缩小差距。何况,具有先进的技术基础和资本势力的一些国家正在使 EDI 技术成为新的技术贸易壁垒,如美国商务部和海关规定优先考虑使用 EDI 技术的报关文件,而新加坡和澳大利亚则对不使用 EDI 技术的报关文件实行罚款。因此,我们的企业只有积极主动融入这种新的发展潮流,才有可能在新一轮的竞争中获得成功。

第二,政府应与中介机构体系合作,建立和健全民营企业信息服务系统。当前,政府应加快网络建设和信息化基础设施建设的步伐,企业信息化基础设施包括计算机系统、数据库系统、网络系统、信息处理与应用系统等。当前,政府尤其应加快对现有信息网络的升级改造,建设和完善信息传输平台、宽带网以及数据库,提高信息总资源、数据库的上网率和微机联网率,逐步完善信息服务体系,形成迅捷畅达、智能化、个人化的信息传输平台和传输网络。创造条件,尽早规划和建设专门为民营企业服务的全国性或区域性的企业信息网。而且,政府应在完善现有民营企业信息服务系统的同时,进一步加强和完善外经贸网络系统,充分利用现代化管理手段和信息网络技术,建立项目数据库,对境外投资项目情况进行监测和分析,对自营进出口企业进行动态化管理。

第三,在信息咨询服务方面,政府应建立权威性的海外投资信息中心,为民营企业国际化提供有效的信息支持,减少民营企业收集信息的盲目性和降低收集信息的成本。具体做法应包括以下几个方面:一是加速建立政府主导的对外投资国别地区项目库,为希望对外投资的企业提供及时有价值的信息;二是成立中国对外直接投资专门机构(中介机构),全面提供各国及地区的政治、经济等投资环境,当地外商投资条件,当地投资程序、政策法规、合同形式及其他基础信息,提供介绍合作伙伴、合作项目等直接贸易促进服务;三是由政府资助,由相关机构(包括中介机构)对境外投资企业立项建议书和可行性研究报告提供技术层面的帮助。中国驻海外的商贸代表应更好地履行为中国企业到海外投资的咨询服务任务。

在为民营企业创造优越的信息环境,提供信息支持的过程中,政府也应注意策略。一方面有关政策不能遍地开花,其重点应放在优势企业上,从而有效地提高政策的实施效益;另一方面还要明确,支持的最终目的是不支持,不能给民营企业有太多的依赖感。为民营企业国际化提供一定的信息支持是国家经济政策必不可少的一部分,可以大大提高企业制度的效益。但是外部环境并不能解决根本问题,而只能作为一个辅助因素。切实提高民营企业自身的实力,培养和强化其获取信息的能力才是长远之道。

第二节　民营企业渐进型国际化模式

　　20多年来,我国一些民营企业不断发展,经济外向程度逐步扩大,国际化经营方式灵活多样,包括初期的"两头在外",出口代销、合作租赁和较高形式的海外直接投资等。这些外向型民营企业具有巨大的发展潜力,已经成为我国外贸出口的重要增长点和外贸战略的重要组成部分。浙江省是我国民营企业发展最早、最快的地区,目前共有4000多家企业获得自营进出口经营权,已经出现了具有一定规模和国际竞争力的跨国公司的雏形,比如在日本、德国等地拥有18家分公司的"飞跃"集团、收购飞利浦CDMA手机芯片核心技术并打破美国高通公司在全球CDMA领域核心技术垄断地位的华立集团和浙江万向集团。这些民营企业在国内外都享有盛誉,为中国民营企业的国际化提供了成功的范本和榜样。

　　诚然,民营企业国际化拥有经济全球化的大好机遇,但也遇到不少障碍。为帮助民营企业解决国际化过程中的诸多问题,政府有义务发挥其政策导向作用,提供良好的宏观环境。但是,归根结底,企业才是国际化的主体,其发展策略及经营管理直接决定了国际化的成败与否。企业应如何启动和推进其国际化的进程,理论界存在着两种截然不同的观点。一种为渐进型国际化发展模式,即认为国际化是个渐进的过程;另一种为跨越型国际化发展模式,这种模式下企业国际化可以越过某些阶段突然发生。企业应根据自己的规模、资源积累、经营者的能力选择实现国际化的途径。本节将从民营企业的经营管理及发展策略出发探讨民营企业渐进型国际化模式的创新。

　　根据PTI理论的心理距离假设,在存在心理距离的情况下,企业小步骤地发展国际经营,一般会相继进入心理距离不断扩大的新市场,并不断扩大控制力。由此可见,渐进型的国际化模式是企业在受到心理距离因素影响时所作出的路径选择。20世纪70年代初,瑞典经济学家约翰逊(Jan-hanson)、保罗(Paul,Wieder-sheim)等人使用企业行为理论对欧美一些企业的国际化经历进行了实证研究,研究发现企业国际化是多个阶段的连续过程,由此他们提出了国际化渐进论。这一研究构成了渐进型国际化发展模式的理论说法的最初起源。按照渐进论,企业国际化进程是个渐进的过程,这个过程包括二重的演进:一重是企业经营地理空间的扩大或市场扩展;另一重是企业经营方式的演变。就企业经营地理范围或市场扩展来看,多数企业走过的路径都依循了"由近及远,先熟悉后陌生"的程式,市场空间的地理扩张顺序一般呈现四个阶段:①由本地市场到地区市场;②由地区市场到全国市场;③由全国市场到海外相邻市场;④拓展全球市场。国际化经营方式的渐进性则表现为:绝大多数企业采取"先易后难,逐步升级"的方式参与国际市场,国际化经营的发展路径一般由以下步骤构成:纯国内市场——通过中间商间接出口——企业自己直接出口——在海外设立销售部门——在海外设立子公司进行跨国生产。

一、渐进型国际化路径

中国民营企业国际化的经历时间不长,因此其初现模式迄今仍然处在探索阶段,具体到渐进型国际化发展模式上来说,其路径选择目前主要是外贸切入渐进国际化。根据本文对国际化的内外向交叉理论的理解,企业实施国际化经营是一个循序渐进的过程,即从简单的参与国际进出口贸易入手,到在国外建立营销机构再到建立国外生产基地的渐进路径。走这条路径推进国际化的民营企业最多,本文所选取的案例中,万向、传化、华立、海天等的国际化进程均采取了这种路径。只是在最初进行外贸切入时,企业会根据自身行业的国际竞争力与产品技术先进程度而选择进口或出口,比如万向、华立、海天和天马选择的是优先出口,再实施进口战略,而传化和雅戈尔则以进口为先,通过在国内形成一定的规模与市场后,才转向出口。

按照渐进论的推论,一般将企业国际化的过程分为五个阶段(以优先出口为例):①国内力量积蓄阶段。在这个阶段的企业市场声誉低,在生产经营、产品研发及营销等方面均带有某些初创期的"幼稚"特征。这个阶段企业主要致力于国内市场开辟,提高产品在国内市场的声誉。在本书所选取的几个民营企业案例中,除了万向集团,其他企业在创建初期都没有急于进入国际市场,而是采取不同的方式巩固国内市场,逐步适应外部商业环境,为进一步实施国际化战略做准备。②产品间接出口阶段。随着企业国内市场份额提升和产品知名度提高,自然引起外贸代理商或国外客户关注,通过外贸代理商出口顺理成章。③产品的直接出口阶段。企业直接出口的稳定发展,使企业接触国际市场的机会不断增加,企业从产品研发到生产经营,开始向国际规则看齐,以在更大程度上涉入同际市场,并最终导致撇开代理商而直接出口。④国别投资阶段。一般先在周边国家或最重要的区域市场投资设立分公司,由销售中心而上传基地,渐次扩展。⑤全球投资经营阶段。这个阶段的企业规模往往较大,不再属于中小企业,且已蓄积了相当的实力,形成多国公司框架,按照其全球战略进行国际投资与经营。

民营企业创建初期经济实力一般都较弱,规避风险能力差,对国际市场的认知有限。考虑到其势单力薄的特点,很适合走外贸切入型的渐进型国际化发展路径。在国际化过程中,应首先选择以对外进出口贸易为主,通过贸易增强与国际市场的互动联系,从而为开拓国际市场和企业的进一步发展打下基础,然后再考虑向更高阶段发展,这样的路径选择可以最大限度地保证其国际化战略的成功。在国际化的五个阶段中,直接出口是很关键的一步,它是企业与国际市场真正接触的体现,采用直接出口带动国际化这一战略的优势在于:

第一,直接出口是国际化的突破口,通过直接出口可以使企业逐步建立与国际市场的固定联系①。目前我国很多民营企业主要通过以下两条渠道将产品输出到国际市场,一是国外买主来华直接购买、订购产品,特别是通过各种全国性的或区域性的贸易洽谈会、交易会把产品推销给外国客户;另一个渠道是通过专业外贸公司,由这些外贸公司将产品推销到国外市场。这说明民营企业还没有建立起与国际市场经常的、直接的联系,产品的出口在很大程度上受制于他人,带有很多偶然性和不确定性。而如果由企业直接出口可以促使企业直接面对国际市场,建立起自己稳定的销售渠道,有利于提高企业对国际市场的依存程度,从而强化企业的国际经营意识。

第二,直接出口可以使企业按国际市场的要求组织生产,直接参与国际分工,积累国际化经营的经验,为进一步提高国际化经营程度打下基础。通常我国民营企业的国际经营经验、国际经营人才都比较缺乏,要求企业直接进入海外投资,跨国经营显然是不现实的。而在间接出口的情况下,企业并不直接面对国际市场,很少参与具体的国际贸易业务活动,从某种

---

① 金润圭.跨国公司与中国企业国际化全球战略.北京:高等教育出版社,1999.

意义上讲与纯粹的国内企业并没有太大的区别。所以说直接出口既可以避免海外投资因经营环境过大的反差导致的经营风险，又可使企业在直接出口过程中接触国际经营业务，了解国际市场和国际惯例，积累国际化经营经验。

一般来说，一定时期的持续出口后，企业规模有所扩大，实力增强，对海外市场的依赖程度提高，就会转向在国外设立销售机构已扩大市场，甚至在东道国新建或收购当地企业，从事国际生产，从产品出口转向对外直接投资。实践证明，我国那些在改革开放中获得外贸经营自主权的企业正是这样一步步走出国门的。

外贸切入的国际化路径有一种特殊方式——参与外源化（outsourcing，也译"外包"）。20世纪80年代以来，跨国公司国际化出现了一种新趋势：许多国际化的重要产品或业务，不再由母公司在异域设立分公司直接生产或经营，而是通过国际外包形式交与别国企业生产，自己仅以发包方身份购买和验收产品或服务，而后组装成品或为用户提供最终服务。由此，一家公司也可形成一个国际化的生产经营网络，借助这个网络，可以更有效地在全球范围内优化资源配置，提供性价比更具竞争力的产品。借助业务分包而实现国际化的过程或方式，称为"外部寻源"、"外包"或"外源化"。

国内汽配产品的民营企业国际化大多借助参与外源化这种方式获得成功。汽配产品是跨国公司"外源化"的典型产品，目前浙江汽配产品出口的一个主要趋向是，越来越多地被纳入西方跨国公司的"外源化"系统，成为欧美汽车零部件经销巨头"外源化"业务的主要供应商。这与浙江生产"轻、小、劳（密）"产品的比较优势相吻合，从而极大地促进了浙江汽配行业初期的快速发展。对于浙江汽配制造企业来说，打入跨国公司"外源化"系统，无疑是实现国际化的第一步，其中万向集团的实践最为成功，也最具典型意义。万向是目前国内经济界、企业界公认的民营企业国际化经营的成功典型，自从1990年代中期开始其国际化战略以来，迄今为止，在美、英、澳、加等8个国家设立、并购、参股企业20多家，初步形成了一个跨国公司的构架。考察万向的国际化经营之路，不难发现大体遵循了从外源化低端承包商到"反客为主"实现国际化经营的路径。具体来说，万向集团的国际化进程经历了四个关键步骤：第一步：承揽国外汽车零部件经销商"外源化"订货。按照万向集团"厂史"材料，1984年该厂接到第一份海外汽车万向节订单，开始涉足国际市场。此后十余年时间，万向几乎完全靠海外订单扩大出口。这些订单,多半属于欧美汽配经销企业的"外源化"业务。其中美国市场最重要的外源化采购商是舍勒公司。第二步:设立海外营销机构,在目标市场直接销售产品。1994 年,万向在美国设立第一家海外营销机构,与美国汽车零部件外源化经销商建立了更紧密的联系,实现了初步国际化;第三步:"反客为主",收购国外汽配产品经销企业,实现由外源化业务低端承揽商到中端采购商的跨越,并打入美国汽车龙头企业"外源化"采购系统。2000 年,万向收购美国知名汽车零配件经销公司——舍勒公司,由此打入了汽车制造商与零部件生产商之间的外源化中介环节;第四步:以"主打"汽配产品经销为核心业务,实现多国多元化扩展,建立跨国公司架构。2001 年万向成功收购纳斯达克上市公司 UAI 21% 的股权,成为第一大股东。此举不仅使万向获得了被收购企业的专利技术,提升了万向中国的制造能力与产品质量,而且还借助被收购公司原有的品牌和销售渠道,把产品打入了西方主流市场,并逐步推广"万向"品牌。

万向集团这种通过参与外源化而最终实现国际化的路径,表明汽配企业完全可以从参与外源化起步,进而实现以我为主的国际化。对于民营企业来说,应借鉴万向的成功经验,抓住目前跨国公司生产"外源化"的机遇,先从低端供应商做起,逐步进入中高端配套系统;从海外售后市场做起,积极承揽 OEM 业务,最后实现反客为主的国际化跨越。

二、渐进型国际化中的制度与技术创新

渐进型国际化发展路径决定了企业的国际化是个历时较长的过程,无论是"直接出口"推动还是"外源化"推动的国际化,在这个过程中,民营企业越来越多地与国外市场接触,参与国际市场竞争。如何使渐进化过程持续推进,最终实现高阶段的国际化,本文认为,不断推进的制度与技术创新是必不可少的重要因素。

企业国际化是企业一系列创新活动的结果。中国目前还处于转型经济过程之中,中国的民营企业产生、成长于不健全的市场制度基础结构下,同一般市场经济国家的企业相比,中国民营企业国际化要求很大程度上的制度创新。另外,因为中国目前的科学技术发展水平与世界发达国家的差距还很大,中国民营企业技术创新的空间,也必然大于一般市场经济国家的企业,而且其创新难度也要大于这些国家的企业。

1.制度创新与企业国际化

决定民营企业国际化的制度因素很多,总的来说,中国民营企业国际

化能否成功主要取决于两方面的因素：一方面是企业自身因素。在所有内部因素中，企业自身创新能力最为重要。这是民营企业国际化成功与否的关键；另一方面就是政府及体制支持程度，最重要的是资本管制与金融体制支持程度，这是促成民营企业国际化的重要外部因素。

民营企业要实现自身的制度创新，需要多方面的努力。第一，要树立国际化经营的观念，认识到国际化经营是经济全球化背景下企业获取国际竞争力并最终实现可持续发展的重要途径，同时还要意识到企业国际化不只是简单的地域扩充，还包括企业管理和技术能力的国际化。在国际化过程中，不能急躁冒进，应从自身实际出发，科学确定国际化的时间，合理设计国际化的路径。第二，要通过产权明晰提高企业的国际竞争力。民营企业要走出国门，实现跨国经营，一个重要的前提和基础就是产权要明晰，要建立并创新企业内部的管理制度以及监督制度，企业治理结构和制度安排要合理，要走民主决策、科学管理的发展之路。关于中国民营企业的已有研究，大多以浙江等沿海省市私营企业为案例，尤以温州民营企业声势较大，由此温州企业也成为考察中国民企国际化中制度转型的较好例子。关于温州民营企业发展与制度创新，学术界较为一致的看法是所谓"二次创业"论。由一次创业向二次创业的转变，是产权制度的深刻变革。温州民营企业在其原始积累的初创阶段，是以业主制的形式出现的，现在的二次创业则涉及到结构性调整，其实质是弥补第一次原始积累过程中，因财富积累速度超越企业组织结构完善程度所造成的缺陷，最终把企业逐步改造成为具有竞争实力的充满活力的现代企业。调查资料表明，股份制是现行温州民营企业选择最多的一种企业所有制组织形式，约占温州民营企业数的54.8%。股份制又以有限责任公司为主要形式，约占温州股份制企业的87.6%。

外部经营环境的优化，在民营企业国际化中也起着重要作用。政府投资审批程序的简化，外贸管制的放松，与海外投资相关的法律、法规的日益健全，以及政府对企业海外投资的日益重视，都将大大提高民营企业走出去的积极性，从而在国际化道路上走得更远。

2. 技术创新与企业国际化

辛库塔（Czinkota，1982，1991）及卡沃斯基（Cavusgil，1980，1982）等人认为，企业跨国经营活动是两种机制合力作用的结果，一种是来自于企业外部的"推动机制"（push mechanism），另一种是生于企业内部的"拉动机制"（pull mechanism）。其中，前一种机制即企业外部推动机制，包括了市场结构变化、外部经营环境变化等因素。后一种机制即企业内部的拉动机制，则包括企业制度创新以及所有权优势等因素。辛库塔认为，企业内部的"拉动机制"最为重要，这种机制决定着一家企业能否从国际经营的初始阶段发展到更高阶段，比如以间接出口起步，跃升到更大范围的国际市场涉入阶段。对于中国民营企业来说，开展国际化经营，尤其是以对外直接投资为基础的国际化经营的直接动因之一就在于获取国外先进技术、管理方式及企业理念。这种国际化动因，可以在很大程度上解释民营企业以发达市场经济国家为东道国的国际化实践。有学者（郑克斌，2003）通过对万向集团国际化经历的考察，认为万向集团开展国际化经营的重要动机之一，就是学习和利用国外先进技术，这一动机在其国际化进程中，得到了很好的实现。

对于发展中国家的企业而言，国际化进程中的技术创新，往往带有"干中学"（learning by doing）与模仿的强烈特征。即利用自己的后发型优势，在学习模仿发达国家企业技术的基础上，掌握和开发适用生产技术。发展中国家企业的国际化，不失为这类企业在技术创新方面的"干中学"开辟了一条捷径。不仅技术，企业国际化的所有其他知识，尤其是市场知识、管理知识，都可以通过"干中学"方式获得。对于处于国际化发展初期的中小企业而言，是否具有学习能力，能否通过"干中学"实现模仿创新的后发优势，是成长为跨国公司的关键所在。

需要注意的是，发展中国家实现国际化经营的企业，与发达国家的跨国公司之间往往存在着明显差异。与发达国家的跨国公司相比，发展中国家的跨国公司具有三个明显特征：一是快速的跟随者，并具有明确的追赶目标；二是技术的模仿者，并能充分利用各种资源实现新的组合优势；三是有较强的学习、吸收、消化能力，并结合当地的市场条件，实现资源的有效配置。从这个意义上讲，中国民营企业在走渐进型的国际化发展路径时，无疑应从转型发展中国家企业的特点出发，利用后发优势，走"干中学"之路。

第三节 民营企业跨越型国际化模式

早期的跨国公司大都遵循渐进型的国际化发展模式而发展，由国内市场逐步向外扩展，最终实现其全球策略。到了20世纪初，日本、韩国、新加坡的许多企业打破传统，跳跃式发展，为企业国际化及跨国经营提供了新的发展模式，这些企业的迅速崛起也证明在新的国际分工的局势下，跳跃式发展模式是可行的、有效的。这种跳跃式的发展模式可以叫做跨越型国际化发展模式，即企业在没有多少国际化实践的情形下，以并购或直接投资的方式突然"走出去"。20世纪80年代以来，随着经济全球化进程的加快，信息与网络技术的重大突破及其在世界范围内的广泛应用，企业与国际市场的联系瞬间被拉近了很多。国际市场信息尤其是投资与经营信息的传递速度加快，企业国际化的示范效应扩大，由此促使许多企业跃跃欲试，试图加入企业国际化的滚滚浪潮，一展身手。在实际操作中，这些企业日益摒弃传统的"由近及远，先易后难"模式，而是越过其中的一个或多个环节，尝试激进的、跳跃式的扩展，激进式或跨越型国际化发展模式越来越具有普遍性。

跨越型的国际化发展模式的理论基础是国际化激进论，简单地说，这种模式主要表现为国际化过程中的激进性。关于激进论的解释非常复杂，有数个版本，其中瑞典学者福斯根（Forsgren，2002）的归纳较为全面，他将激进论归结为四个命题：其一是企业海外投资增长的递增性，"企业在外国市场的投资是以递增的速度进行的"；其二是企业海外投资的茫然性，"企业有时在没有经验知识的情况下也进行海外投资"；其三是企业海外投资决策的不确定性，"如果企业看到海外投资的风险比不投资的风险低时，企业即使在不具备经验知识的情况下也进行投资"；其四是企业海外投资战略的激进性，"市场知识的逐渐积累并不妨碍企业海外投资的激进战略"。福斯根认为，对于大型跨国公司而言，很难预测到其国际发展的速度和结构，因此国际化的渐进论对大型跨国公司的解释，是极其有限的。

一、跨越型国际化发展模式的基本条件

跨越型的发展模式缩短了企业的国际化时间，使其产品迅速占领国际市场，具有先发制人的优势。这种模式近年来引起中国企业尤其是沿海地区民营企业的广泛注意，对这类企业国际化的示范效应较大。比如温州的打火机与眼镜等产业，在目标市场的地理位置选择方面，一开始就瞄准了国外市场，基本上跳跃了"本地市场—地区市场—全国市场"等环节。在经营方式方面，越过了纯国内经营阶段，直接进入出口环节（林俐，2003）。此外，我国民营企业国际化的佼佼者——万向等企业，虽然在早期也带有渐进型国际化发展特征，由代理出口到在海外设立营销中心，但近几年越来

越带有激进国际化倾向。京东方、浙江华立集团等民营企业,按照国际标准衡量虽然规模不算大,但其国际化从一开始就直接收购国外企业,其中京东方收购韩国现代显示技术株式会社属下的 TFT-LCD 业务(2003 年)、华立收购飞利浦 CDMA 手机技术(2001 年),均带有某种激进的特征,是跨越型国际化发展模式的一种尝试。

理论上来讲,大企业更适宜于走跨越型国际化发展路径。一定的国际化经营经验、较强的创新能力和经营实力是大企业开展国际化经营的有利条件和基础,他们依靠自身力量独立开拓国际市场,取得海外投资的绝对控制权以及投资的全部收益。从我国的国情来看,大企业将是企业国际化的"先头部队"和"主力军"①。当然,大企业也应当根据所处行业的情况等外部环境以及经营资源累积状况等内部特点来选择合适的国际化经营发展道路。目前,我国开展国际化经营的条件较为充分的大企业主要有以下几类:

(1)已有良好国际化基础和较强经营管理能力的专业外贸公司和驻港澳的中资贸易集团。专业外贸公司长期从事出口贸易,逐步掌握了熟练的国际营销技能、灵活的贸易方式,具有较完备的信息系统、长期积累起来的稳定客户、较多的驻外机构、较高的信誉和便利的融资渠道,在海外的子公司大多数属于"贸易性企业"。这些公司可以利用上述优势,逐步在海外创办生产性企业,形成既有国际贸易又有国际生产的综合性跨国公司。

(2)具有相当技术实力和经营能力的企业或企业集团。这些企业凭借其多年积累起来的经济实力、特有的技术资源、专业人才和管理能力,可以避开发达国家巨型跨国公司的竞争领域,在各个局部市场、技术的不同层次、生产的不同工序和产品的不同类型上进行渗透。这些企业中有些已经开始对外直接投资,但多为水平一体化型投资,产品多为成熟产品,使用的也多为成熟技术。随着产品生命周期的缩短,现有技术的老化,要求他们加快产品开发和技术开发的步伐。这些大企业或者企业集团具有一定的国际经营经验,如果能强化内部的紧密结合程度,或与国内大型外资公司合作,同时通过收购兼并与一些产品、技术开发能力较强或市场营销能力强的外国公司合作的话,将有可能成为实力强大的跨国公司。

(3)现有的所谓工贸、集贸、农贸、银贸公司或集团。以技贸公司的国际化为例,拥有专利技术或商标所有权的公司,固然可以通过技术授权方

---

① 金润圭.跨国公司与中国企业国际化全球战略.北京:高等教育出版社,1999.

式参与国际经营,但是由于技术是一种中间产品,中间产品的市场是个不完全的市场,技术授权或技术转让潜伏着许多不确定因素,而且技术的出让方往往难以控制受让方的技术使用、产品质量和服务标准,因此与其输出技术不如将技术内部化,即把技术转化成产品出口或利用对外直接投资,进行国际生产。

(4)拥有雄厚资金实力的金融财团或服务业公司。金融业、服务业是当今跨国公司投资的一个重点,我国的金融、服务业公司完全可以参与这方面的国际竞争。同时,金融、服务业国际化可以为制造业的跨国经营提供服务和保证,带动国内商品和劳务输出。

然而,从企业国际化发展的现实情况来看,却不难发现跨越型的发展模式正逐渐成为中小民营企业国际化的必然选择。这主要源于中小科技型民营企业的大量涌现及其自身的特点。很多时候,企业的国际化往往被描述为一个渐进的、阶段性的过程①。这种阶段理论假设了一个相当大的时间跨度,通过这个时间跨度,企业获得了经验、积累了资源以及发展国际化运作所需的管理能力,这种渐进国际化对制造企业很合适。但是,市场和竞争的迅速国际化正在显著地缩减时间跨度,这在很大程度上抑制了中小民营企业控制他们自己成长路径的能力。多种多样的情势正迫使中小企业(尤其是科技型企业)偏离渐进的阶段模型。科维和马丁(Covie & Martin)就曾指出小的高科技企业很少以一个逐步的过程进行国际化。泰治、科德、马德森、皮·塞维斯(Tage、Koed、Madsen & Per Servais)提出的天生型全球企业(Born Global Firm)理论也认为,在不断发展的新技术、新市场和不断涌现的创新人才的推动下,高科技小企业(start-ups)从创立之初就致力于企业的国际化经营,通过将实力较强的研发中心建立在与产品销售市场相接近的区域以提高其国际竞争力,而无需通过几个前后相继的发展阶段。在行业进入成本很高、国内市场规模很小而产品的生命周期缩短的情况下,企业除了利用迅即国际化来生存外别无选择。

二、跨越型国际化发展的主要路径

在当代全球商业环境下,时间已经变成了一个关键的战略武器,像渐进型发展理论这样的时间拖延模型无法为企业的国际化生存提供有效的

---

① Johanson J. & Wiesersheim P. E. The internationalization of the firm-four Swedish cases. *Journal of Management Studies*, 1975,12:305-322.

生存之道,也不能很好地解释高科技企业的生存或者成长的模式。因为这些企业一方面没有充足、丰裕的先决资源如资金等进行国际化,另一方面也没有奢侈的、不受限制的时间来获得资源。要在国际竞争之中抢占先机,企业不能再遵循渐进的、可控的常规渐进型阶段理论模型按部就班地进行国际化。然而,接下来一个亟待解决的问题是,企业怎样才能够有效、成功地走跨越型的国际化路径。本文认为,中小企业在通过跨越式的方法开展国际化经营时,应尽可能把自己纳入其他企业的经营网络,既借助于其他企业的力量,但又不致失去灵活性与适应性。具体来说,可以两个方面相结合:一方面是垂直结合,即将中小企业与大企业结合起来;另一方面是水平结合,即规模相当的中小企业联合起来,组合成企业集群。

1. 中小企业与大企业共生

德国生物学家德贝里(De Bary)于 1879 年提出"共生"这一概念,它指的是两种不同属种的生物生活在一起。之后的生物学家基本上接受了德贝里的观点,形成了"共生"是一起生活,是一种相互性的和永久性的活体营养性联系的共识。根据共生理论,共生模式也称共生关系,是指共生单元之间作用的方式或结合的形式。它既反映共生单元之间作用的方式,也反映作用的强度;既反映共生单元之间的物质信息交流关系,也反映共生单元之间的能量交换关系。生物学中的共生思想很快被引入社会学、管理学和经济学之中。

全球化环境下的竞争压力迫使大企业通过更强的专业化来缩减成本,这就促使他们以外包或价值链分工的方式获得专业化,从而使中小民营科技企业以整合的方式进入大企业的价值链,接近全球市场,这样就形成了共生关系。共生合作可以在价值链的任何地方出现,并且这种合作关系可以多种方式出现。两个或更多的企业之间共生合作的目的就是为了通过降低成本、缩短营销时间或改进顾客服务来增加产出的价值,使合作各方都获益。因此,这种合作安排以两者的相互依赖为特征,彼此之间以可持续进行的方式相互补充、相互依存。对于大企业来说,通过与中小企业的整合得到了日益增加的弹性和效率,同时向中小企业提供了网络内的缝隙机会。对于中小企业来说,与大企业的共生合作对其发展和国际化进程的促进作用主要体现在以下几方面:第一,从生物体的角度看,成长是生物从低级逐渐走向高级的过程,该过程伴随着生物与外界的能量交换;同样,企业的成长过程也需要与外界进行"能量"交换——通过延伸内部资源优势和吸取外部资源从而达到内部系统功能的成熟。企业在自身实力有限的情况下要达到国际化的成长,就需要充分借助共生模式。小企业在国际化过程中与大企业以共生模式进行合作安排,通过为大企业提供更高的弹性和效率需求,使自身更加专业化,并形成生产的规模经济。第二,共生关系下的小企业与大企业之间的合作是民营企业共生跨越的一个重要手段,通过这个手段,小企业的产品能够比独立扩展更快的或者以更低的成本进入国际市场,使得民营企业比单独依靠自己的力量更快和更有效地达到与国际化相联系的扩展区域和效率。第三,由于中小企业受较多因素的制约,在开展国际经营时抗风险能力较弱。尤其是要走跨越型的国际化发展路径,面临的风险将更大。企业通过与大型跨国公司组成共生关系迅速切入国际市场,可以最大限度地减小风险,以最快的速度打开通往国际化的道路。

对我国中小型民营企业而言,其国际化成长过程中与大企业的共生模式具体又分为两种情况。一是与国际上大的跨国公司共生,如与跨国公司结成战略联盟,为跨国公司贴牌生产或者参与跨国公司的价值链分工等。通过与大的跨国公司合作,中小型民营企业可以在共生网络中受到部分保护,以避免与更大和更有效率的企业发生激烈竞争。博纳卡洛斯(Bonaccorsi,1992)和黛娜(Dana)以及伊斯特麦德(Estemad,1994,1995)解释了小企业如何在其国际化进程中依赖于大企业,通过"按比例放大"的进程,利用网络资源中的杠杆作用来缩短时间跨度、缩减成本以及规避国际化的风险。相似地,从事大企业的某些专有功能也使得小企业可以加速他们的学习曲线,以及获得更多的国际化专有技能,在全球水平上变得更有竞争力。二是与国内的大企业共生,即中小型民营企业加入大型企业集团。一方面,中小企业发挥其灵活的优势,为大企业生产配套的产品和零部件,成为大企业生产配套体系中途的一次或二次分包企业,形成协作关系。在此过程中,中小企业可以获得大企业的资本与技术支持;另一方面,中小民营企业采取追随战略,挂靠那些已经成功国际化的企业,借助他们已经建立的国外销售渠道和经营能力进入国际市场。

民营企业与大企业在建立共生关系时,还需考虑和决定其中的利益关系。共生双方的利益关系包括共栖、互利共生和偏利共生三种,这是由科勒瑞(Caullery)和刘威斯(Leweils)所定义的。共栖是指两个物种独立生存,但双方均因对方的存在而获益;互利共生是指两个物种依赖于对方获益,如果一方不存在,另一方也不能生存,这种共生关系具有永久性、义务性;偏利共生是指两个物种之间,一方因联合生活而得益,另一方也并未受害。在现实的经济生活中,促使企业采取共生模式的纽带是利益及各自的发展,只有存在双向利益交流机制的共生模式才是有意义的,共生模式的精髓是"既利己又利他",因此民营企业在实现跨越型国际化过程中与大企业建立的共生利益关系必须是共栖或互利共生。

中小型民营企业与大企业的共生关系起初属于互利共生——民营企业的生存依赖于大企业的发展,大企业也需要利用这种共生关系得以进一步发展。但是这种共生模式往往是不稳定的,大企业的选择范围远远大于中小企业。因此,采用共生模式的民营企业不仅要在资源上与所共生的企业有互补性,而且在国际化过程中要具有较强的学习能力,能够充分利用共享的知识,这样才能减少对大企业过多的依赖,使这种共生模式得以持久。民营企业一般是从互利共生起步,逐步发展到与大企业共栖。

采取共生模式可以获得效率,但是也容易丧失部分独立性,依赖性很强,也就是说共生模式中的效率与控制力存在一定的消长关系。例如,许多韩国企业首先试图以独立的方式进入国际市场,仅仅依靠他们自己的资源和品牌。然而,他们很快发现他们缺乏品牌商誉以及其他快速国际化所需的内部资源。于是他们重新配置自己的资源,使自己成为一个或者少数几个以美国或欧洲为基地的跨国公司的贴牌供应商。在大企业品牌效应的作用下,他们的最终产品在全球范围内销售,但这也使他们产生了另外一项成本,即过多地依赖单一的顾客。尽管大企业也部分依赖于小企业,但是大企业往往能够将他们的供给资源多样化,以减少对小企业的依赖。例如,大企业可以依靠他们强大的议价权力排除小企业向其他潜在的顾客供货的可能性。所以,民营企业应当认清形势,企业采取共生模式实现国际化,是手段而不是目的,最终解决的是企业发展的问题。在与大企业合作过程中,不能满足于仅仅参与大企业的价值链或者与它们联盟,而要苦练内功,逐步掌握主动权,并尽量避免同业恶性竞争。

2.中小企业集群中的协同发展

中小民营企业走跨越型国际化发展模式的过程中,通过建立企业集群,也可以快速地提升企业的竞争力。根据波特的定义,集群是指在某一特定领域内互相联系的、在地理位置上集中的公司和机构的集合。联合国贸发会议认为(Commit of Trade and Development, United Nations, 1998),中小企业集群是提升中小企业技术、管理及营销战略最有成效的方法之一。自20世纪80年代以来,以中小科技企业集群占主导地位的硅谷、意大利、印度的班加罗尔以及中国台湾地区的新竹等地在经济上取得了很大的成功,企业簇群、块状经济成了经济发展中的亮点。波特(2002)认为,最脆弱的产业集群内部多半缺乏国际化战略,也没有国际分工行为;产业集群的竞争优势要持久,其内部的产业必须国际化;同样地,即使产业集群正在解体,那些原来就要面对激烈竞争、具有国际化和国际客户的产业,也能够避开骨牌效应。从世界市场的竞争来看,那些具有国际竞争力的产品,其产业内的企业往往是群居在一起,而不是分散的。我国产业集群的国际化大多仅限于出口,还没有开始国际化分工,并且单个企业的国际竞争能力也不强。根据波特的观点,这样的产业集群是脆弱的。因此,要促进中国民营企业走向国际化,必须采取具有国际化战略,实现国际化分工的强强联合战略。企业集群促进中小民营企业国际化发展主要表现在以下几个方面:

第一,企业集群有利于提高中小企业的生产效率和改进其对国际市场应变能力机制。在企业集群内部,大量专业化企业集聚在一地,使区域实现了规模生产。相应地,企业集群也创造了一个较大的市场需求空间,对分工更细、专业化更强的产品和服务的潜在需求量也相应增加。同时,随着技术发展和需求变化,工艺过程日益高度专业化,这不仅为专业化生产商提供了很大的生存机会,还使它们实现了规模生产,两者形成良性循环,不断提高企业集群的整体生产效率。由于地理位置邻近与相互信任,有关产品、技术、竞争等市场信息可以在集群内企业间迅速集中和传播,并且信息的沟通成本很低。市场信息的迅速反馈与传递是小企业发挥其灵活机制优势的前提,市场信息可以使企业洞察市场环境的变化,捕捉有利的市场机会,以便及时调整产品结构,避免或降低因市场变动造成的损失。对于多品种、小批量、临时急需的订货,集群内可以用最快的方式通知各协作生产企业备料上线。由于集群企业间已经建立一定的协作基础,不必经历详细讨价和签订加工协议的步骤。面对瞬息万变的国际市场,这一快捷反应能力具有竞争上的独特优势。

第二,企业集群有利于产生竞争压力形成机制。集群中同类企业同居一地,同行业相互比较,有了价格、质量和产品差异化程度评价标尺,为企业带来了竞争的压力。绩效好的企业能够从中获得成功的荣誉,而绩效差的或者平庸的企业会因此感受到压力,激励和压力并存。竞争不仅仅通过降低生产成本来维持或扩大市场份额,而且还表现在产品的质量和差异化上。一方面,已经形成产品差别化的企业具有较大的市场竞争优势,可以拥有较大的市场份额;另一方面,具有较大市场占有率的企业,可以利用自己的规模经济实力,通过研究开发、购买专利、广告宣传、售后服务等进一步扩大产品差异化,形成市场占有率和差异化之间的良性循环。集群内的企业通过内在竞争压力,获得了单个游离企业难以拥有的建立在质量基础上的产品差异化优势和比产业集中度更高的利润集中度。波特曾提到,具有国际竞争优势的产业是在国内一些特定区域内集聚的企业相互竞争的基础上培育出来的,而不能只寄希望于一两个"国家冠军"选手。

第三,企业集群有利于提高集群内企业的创新能力。产业集聚是新企业诞生的催化剂。中小企业良好的合作竞争氛围促进了新企业的衍生,而且新生企业还具有较高的成活率。集中的顾客群降低了设立新企业的投资风险,投资者容易发现市场机会。在产业聚集的地方工作,创业者更容易发现产品或服务的缺口,受到启发,建立新的企业。竞争产业在区域上的集中可以磁铁般地吸引人才和其他生产要素,甚至从不景气的产业中吸收工人(王辑慈,2001)。集聚对创新的贡献还在于同行业之间的非正式交流。大量的研究表明,研究与开发、生产和销售等是相互作用的,各种信息反馈是频繁的,大量的创新通常是在研究与开发活动之外的生产实践中产生的。这种非正式交流往往不是通过契约的形式来实现,而是通过不同公司员工之间面对面的接触、工作之余的聊天等,使得不同的思想在交流中相互碰撞而产生新的火花。在美国硅谷,这种非正式交流随处可见。酒吧、娱乐场所都是交流场所,同学、同事、相识等关系都可以成为相互联系交流的纽带。这种交流与高度一体化组织的内部交流有本质上的不同。它带来了最新的市场信息、管理经验、技术诀窍,同时也激发了创新的灵感。

第四,企业集群有利于形成谋取差异化优势的机制。企业通过集聚,集中广告宣传的力度,利用群体效应,可以形成"区位品牌"。通过"区位品牌"效应,一方面,可使每个企业都受益,消除经济外部性,改变单个企业广告费用过大,而不愿积极参与和投入的状况;另一方面,"区位品牌"与单个企业品牌相比,更形象、更直接,是众多企业品牌精华的浓缩和提炼,相对于企业集群,单个企业的生命周期是相对短暂的,品牌效应难以持续,而集群中的企业遵循优胜劣汰的竞争规律,只要不是由于技术或自然条件等外部原因使集群衰退或转轨,区位品牌的效应更易持久。

民营企业集群国际化可以采取三种方式:第一,吸引跨国公司直接投资。为了适应外部环境的变化,民营企业集群只有成为动态的、开放的系统,实现外生型创新,才能保持长盛不衰的生命力。民营企业集群应该吸引跨国公司投资,跨国公司价值链所产生的前向、后向联动会提高与之相关的集群上下游企业的技术水平,进而促进跨国公司采购与投资力度的加大,从而形成一种良性互动的发展局面。依靠这种动态、开放的系统及其实现的外生型创新,民营企业的国际竞争力会得到长足的提高。第二,复制产业链。对于缺乏国际对外直接投资的民营企业来说,可以采用复制产业链的方式进入海外市场。即一些有着产业联系的上下游生产企业相继到海外投资,并维持原来的生产联系。这种捆绑、组团的投资形式可以形成新的规模优势与完整产业链,减少对东道国当地供应商的依赖,使企业在一个相对熟悉的商业环境下运作。利用合理的组团式投资,还可以起到配套生产、降低企业生产成本、缩短进入国际市场时间等作用。第三,网络联合。随着企业集群的不断发展、成熟,可以进一步考虑组建民营企业集团,也就是从"企业集群"发展成"集群企业",寻求规模经济效应和全球竞争力。由集群中相互关联的一两个企业为核心结成的民营企业集团,通过统一对外促销、规范品质标准、认同专项技术、推广共同商标、共享集群信誉等"集群效应",谋取单个中小企业很难具有的差异化优势。能否形成规模经济是决定企业竞争力的一个重要因素,企业只有保持适度的规模才能在激烈的市场竞争中立于不败之地。整体上来看,我国民营企业的规模普遍偏小,对于许多不得不采取跨越式方式推进国际化的民营企业来讲,应鼓励它们组建民营企业集团,提高规模经济效益,从而获取应对国际市场风云变幻以及激烈竞争的能力。

参考文献

[1] Johanson J. & Wiesersheim P. E. The internationalization of the firm-four Swedish cases. *Journal of Management Studies*, 1975, 12: 305-322.

[2] Stalk G. & Hout T. *Competing Against Time*. New York: The Free Press, 1990.

[3] 陈菲琼.民营科技企业国际化战略.北京:经济科学出版社,2006.

[4] 陈菲琼,冯显敏,孙晓光.民营科技企业国际化成长模式分析.浙江大学学报(人文社会科学版),2006(3).

[5] 冯德连,邵建春.我国中小企业国际化模式的选择研究.宁波职业技术学院学报,2005(3).

[6] 黄秀瑜.论民营科技企业国际化——技术创新与品牌国际化.法制与

社会,2007(4).

[7] 金润圭等.跨国公司与中国企业国际化全球战略.北京:高等教育出版社,1999.

[8] 康凯.技术创新扩散理论与模型.天津:天津大学出版社,2004.

[9] 刘小通,宋凡,喻婷.中国民营企业宏观环境影响因素初探.时代经贸,2007(72):64-65.

[10] 马建新.民营科技企业综合创新研究.北京:经济科学出版社,2005.

[11] 邵金萍,吴元波.试论我国民营企业上市融资的制动性障碍.西北工业大学学报,2006(6):54-59.

[12] 王立军.民营科技企业的创业与创新.北京:中国经济出版社,2004.

[13] 王廷惠.知识经济背景下全球利益分配态势及我国政府的新角色.上海经济研究,2001(12).

[14] 魏江.企业技术能力论.北京:科学出版社,2002.

[15] 吴家曦.民营企业国际化发展的战略选择.浙江经济,2005(11):7-10.

[16] 赵伟、古广东.民营企业国际化:理论分析与典型案例研究.北京:经济科学出版社,2006.

[17] 赵伟,赵婷.民营企业国际化:模式分析.浙江经济,2006(22):50-52.

[18] 赵伟.民营企业国际化:现状评价与路径建议.国际经济合作,2005(8):10-12.

[19] 仲伟俊,胡钰,梅姝娥.民营科技企业的技术创新战略和政策选择.北京:科学出版社2005年版.

[20] 周新玲.中小企业国际化的路径选择.当代经济,2004(8):67-68.

后 记

　　本书是浙江大学民营经济研究中心，国家创新基地研究项目"中国民营企业国际化成长的决定因素与发展模式研究"的成果。同时，受到浙江省科技厅 2008 年科技计划项目（编号：G20080166）资助。该成果的取得首先要感谢浙江大学经济学院史晋川教授、赵伟教授和黄先海教授的大力支持及伦敦大学 Birkbeck 学院刘夏明教授的全力合作。我们还要感谢杭州市拱墅区外经贸局朱欢副局长，传化集团的副总裁、党委书记陈杰博士，天马控股集团有限公司马兴法董事长，浙江中大集团股份有限公司副总裁胡小平，万向集团前总裁鲁冠球，温州龙湾农村合作银行高芝善经理，温兄企业董事长姜瑞玉董事长，浙江生贵阀门有限公司方建生总经理，温州月球胶木电器有限公司陈国月经理，雅戈尔集团股份有限公司企业管理部马慧副经理，宁波海天集团股份有限公司汪晓莉主任，宁波维科棉纺织有限公司周静光经理，宁波市发改委张晓虹女士等政界、商界广大朋友的大力支持和帮助，使本项目的实地调研得以顺利进行。

　　本书由浙江大学经济学院博士生导师肖文教授负责全书最后统稿。陈益君全程参与本项目的研究，深入企业作了大量调查研究，并负责第一、二、三章的撰写；林高榜、谢文武、沈滢负责第四、五章；陈益君、刘夏明负责第六章；邓沙、陈近负责第七章；肖文、王娟负责第八章。

　　对本书存在的不足之处，甚至缺点和错误，敬请读者和学术界的同仁不吝的指正。

作　者

2008 年 6 月

图书在版编目(CIP)数据

中国民营企业国际化影响因素及模式选择/肖文,陈益君等著.
杭州:浙江大学出版社,2008.12
(中国民营经济发展研究丛书.第2辑)
ISBN 978-7-308-06377-7

Ⅰ.中… Ⅱ.肖… Ⅲ.私营经济－国际化－研究－中
国 Ⅳ.F279.245

中国版本图书馆 CIP 数据核字(2008)第 173166 号

中国民营企业国际化影响因素及模式选择

肖 文 陈益君 等著

丛书策划	袁亚春	
丛书责编	陈丽霞	
责任编辑	张 琛	
封面设计	卢 涛	
出版发行	浙江大学出版社	
	(杭州天目山路 148 号 邮政编码 310028)	
	(E-mail:zupress@mail.hz.zj.cn)	
	(网址:http://www.zjupress.com	
	http://www.press.zju.edu.cn)	
	电话:0571－88925592,88273066(传真)	
排 版	杭州中大图文设计有限公司	
印 刷	临安市曙光印务有限公司	
开 本	787mm×1092mm 1/16	
印 张	17.5	
字 数	300 千	
版印次	2008 年 12 月第 1 版 2008 年 12 月第 1 次印刷	
书 号	ISBN 978-7-308-06377-7	
定 价	35.00 元	